中国基本公共服务均等化

——实施效度与实现程度评估研究

张婵娟 尚虎平 ◎ 著

吉林大学出版社
·长春·

图书在版编目（CIP）数据

中国基本公共服务均等化：实施效度与实现程度评估研究 / 张婵娟，尚虎平著. — 长春：吉林大学出版社，2021.1
ISBN 978-7-5692-6812-6

Ⅰ. ①中⋯ Ⅱ. ①张⋯ ②尚⋯ Ⅲ. ①公共服务－研究－中国 Ⅳ. ① D669.3

中国版本图书馆 CIP 数据核字（2020）第 141650 号

书　　名	中国基本公共服务均等化——实施效度与实现程度评估研究 ZHONGGUO JIBEN GONGGONG FUWU JUNDENGHUA ——SHISHI XIAODU YU SHIXIAN CHENGDU PINGGU YANJIU
作　　者	张婵娟　尚虎平　著
策划编辑	李潇潇
责任编辑	李潇潇
责任校对	刘守秀
装帧设计	博克思文化
出版发行	吉林大学出版社
社　　址	长春市人民大街 4059 号
邮政编码	130021
发行电话	0431-89580028/29/21
网　　址	http://www.jlup.com.cn
电子邮箱	jdcbs@jlu.edu.cn
印　　刷	三河市华东印刷有限公司
开　　本	787mm×1092mm　　1/16
印　　张	17
字　　数	252 千字
版　　次	2021 年 1 月第 1 版
印　　次	2021 年 1 月第 1 次
书　　号	ISBN 978-7-5692-6812-6
定　　价	86.00 元

版权所有　翻印必究

序

十多年来，我们的团队主要着眼于政府绩效评估与管理的研究工作。本人曾给自己暗暗定立了一个目标，就是要每年都能够在政府绩效管理的理论基础、技术方法、实践案例三方面有所推进，以便将政府绩效管理的研究踏踏实实做深、做实。令本人和团队欣慰的是，我们在探究政府绩效案例的过程中发现，"绩效"不是抽象的概念，更不是"画饼"为群众充饥，它有实实在在的载体。这种载体从大范围角度而言，就是各类公共服务。但从最大多数人民群众的关注点来说，他们主要关心教育、医疗、养老、住房等基本公共服务，就此而言，无论发达还是欠发达地区的政府，它们的绩效都首先表现为基本公共服务提供的绩效。就此而言，基本公共服务提供的绩效，在某种程度上就代表了政府绩效，也代表了政府绩效的底线。正是在这个意义上，我国各级政府均强调贯彻落实"以人民为中心"的管理理念。

本书首先在马克思主义经典作家的理论、西方理论的合理内核、中国传统文化、当前国家政策的基础上，理清了我国基本公共服务均等化实施效度与实现程度评估的理论基础。在此基础上，我们构建了一套评估我国基本公共服务均等化实施效度与实现程度的指标草集（理论指标），然后通过科学的筛选模式、赋权方法，确定了一套由85个三级指标构成的我国基本公共服务均等化实施效度与实现程度的评估指标体系，其中实现程度指标体系A共包含45个评价指标，实施效度指标体系B共包含40个评价指标。在评估指标的基础上，我们抽选了东、中、西部42个不同层级政府，并对其提供基本公共服务的情况进行了实证评估。实证评估结果显示，我国基本公共服务均等化实现程度呈现梯度排列，东部的基本公共服务均等化实现程度高于中部，中部略高于西部。也就是说，东部与中部的均等化之间的差距要高于中部与西部之间的差距，中部与西部均等化的差距在逐渐减小。从基本公共服务均等化实施效度来看，西部却略高于中部，东部也高于中部，呈现了明显的"中部塌陷"格局。同时，我们的实证研究还发现，基本公共服务均等化实施效度与实现程度在不同层级的政府上也有着明显差别，主要表现为省级政府高于市级政府，市级政府高于县级政府，但在基本公共服务的某些领域，比如在公共文化体育、社会住房保障领域却呈现出了市级政府更为良好的结果。进一步的回归统计显示，政府层级、区域经济、政府转移支出比重等显著影响着我国基本公共服务均等化的实施效度与实现程度。

总体而言，本书还只是一个初步的尝试，在国内较早地尝试对基本公共服务均等化实施效度与实现程度进行测评。这一系列工作，从理论基础界定、指标筛选到实证评估、因素侦测，都有着"探路者"的痕迹。这种尝试性可能使得本书充满错漏，也可能有颇多词不达意的地方，这需要我们在未来的研究中进一步去改进、完善。

聊充作序。

尚虎平

2020.8.27

前　言

一直以来，我国党中央和国务院都高度重视基本公共服务均等化议题，也为保障基本公共服务均等化的实现陆续出台了一系列方针策略和政策指导。基本公共服务均等化的实现显然已成为我国今后长期发展的重要战略目标和持续实践的民生工程。尤其是2017年党中央在十九大上就敏锐地指出了当前我国各类问题的症结："中国特色社会主义进入新时代，我国社会主要矛盾已经转化为人民日益增长的美好生活需要和不平衡不充分的发展之间的矛盾"。国家主席习近平同志在十九大报告中明确提出，"在幼有所育、学有所教、劳有所得、病有所医、老有所养、住有所居、弱有所扶上不断取得新进展"，习主席所强调的这些内容，均属于基本公共服务的范畴。也就是说，习主席指明了一条以基本公共服务均等化来破解我国新时代社会主要矛盾的道路，提供了打开社会基本矛盾之锁的钥匙。在这种迫切的社会现实需求和科学的顶层设计之下，就衍生出了一个需要迫切研究解决的问题：既然基本公共服务均等化是构建和谐社会的基石、打开新时代社会基本矛盾的钥匙，那么当前我国基本公共服务均等化的现状到底如何？也就是，我国当前基本公共服务均等化实施效度和实现程度到底如何？要解决这个问题，就需要通过对我国基本公共服务均等化进行实证评估来把握现状，同时通过实证检验找寻影响因素以便有针对性地改进。本研究也正是基于上述需求，通过对我国基本公共服务均等化实施效度与实现程度评估研究以求早日实现我国基本公共服务均等化的目标。

在探索性研究实现过程中，本书首先在结合国内外研究所提供的规律性做法，对马克思主义理论、西方科学合理内核、中国传统文化，以及当前国内相关政策思想理论概化的基础上，构建了一个由评估目标、评估因素、指标类别和具体评估指标等构成的我国基本公共服务均等化实施效度与实现程度测评的第一轮评估体系草集，又称为指标池 $X1$。然后，遵从评估学和心理学基本规律，对指标体系 $X1$ 进行实证多轮筛选、实证多重检验的实证操作过程，有效消减指标选择上的主观性弊端。最终筛选出了一套由 85 个三级指标构成的我国基本公共服务均等化实施效度与实现程度评估指标体系，其中实现程度指标体系 A 共包含 45 个评价指标，实施效度指标体系 B 共包含 40 个评价指标，它们是本研究开展实证评估的有效工具和重要"抓手"。

本书的创新性还表现在对基本公共服务均等化实施效度与实现程度评估指标体系构建完成的基础上，本书对我国东部、中部、西部区域按照 1∶2∶4 的比例随机抽选 42 个不同层级政府（6 个省级、12 个市级、24 个县级）为评估对象，对其基本公共服务均等化实施效度与实现程度进行了综合评价研究。在基本公共服务均等化实现程度指标的数据获取上以 2013—2018 年相关统计年鉴指标数据为依据，在基本公共服务均等化实施效度的指标数据获取上采用调查问卷与随机抽选指标样本为依据。通过实证评估分析发现，整体上我国基本公共服务均等化实现程度呈现出梯度现状，具体表现在东部的基本公共服务均等化实现程度高于中部、中部略高于西部，和东部与中部的均等化之间的差距要高于中部与西部，中部与西部均等化的差距在逐渐减小。而在基本公共服务均等化实施效度上，呈现出西部的略高于中部、东部高于中部的逆转性区域格局。进而运用总体分析和比较分析发现基本公共服务均等化实现程度与实施效度二者之间的关系也并非我们理想中的水涨船高、与荣俱荣的关系，而呈现出了高均等化实现程度并不一定是高均等化实施效度，二者之间并非完全对等的关系。研究还发现基本公共服务均等化实施效度与实现程度在不同层级政府上也存在差别，大体表现在省级政府高于市级政府、市级政府高于县级政府，而在基本公共服务的某些领域呈现出了市级政府较为优越的结果，比如在公共文化体育、社会住房保障领域。同时研究结果表明，在同一省份下的不同市级、县级之间的基本公共服务均等化差距也在不断拉大，同区域下不均衡现象也比较明显。

第四章 基本公共服务均等化评估指标体系构建　　074
　　第一节　指标选取原则　　074
　　第二节　理论性指标确定　　078
　　第三节　指标的实证筛选　　084
　　第四节　指标赋权　　115

第五章 基本公共服务均等化实施效度与实现程度实证评估　　134
　　第一节　数据收集　　134
　　第二节　实证结果分析　　157

第六章 基本公共服务均等化评估影响因素侦测　　166
　　第一节　影响因素预判　　167
　　第二节　影响关系假设　　168
　　第三节　影响因素测量　　170
　　第四节　影响因素数据获取　　171
　　第五节　影响因素模型与实证检验　　171

第七章 基本公共服务均等化实施效度与实现程度研究发现及未来改进路径　　177
　　第一节　基本公共服务均等化实施效度与实现程度研究发现　　177
　　第二节　基本公共服务均等化实施效度与实现程度未来改进路径　　181

结语　　199
　　第一节　本书的主要创新　　199
　　第二节　本书的主要不足与展望　　200

目　录

第一章　绪论 … 001

　　第一节　选题背景和研究意义 … 001

　　第二节　核心概念界定 … 007

　　第三节　内容框架和研究方法 … 014

第二章　国内外基本公共服务均等化评估研究现状 … 019

　　第一节　国外研究现状 … 019

　　第二节　国内研究现状 … 027

　　第三节　国内外研究述评 … 038

第三章　基本公共服务均等化评估的理论基础 … 041

　　第一节　马克思主义理论 … 041

　　第二节　西方社会科学中的合理内核 … 054

　　第三节　中国传统文化 … 062

　　第四节　当前各类政策思想的理论概化 … 067

　　第五节　理论总结 … 072

在上述实证发现的基础上，本书运用HLM模型对其进行影响因素侦测，依据相关理论和实证检验，分别以区域经济、财政体制、层级政府、人口统计学特征等方面作为其因变量，最后按照理论总结与实证测评结果分析，结合影响因素统计检验结果的甄别，聚焦如何补好我国基本公共服务均等化实施效度与实现程度的薄弱环节，从实现路径的角度做进一步的分析与研究，提出未来我国需要从以人民为中心、"总—分—总"式解构基本公共服务均等化绩效评估、厘清不同层级政府的基本公共服务均等化责任、推进财政体制改革、合理配置政府间事权财权、优化公共支出结构、完善财政转移支付制度等方面入手解决我国基本公共服务均等化理论研究与政策实践问题。这既符合基本公共服务均等化的发展实际，也与目前的理论发展趋势相对应、相一致，在坚持公平性、公正性的原则上，实现"客观实际、理论动态、优化建议"的一个整体闭环，也体现出研究政策与社会发展的有机统一。

总体来说，本书的理论意义在于丰富了我国基本公共服务均等化实现的系统理论体系，实现理论上的整合创新。本书的实践意义在于构建并筛选出一套中国基本公共服务均等化实现的实施效度与实现程度的通用指标，该指标体系是以《"十三五"推进基本公共服务均等化规划》为核心基础和主要依据，这就确保研究的出发点和落脚点在官方框定的基本公共服务的范畴之内，并将指标按照"投入—产出—效度"的类别对基本公共服务均等化进行实证测评，兼顾基本公共服务均等化实施效度与实现程度的评估导向。

张婵娟　尚虎平
2020.07

参考文献　　　　　　　　　　　　　　　　　　　　　　　201

附录1　单轮德尔菲法指标池专家调查问卷（指标隶属度筛选）　　219
附录2　单轮德尔菲法指标池专家调查问卷（指标相关性判断）　　226
附录3　基本公共服务均等化实施效度评估调查问卷　　　　　　　231
附录4　基本公共服务均等化实施效度评价指标权重确定调查表　　242
附录5　基本公共服务均等化评估指标草集X0　　　　　　　　　244
附录6　基本公共服务均等化实现程度与实施效度实证结果排名对比分析图　245
附录7　本研究"足迹"与花絮（部分）　　　　　　　　　　　　248

后记　　　　　　　　　　　　　　　　　　　　　　　　　　　255

第一章 绪论

第一节 选题背景和研究意义

一、选题背景

改革开放40余年来，我国已经基本建成了中国特色社会主义市场经济体制，极大地推动了我国的全面发展，使得GDP在2010年就开始超越日本居于世界第二位，此后我国一直保持了世界第二大经济体的国际地位。据统计数据显示，2018年我国人均GDP已经接近1万美元大关，行将进入"初等高收入国家行列"，这是令各族人民引以为豪的国家进步、引以为豪的中华民族初步复兴。然而，我们在欣喜国家取得巨大进步的同时，也应该看到目前依然存在着不少矛盾亟待解决。与国家快速发展形成鲜明反差的是，从国家统计局发布的国际公认代表经济收入、经济地位差别的收入基尼系数统计情况来看，2008年我国基尼系数曾一度上升至0.491的"高度不均等"警戒线，此后在国家的努力下开始逐年回落，2009年为0.490，2010年为0.481，2011年为0.477，2012年为0.474，2013年为0.473，2014年为0.469，2015年降低到了0.462，但2016年后又开始上升，达到了0.465，2017达到了0.467，2018年达到了0.473[1]。基于对各种客观实际的分析，党的十九大报告中就旗帜鲜明地提出，"中国特色社会主义进入新时代，我国社会主要矛盾已经转化为人民日益增长的美好生活需要和不平衡不充分的发展之间的矛

---

[1] 国家统计局. 中国统计年鉴[M]. 北京：中国统计出版社，2017.

盾"[1]。实际上，这种"不均等化"问题不仅存在于个体之间，也广泛存在于地区、城乡之间。从GDP占全国的比重来看，东、中、西及东北四个地区的GDP占全国的比重在2012年时已分别达到54.8%、21.5%、14.4%、9.3%，由此可以看出两极分化非常明显；之后虽然国家做了各种努力，到2016年依然形势严峻，东、中、西及东北四个地区的GDP占全国的比重分别保持在52.3%、20.6%、20.3%、6.8%；近几年的差距也并无明显缩小的趋势。从城镇和农村居民的可支配收入来看，两极分化也非常明显。2009年，我国城乡差距高达3.33∶1，之后国家从各方面着手，努力解决相关问题。即使如此，2012年城乡差距依然高达3.10∶1，至2017年改善效果也不明显，城乡差距依然保持在2.71∶1。尤其需要强调的是，中西部地区的城乡分化要更大，在全国城乡差距不断缩小的趋势下，部分中西部省份的城乡差距却在"逆势上扬"，2016年时按照城乡居民可支配收入计算，甘肃省城乡差距依然高达3.45∶1，区域性、省域性的差距分化令人咋舌。此外，行业之间收入的不均衡也非常显著，根据2017年人力资源和社会保障部劳动工资研究所发布的《中国薪酬报告》，我国农、林、牧、渔等行业平均工资仅为金融业的五分之一左右。

显然当前这种"不均等""不平衡"已成为人民群众过上美好生活的最大"梗阻"。面对上述窘境，21世纪以来我国政府高度重视基本公共服务均等化议题，国家陆续出台了一系列顶层设计的战略方案和指导方针，实现基本公共服务均等化显然已成为我国长期发展的重要战略目标和不断实践的民生工程。[2] 2005年、2006年中共十六届五中全会、中共十六届六中全会先后通过了《中共中央关于制定国民经济和社会发展第十一个五年规划的建议》《中共中央关于构建社会主义和谐社会若干重大问题的决定》。党中央在十六届五中全会上首次提出基本公共服务均等化的概念，要求"按照基本公共服务均等化原则，加大国家对欠发达地区的支持力度，加快革命老区、少数民族地区、边疆地区和贫困地区经济社会

---

1 中国共产党第十九次全国代表大会报告[R/OL].[2018-10-18].http://www.china.com.cn/19da/2017-10/27/content_41805113.htm.

2 乔耀章."公共服务均等化"不只是政府的责任[J].理论参考,2011(01):28-29.

发展"[1]。在十六届六中全会上将"基本公共服务均等化"放在了国家战略的高度，并进一步明确"完善公共财政制度，逐步实现基本公共服务均等化"。由此开始，"逐步实现基本公共服务均等化"成为我国经济社会发展的主要目标；内容丰富、层次清晰、涵盖全面的基本公共服务体系成为社会主义和谐社会的重要组成部分[2]。以"着力保障和改善民生"为重要目标之一，2007年党的十七大报告强调"学有所教、劳有所得、病有所医、老有所养、住有所居"，进一步明确了"基本公共服务均等化"的具体要求，也为全面统筹城乡发展、促进区域协调发展提供了重要抓手。[3]2011年、2012年国务院先后颁布《国民经济和社会发展"十二五"规划纲要》和《国家基本公共服务体系"十二五"规划》，明确了2011—2015年间政府工作的核心之一即为全面改善民生、建立健全基本公共服务体系，聚焦基本公共服务议题、依托法的规范性与强制性，从制度体系、运行机制、保障方式、监督体系和标准体系等方面对基本公共服务均等化的实现路径提出了指导原则与发展方向，并对各级政府在基本公共服务均等化过程中的责任与定位予以明晰。[4]此后，"2020年要总体实现基本公共服务均等化"的政策指示先后出现在党的十八大报告、十八届三中全会公报等纲领性文件中，以"实施就业优先""完善基本医疗卫生制度""提高基本公共服务供给水平""健全社会保障体系"等为着力点的各类基本公共服务项目建设细则，以直接或间接的方式列入我国每年的政府工作报告和政府公共服务建设议程，与此相关的工作也不断在全国试点开展、推广。[5]2017年3月，国务院颁布了《"十三五"推进基本公共服务均等化规划》，2018年国办印发《关于建立健全基本公共服务标准体

---

1 牟永福.推进基本公共服务均等化有赖于科学有效的制度安排[J].领导之友,2008(09):15-18.

2 中国共产党第十六届中央委员会第六次全体会议（简称中共十六届六中全会）通过《中共中央关于构建社会主义和谐社会若干重大问题的决定》。

3 中国共产党第十九次全国代表大会报告[R/OL].[2018-10-18].http://www.china.com.cn/19da/2017-10/27/content_41805113.htm.

4 国务院于2012年7月11日印发了《国家基本公共服务体系"十二五"规划》。

5 胡锦涛同志于2012年11月8日在中国共产党第十八次全国代表大会上的报告。

系的指导意见》，作为未来长期促进我国新时代基本公共服务体系建设和基本公共服务均等化实现的系统性、保障性、指导性的文件。规划和指导意见紧扣"到2020年基本公共服务均等化总体实现""到2035年，基本实现基本公共服务均等化"主题，其建设任务聚焦在基本公共服务均等化。增加公共服务的有效供给，保障基本公共服务朝普惠性、保基本、均等化、可持续方向发展[1]，转变政府职责，持续提高我国政府公共服务治理能力和共享水平的现代化这些目标成为我国各级党委、政府聚焦"到2035年，基本实现基本公共服务均等化"的工作重点，也将"十二五""十三五"基本公共服务体系建设的任务聚焦为推进均等化。[2] 中共中央总书记、国家主席习近平在十九大报告中也明确提出，"在幼有所育、学有所教、劳有所得、病有所医、老有所养、住有所居、弱有所扶上不断取得新进展，深入开展脱贫攻坚，保证全体人民在共建共享发展中有更多获得感，不断促进人的全面发展、全体人民共同富裕"[3-4]。总书记所强调的这些内容，均属于基本公共服务的范畴，力图以基本公共服务均等化促进个体间的均等、区域间的均衡、行业间的公平等，从而彻底根除"人民日益增长的美好生活需要和不平衡不充分的发展之间的矛盾"。从这个层面上来看，习近平总书记指明了一条以公共服务均等化来破解我国新时代社会主要矛盾的道路，提供了打开社会基本矛盾之锁的钥匙。

在这种迫切的社会现实需求和科学的顶层设计之下，就衍生出了一个需要迫切研究解决的问题：既然基本公共服务均等化是构建和谐社会的基石、打开新时代社会基本矛盾的钥匙，那么当前我国基本公共服务均等化的现状到底如何？也就是，我国当前基本公共服务均等化实施效度和实现程度到底如何？要解决这个

---

1 李富强. 坚决维护习近平总书记的核心地位 [N]. 中国社会科学报,2017-03-23(001).

2 2017年3月2日《人民日报》：《国务院印发〈"十三五"推进基本公共服务均等化规划〉》。

3 2017年10月28日《人民日报》：《决胜全面建成小康社会夺取新时代中国特色社会主义伟大胜利》。

4 决胜全面建成小康社会夺取新时代中国特色社会主义伟大胜利：习近平同志代表第十八届中央委员会向大会作的报告摘登 [J]. 共产党人，2017, 10(30): 4-7.

问题，就需要通过对我国基本公共服务均等化进行实证评估来把握现状，同时通过实证检验找寻影响因素以便有针对性地改进基本公共服务均等化。[1]本研究也正是基于上述需求，通过对我国基本公共服务均等化实施效度与实现程度评估研究以求早日实现我国基本公共服务均等化的宏图。

二、研究意义

正如恩格斯所言，"政治统治到处都是以执行某种社会管理职能为基础，而且政治统治只有在它执行了它的这种社会职能时才能持续下去"[2]，能否提供优质高效的公共产品、满足群众日益多样的公共服务，成为政府有效社会管理的基础和前提，也影响着国家的经济发展、社会平稳与政治稳定。在一系列的公共产品与公共服务之中，具有多重基础性的基本公共服务，更是人民群众生活、企业组织生产等必需的条件。若基本公共服务提供不到位，便可能引发重大的社会问题，使得社会管理出现危机。就此而言，基本公共服务提供不充分、提供不均等，便会产生"基础不牢，地动山摇"的后果。因此，基本公共服务均等化的命题研究，一方面契合全面深化改革的潮流趋势，符合践行"以人民为中心"的发展思想的理念要求，是构建社会主义和谐社会、推进公平正义社会理念的题中应有之意，另一方面是我国各级政府提升社会治理能力、推进社会治理能力现代化、应对社会应急管理的必然要求，也是有效化解当下主要社会矛盾的"金汤药"、破解社会难题的"金钥匙"。深入推进基本公共服务均等化的理论与实践研究，必然对中华民族伟大复兴、深入推进中国特色社会主义建设事业起到关键支撑作用。故而，研究基本公共服务均等化实施效度与实现程度问题具有重大理论意义和实践意义。

（一）理论意义

（1）构建具有中国特色的基本公共服务均等化理论体系。本研究力图将马克思主义理论作为理论指导基础，整合管理学、政治学、经济学、法学、社会学

---

[1] 尚虎平.我国政府绩效评估的总体性问题与应对策略[J].政治学研究,2017(4):60-70.
[2] 马克思恩格斯选集：第3、4卷[M].北京：人民出版社,1995:200-278.

等学科与基本公共服务均等化有所关联的理论命题，并结合中国传统智慧、习近平新时代中国特色社会主义思想，建构基本公共服务均等化实现的系统理论体系；故而这个新的理论体系也具有中国社会主义特色。弥补了一直以来我们都将基本公共服务均等化当作实践操作问题所引起的基本公共服务管理过程中的理论基础薄弱、关键问题认识不清、基本问题理解错位等问题。

（2）从理论上区分了"基本公共服务均等化的实现程度"与"基本公共服务均等化的实施效度"。本研究认为"实现程度"是一种物质性的显绩，它更多地具有"物质属性"，具有"不依赖于人的意志的客观实在"的属性。它强调客观物质的持续增多或者持续改善，它通常是肉眼可观察的各类物质的增多与改善，比如公交车辆与线路的增加等。"实施效度"属于内隐性、潜绩性质的主观感受，属于人民群众对政府提供的基本公共服务均等化的一种满足状态，强调各级政府所提供的基本公共服务产生了效果，满足了人民需求，使得人民群众受益良多。习近平主席对此有着精妙的表述，即"人民群众获得感持续提升"，也就是说人民群众对基本公共服务均等化的"获得感""满意度"就是它有效性的体现。

（二）实践意义

（1）筛选并构建出一套基本适用于中国基本公共服务均等化实施效度与实现程度评估的通用指标，该指标体系适合于评价各层级政府在推进基本公共服务均等化工作方面的共同责任。通常情况下，各级政府要承担的职责虽有一定的差异，但更多的部分是要共同承担的；因此，本研究致力于相同部分职责下的我国各级政府基本公共服务均等化实施效度与实现程度研究测评。

（2）实证评估我国推进基本公共服务均等化的实施效度与实现程度，以实证数据的方式呈现我国基本公共服务均等化的总体现状与区域差异，并按照要素类别区分出影响我国基本公共服务均等化实施效度与实现程度的主要因子，以定量研究的方式为未来我国有针对性地改进基本公共服务均等化工作绩效提供依据。

（3）理论源于实践，反过来又指导实践，本研究根据实证评价结果确立了中国基本公共服务均等化实施工作的各类典范，为未来我国各级政府跟踪学习其实践经验奠定基础。同时，为着力破解经济发展与社会进步过程中凸现的各类社会矛盾、症结难题等提供了方向指引与道路引航，也为各级政府全面实现基本公共服务均等化目标、履行社会管理和服务职能提供了重要的决策基础。

第二节 核心概念界定

一、公共服务

公共服务（public service），又称公共产品，是与私人服务（private service）相对应的概念及实际要素。关于公共服务的基本内涵，是德国社会政策学派的先锋代表 Wagner 于 19 世纪后半叶率先提出，在他看来，由国家层面直接供给的各类公共服务经费支出，以及为谋取更多国家财政、相关物资而应当筹划的真实货币，理应成为一个国家各类消费支出的必要组成部分。而在传统的西方经济学范畴内，服务、产品、物品等泛指同一个概念，由此不少学者在进行公共服务的研究时也将公共服务与公共产品同等看待。公共产品也曾作为一种基础概念，构成西方公共财政理论与公共财政的早期研究对象。[1] 20 世纪 80 年代，公共服务在新公共管理运动兴起的浪潮中成为当代公共管理研究的主要切入点和重要内容。埃莉诺·奥斯特罗姆提出公共服务是以消费的非竞争性与非排他性构成具有良好普适性的公益物品，并最终以服务的形式呈现在消费者面前，这一论述基本奠定了现代公共产品理论的研究基础。萨缪尔森对公共服务也有经典的定义，认为公共服务或物品的特征是每个人消费这种物品或者劳务不会导致他人对该物品或者劳务消费的削减。由此，公共服务消费的非竞争性与非排他性两大特性，决定了公

---

[1] 廖文剑.西方发达国家基本公共服务均等化路径选择的经验与启示[J].中国行政管理,2011(3):97-100.

共服务与公共产品供给主体只能以政府为主导。[1]

根据公共服务的不同标准和特征，国内外学者将公共服务分为纯公共服务与准公共服务两大类[2]。前者常见于外交、国防、危机与灾害管理、行政与治安管理、消防与公共安全等具有明显的或者完全的非竞争性与非排他性特征的公共产品与公共服务；后者常见于公共图书馆、公共交通、博物馆、高等教育等不同时具有或者不完全具有非竞争性与非排他性的公共产品与公共服务。依据公共服务的受益范围，将公共服务分为全国性公共服务、地区性公共服务。前者辐射范围涵盖全国、覆盖全社会，如国防安全、外交权益等，多由中央政府统一供给，全国受益、全面普惠，也事关国家的整体利益；后者辐射范围具有明显的区域性，如优抚安置等，一般安排地方政府承担供给，但视不同情形可由中央和地方合作供给，其中根据其受益程度的影响范围，又可分为中央为主、地方为辅和地方为主、中央为辅的供给模式。按照公共服务的层次水平，又将公共服务分为基本公共服务与非基本公共服务。前者常见于义务教育、基本社会保障、基本医疗卫生保健等公共服务和公共产品，多是以全民为服务供给对象、以全民基本社会权利为保障重点、以全民基础社会福利水平为保障基准、以全民均等获得平等享受为保障原则，因此这类公共服务的基点在于政府基于社会基本公共的诉求，利用掌握的公共服务资源与公共产品禀赋，为社会提供产品类别与服务内容；后者常见于高等教育、高社会福利保险等服务与产品，多是政府以促进社会的全面发展、提高社会的发展层次为主要方向，以社会成员生活质量的提升为目标的高层次公共服务供给，这类公共服务是政府基于更高层次的社会公共的诉求，运用手中的公共资源与公共产品禀赋，致力于为社会提供高层次的产品与服务。[3]

公共服务这一概念诞生至今，随着经济发展、社会进步与时代变迁，公共服务的内涵与外延也在不断演变与扩展。国内外研究者对于何为公共服务并未形成

---

1 奥斯特罗姆.公共事物的治理之道：集体行动制度的演进[M].上海：三联书店,2000：211.

2 李军鹏.公共服务学[M].北京：国家行政学院出版社,2007:7.

3 杨冬梅.我国基本公共服务均等化探析[J].行政论坛,2008(11):25-30.

完全一致的认知，在概念上也并无统一的认识。笔者根据上述分析，结合中国特色社会主义建设与发展实际，以新公共服务理论与新公共管理理论的合理内核为基础，将公共服务的内涵概念界定为"公共服务是以全体公民为供给对象、以社会公众需求为供给依据、以政府公共部门为供给来源的各类公共产品与服务的总称"。同时，笔者还认为公共服务与公共产品的主要区别在于公共物品只是确切的物品，而只有激发了其服务的属性才可称之为公共服务；这不仅是其内涵上的延伸，也更加注重供给者的服务理念以及供应者与需求者之间的互动关系。[1]

二、基本公共服务

基本公共服务概念的提出，一方面源于我国社会主义初级阶段的特殊国情，在经济中高速发展时期，无法以均衡的水平为全民提供必要的公共服务；另一方面，借鉴西方发达国家、福利先行国家如何有效避免落入福利陷阱的经验。[2]目前，对于基本公共服务的概念学者们从差异化的视角做出了不同的概念总结，表现在具体的研究上，是对基本公共服务的内涵、外延、边界等存在不同的解读。宋迎法、包兴荣[3]等学者认为基本公共服务的范畴基本囊括公共教育、公共交通、社会保障与公共医疗等，属于承载公民权利性质的社会性公共服务，被称为基本公共服务的"窄派"。常修泽[4]、陈海威[5]等学者认为基本公共服务的边界应限制在民生类保障、公共性服务与设施等，范围控制应合理，不宜"过大、超标"，不

---

1 尚虎平,张婵娟.国内外基本公共服务均等化绩效评估研究的逻辑起点与演进趋势：基于 WOS、CNKI 数据共现知识图谱的可视化分析[J].理论探讨,2019(06):156-164.

2 谢贞发.基本公共服务均等化建设中的财政体制改革研究：综述与展望[J].南京社会科学,2019(05):27-33.

3 包兴荣.社会公正话语下的城乡公共服务统筹刍议[J].四川行政学院学报,2006 (3),70-73.

4 常修泽.中国现阶段基本公共服务均等化研究[J].中共天津市委党校学报,2007(2):66-71.

5 陈海威,田侃.我国基本公共服务均等化问题探讨[J].中州学刊,2007(3):31-34.

宜超出政府供给能力,被认为基本公共服务的"中派"。陈昌盛、蔡跃洲[1]等学者则认为基本公共服务的范围应"宽一些",社会性服务、经济性服务、发展性服务、维持性服务等都应包含在内,被看作基本公共服务的"宽泛派"。除"窄、中、宽"的区分外,以政府职能定位为坐标,郭小聪[2]、刘尚希[3]、丁元竹[4]等学者以广义和狭义为切入点对基本公共服务的概念内涵进行了研究,提出狭义上教育、就业、医疗、住房、文化、社会保障、计划生育等属于基本公共服务的范畴,广义上生态环境、交通网络、电信网络、公用设施等也属于基本公共服务的范围;同时,以"安全"为核心的国防安全、消防安全、公共安全等同属于基本公共服务的领域。

本研究以《国家基本公共服务体系"十二五"规划》中的相关描述为基准,对基本公共服务概念描述、范围界定等进行相关界定、分析。按照"公民有权利享受基本公共服务,政府有责任和义务提供基本公共服务"的逻辑,认为基本公共服务的供给主体与主导方向在政府,服务的对象为全体公民,服务的内容为满足全体公民的生存与发展需要,服务的标准要与社会经济发展水平相适应。[5]所以,理论层面上基本公共服务的内涵是基于国家社会经济发展现状,保障公民基本生存权与发展权,促进个人的综合全面发展的过程中,为公民个人提供的基本社会条件。而基于我国的客观实际,理应在实践操作层面厘清基本公共服务的内涵,以便实现提供符合公民需求、切合社会经济发展水平、体现公平公正理念的基本公共服务。具体来说,要充分体现托底性,以人类命运共同体为参照,对人类社会具有重大影响、缺位会产生严重危害的公共服务都应纳入基本公共服务的范畴;

---

1 陈昌盛,蔡跃洲.中国政府公共服务:体制变迁与地区综合评估[M].北京:中国社会科学出版社,2007,6-9.

2 郭小聪,代凯.国内近五年基本公共服务均等化研究:综述与评估[J].中国人民大学学报,2013(1):145-154.

3 刘尚希.基本公共服务均等化:目标及政策路径(上)[N].中国经济时报,2007-6-12(5).

4 丁元竹.中国社会建设:战略思路与基本对策[M].北京:北京大学出版社,2008:83.

5 2017年3月1日,国务院《关于印发<"十三五"推进基本公共服务均等化规划>的通知》。

充分体现广泛性,以全民纳"保"为标准,对社会、集体、家庭和个人具有全面影响的公共服务应纳入基本公共服务;充分体现适宜性,以可行、可操作为基本,基本公共服务的内涵与执行应满足社会发展水平与公共财政给付能力;充分体现动态性,以应时、完善为准绳,基本公共服务供给的范围与层次应随着社会经济发展水平的提升而发生变化。

图1-1是我国《"十三五"推进基本公共服务均等化规划》制定的我国基本公共服务制度框架,从供给侧与需求侧两段出发,利用"服务清单""重点任务""保障措施""实施机制"四个维度,坚持"全民共享"与"契合需求"的原则,构成我国现阶段基本公共服务的内容体系,这也是本书研究基本公共服务均等化内容的根基。

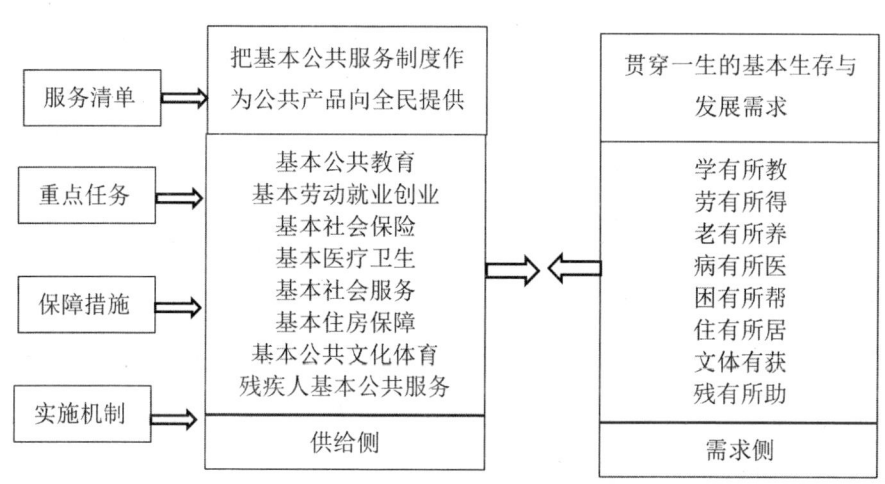

图1-1 基本公共服务制度框架

三、基本公共服务均等化

与上述"公共服务"和"基本公共服务"不同,"基本公共服务均等化"是国内学者基于我国客观实际情况而提出的,也是我国特有的概念与提法。"基本公共服务"的核心概念上文已做了明确界定,综合来说即为坚持公平公正价值取向、精准回应社会公共需求,以维护公民生存权、发展权为根本,以保障国家经济社会平稳为目标,为社会及公众所提供的各类公共产品与服务的集成[1]。因此,要廓清基本公共服务均等化的合理内核,应对"均等化"进行解剖,尤其要厘清"均等化是什么""均等化目标是什么""均等化标准是什么"以及"均等化的逻辑内容是什么"等问题。

据《新华词典》记载,"均等化"在不同的语境中具有不同的属性:可理解为"使之平等、均等",此时具有明显的动词属性;也可理解为"处于平等、均等的状态",此时具有典型的名词属性。而从基本公共服务的视角来看,其作为一种理念和目标,"均等化"折射出鲜明的公平与正义的价值理念,蕴含在建设当代文明社会、推进国家治理现代化的主流价值观和现代政治理念之中,"政府要更加注重基本公共服务,推进基本公共服务均等化"等政策号召充分体现出中国政府履行社会管理、实践基本公共服务时的均等化价值理念与对执政目标的追求。[2]同时,基本公共服务的"均等化"属于一个动态过程:基本公共服务在城乡之间、区域之间的非均等化状态是经过一定历史时期动态形成的,逐步缩小基本公共服务的城乡差距、区域差异,也是我们在一定时期内的工作目标和导向,是一个逐渐从非均等化向均等化转变的动态过程,并且势必也是一个长期过程。其中,基本公共服务均等化的形成,最终将是各类公共服务、公共产品分配结果的大致均等,过程体现公平、结果呈现公正,并不是平均主义的"均等"和"大锅饭",而是相对的平等与大体的均衡。[3]总之,基本公共服务的"均等化"是过程和机会均等,也是结果上的大体均等,这就对政府履行社会管理、供给公共服务提出了理念与行动上的"双要求"。

根据上述拆解和逐级分析,本研究认为基本公共服务均等化的内涵及核心已经大体廓清,即以过程和机会均等、结果上的大体均等为基本要义,旨在以大致均等、总体平衡的标准,保障全体居民、在全国范围内可享受到的公平、公正的、

---

1 刘尚希.基本公共服务均等化:现实要求和政策路径[J].浙江经济,2007(13):24-27.
2 朱光磊.全面深化改革进程中的中国新治理观[J].中国社会科学报,2017(4):27-39.
3 郭小聪,代凯.国内近五年基本公共服务均等化研究:综述与评估[J].中国人民大学学报,2013,27(1):145-154.

与基本生存权和发展权相关联的各类基本公共服务与公共产品。从这个角度也再次印证"公民获取均等的基本公共服务是其天然的权利,政府通过宏观调控、微观管理为全民供给人人可享有的基本公共服务也是本身的责任和义务"[1]。同时,基本公共服务均等化的推进与达成,也是践行我国以人民为中心发展理念的题中应有之义,对于弘扬公平正义的社会主义核心价值观,满足人民日益增长的公共服务需求、增加人民群众的获得感、幸福感,助力新时代"双百"目标的实现,都将产生极为重要的影响。[2]

四、基本公共服务均等化评估

就管理系统原理而言,"无评估不管理"[3],因此在政府绩效评估成为必然趋势的情况下,对区域内的基本公共服务均等化实施效度与实现程度进行评估也成为其题中应有之义。本研究对基本公共服务均等化的绩效测评主要是围绕基本公共服务均等化的实施效度与实现程度这异质性的两个维度,并将它们整合到一个评价系统之中,这就需要首先弄清楚二者之间的差异[4]。无论从词源还是从词汇所揭示的内涵来说,"基本公共服务均等化实施效度"与"基本公共服务均等化的实现程度",都代表了不同性质的概念。"实施效度"强调各级政府所提供的基本公共服务产生了效果,满足了人民需求,使得人民群众受益良多。习近平主席对此有着精妙的表述,即"人民群众获得感持续提升",也就是说人民群众从基本公共服务中感受到的"获得感"就是它有效性的体现。就此而言,"效度"更多地具有需求满足、效用实现的心理满足属性,代表了人民群众的一种心理满足状态,代表了政府管理达到了人民满意,属于一种"潜绩"。"实现程度"则

---

1 乔耀章.政府建设导论[J].江苏行政学院学报,2007(06):93-99.
2 2017年3月1日,国务院关于印发"十三五"推进基本公共服务均等化规划的通知.
3 MAGRETTA J.Managing in the New Economy[M].Cambridge,MA:Harvard Business Press,1999.
4 蓝志勇,胡税根.中国政府绩效评估:理论与实践[J].政治学研究,2008(3):106-115.

不同，它更多地具有"物质属性"，具有"不依赖于人的一种客观实在"的属性。它强调客观物质的持续增多或者持续改善，比如，"至2018年6月8日，我市新增省标农村公路250 km""我市新建公共厕所28座""我省实现了数字电视'村村通'"等。这些数字展示了基本公共服务均等化过程中的"实现程度"，它们主要是肉眼可见的物质增多、物品增加，代表了一种"显绩"。[1]

从评估学的角度来说，基本公共服务均等化测评，就是要同时处理好可观察、可触摸的"物质提高"这些"显绩"和不易观察、难以触摸的群众"满意度""获得感"这些"潜绩"，两者构成了一个"太极评估导向"。也就是说，要同时兼顾"潜绩"与"显绩"。为此，在对基本公共服务实施效度这些"潜绩"评估中，要以走访、问卷调查来获得"软数据"；在对道路增多、公交增多、学校增多这类"显绩"评估中，可以通过各类统计年鉴、年度公报获得"硬数据"。在本书第四章的我国基本公共服务均等化实施效度与实现程度评估指标设计中，遵从了这种"太极导向"，将评价指标遵从"投入—产出—效度"的类别进行分类，力图潜绩、显绩兼顾，软绩效、硬绩效并行的评估指标导向[2]。详见图4-1所示。

第三节　内容框架和研究方法

一、内容框架

本书共计七章，其中第一、二、三章的研究内容与理论体系相辅相成，总体内容从阐述、揭示选题背景与研究意义入手，以概念界定为承接点，主要是廓清基本公共服务均等化的相关概念、基本问题，厘清"基本公共服务均等化"的理论渊源、理论谱系等。主要包括如下内容：选题的背景与意义、核心概念的界定、国内外研究基本公共服务均等化现状、基本公共服务均等化的理论基础等。

第四章是基本公共服务均等化实施效度与实现程度评估指标的构建。主要包

---

[1] 冯志艳. 服务型政府绩效评估指标体系构建的价值取向及原则 [J]. 理论学习, 2012(4):23-25.

[2] 尚虎平. 我国政府绩效评估的总体性问题与应对策略 [J]. 政治学研究, 2017(4):60-70.

括：(1)指标遴选，结合理论基础、国外经验、国内实践确定基本公共服务均等化实施效果与实现程度评估的指标池（理论性指标），并对指标池进行多轮实证筛选，包括隶属度分析、变差系数检验、信度效度分析等，筛选出各级政府均可适用的基本公共服务均等化评估的"通用指标"体系；(2)利用熵值法与D-S证据理论方法对筛选好的指标体系进行赋权，确定出可以用于实证测评的指标体系；(3)对指标体系进行操作化处理，利用功效系数法确定出优、良、中、差的评分标准与界限。[1]

第五章是基本公共服务均等化实施效度与实现程度实证测评，即利用筛选好的基本公共服务均等化指标体系进行实证选点评估。运用上文构建的我国基本公共服务均等化实施效度与实现程度评估的通用指标，在我国东、西、中部区域各选2个共6个省级政府，各选4个共12个市级政府，各选8个共24个县级政府，共42个地域作为本研究实证测评的对象，对其基本公共服务均等化实施效度与实现程度进行实证评估（形成评价结果P_1、P_2、P_3等）。并通过对比分析，把握我国基本公共服务均等化实施效度与实现程度的现状。

第六章是探索影响基本公共服务均等化实施效度与实现程度的主要因素。本研究的落脚点在于提出持续改进我国基本公共服务均等化实施效度与实现程度的策略与办法，但这些措施不能空穴来风，更不能凭空想象。要对症下药地解决问题，就需要检测出我国基本公共服务均等化实施效度与实现程度受何种因素影响。本章将评估获得的实证数据P_1、P_2、P_3等作为因变量，将地域经济、政府层级、财政体制、人员结构等作为影响因素即自变量，利用MHL模型来实证检测我国基本公共服务均等化实施效度与实现程度的影响因素，探究其内在机理和实现路径[2]。

第七章是提升我国基本公共服务均等化实施效度与实现程度的策略研究。根

---

1 周莉,黄河清,蒲勇健.基于功效系数法的经营者相对业绩评价研究[J].软科学,2006(1):40-44.
2 陈强,尤建新,鲍悦华.基于市民生活满意度的城市发展质量评价[J].公共管理学报,2006(2):49-52.

据实证评估结果和影响因素侦测结果确定的"榜样"与"标杆"推出的政策与战略、有针对性地出台的政策与优化实现路径等[1]，提出未来我国需要从以人民为中心、"总—分—总"式解构基本公共服务均等化绩效评估、厘清不同层级政府的基本公共服务均等化责任、推进财政体制改革、合理配置政府间事权财权、优化公共支出结构、完善财政转移支付制度等方面入手解决我国基本公共服务均等化理论研究与政策实践问题[2]。

二、技术路线

本研究技术路线图 1-2 所示。

三、研究方法

1. 马克思主义辩证分析法。本研究运用发展辩证的方法分析基本公共服务均等化的理论经验，同时吸纳西方社会科学、中国传统文化、当前政策理论概化等不同理论的"合理内核"来构建我国当前基本公共服务均等化实施效度与实现程度考核评价机制。

2. 文献分析法。本研究在研读经典学术文献的基础上，进行分析、归纳和推演，建构相对完整的基本公共服务均等化的理论，阐明各相关理论之间的逻辑承接关系，并重构基本公共服务均等化实施效度与实现程度测评的理论基础，进而梳理研究我国基本公共服务均等化的理论脉络和发展轨迹。与此相同，在对国内外研究现状的梳理、理论基础的总结的基础上构建我国基本公共服务均等化实施效度与实现程度评估的指标草集。

3. 问卷调查法。本研究在我国东、中、西部 3 个大区重新选择多位专家与实践者、利益相关者进行问卷调查。建立"基本公共服务均等化实施效度与实现

---

1 唐天伟,孙丽华,张剑娜.我国省级政府基本公共服务均等化测度分析:2003—2012[J].经济管理,2013,35(11):170-177.

2 尚虎平,韩清颖.我国政府独特绩效产生的原因及其价值：面向 2007—2017 年间我国 172 个政府独特绩效案例的探索 [J]. 政治学研究,2019(03):81-93.

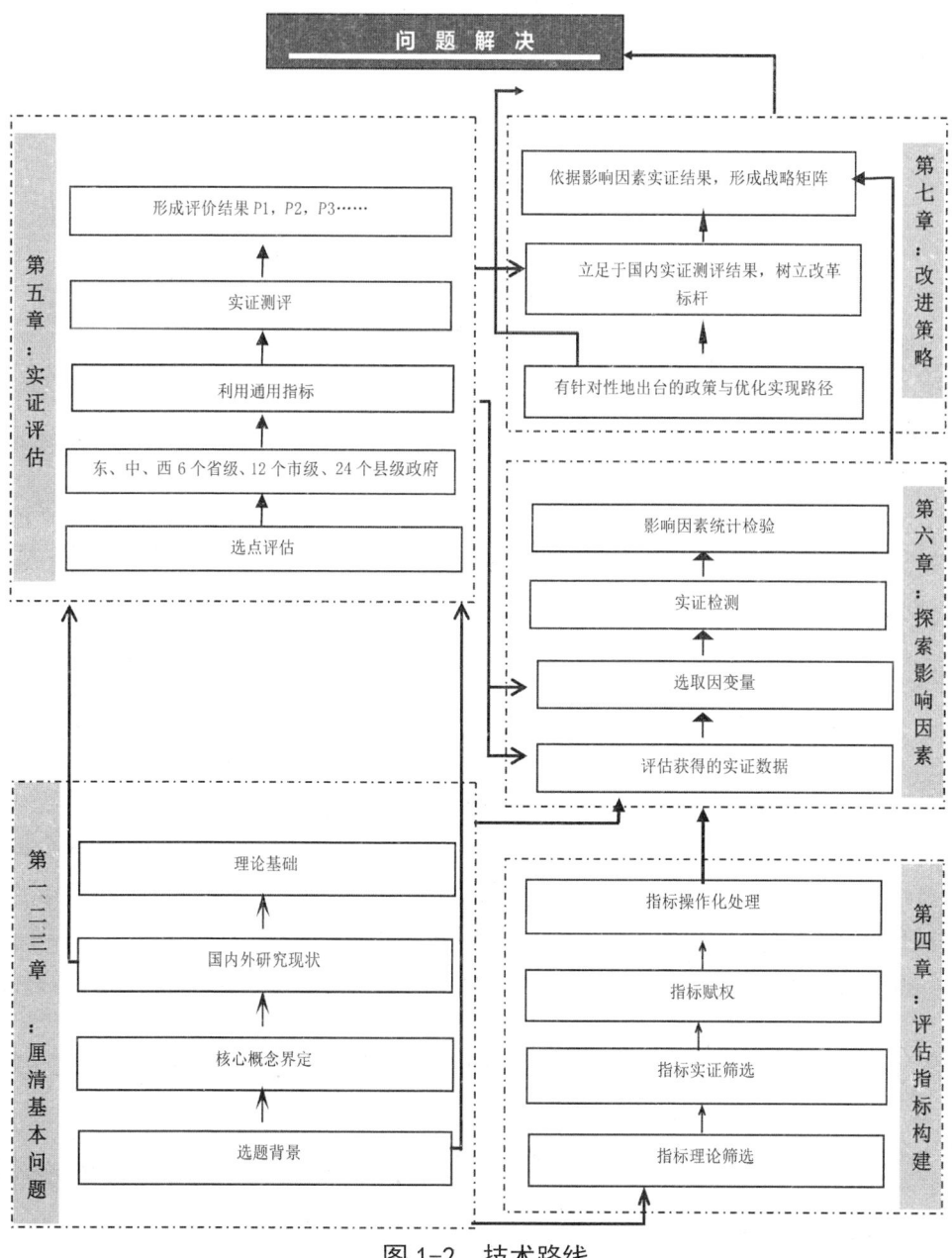

图 1-2 技术路线

程度评估"指标，以问卷的方式在我国东、中、西 3 大区抽选 6 个省级政府、12 个市级政府、24 个县级政府进行多轮检验，然后使用 STATA、SPSS 软件进行统计分析。

4.系统分析法。本书将基本公共服务均等化实施效度与实现程度评估看作一个系统工程,从理论支持、国家政策、社会形势、评估客体等尽可能全面的角度,结合我国基本国情、客观条件因素等对我国东部、中部、西部各级政府进行一个基本公共服务均等化的系统化评估研究,应用系统思维重点研究我国东部、中部、西部42个不同层级政府基本公共服务均等化实施效度与实现程度评估现状。

5.数据挖掘法(DM)。本研究依托《中国统计年鉴》《中国财政年鉴》、各省(市、县)统计局官方网站等主要渠道,通过深挖数据库提取所需要数据,并利用统计挖掘方式,利用HLM挖掘各级政府基本公共服务均等化绩效与地区、社会群体、中央财政拨付、地方财政转移支付等之间的关系。

第二章　国内外基本公共服务均等化评估研究现状

第一节　国外研究现状

2019 年 1 月，本研究对 WOS（Web of Science）数据库进行定点检索。根据检索结果来看，公共服务、基本公共服务以及基本公共服务均等化的理论研究与实践研究均源于西方发达国家，如前文所述，"基本公共服务均等化"为中国特有的提法，在国外并无对应外文提法，境外学者对于"基本公共服务均等化"的研究仅零星见于个别期刊，并无系统化的相关论述。基于此，本研究从追溯学术史的视角，将国外与基本公共服务均等化实施效度和实现程度相关的研究进行了归集与拆解，发现其存在这样一条较为清晰的研究路线，即"理论基础溯源—公共服务非均衡问题找寻—当前特定公共服务供给效果的实证测评"[1]。

一、理论基础溯源

马克思在其经典著作《哥达纲领批判》中论述劳动所得时，就什么是"公平"分配问题，阐述了由工人劳动产生的各类社会公共产品和由工人劳动衍生的社会福利，应以劳动所得为基础并在参与共同建设的社会成员之间实现分配，同时，社会公共产品、社会公共服务、社会福利、救济及保险等为全体社会成员共同享有。所以，对剩余劳动产品进行"公平"分配的逻辑前提在于扣除如下三个方面：

---

[1] 尚虎平, 张婵娟. 国内外基本公共服务均等化绩效评估研究的逻辑起点与演进趋势：基于 WOS、CNKI 数据共现知识图谱的可视化分析 [J]. 理论探讨, 2019(06):156-164.

和生产无关的一般管理费用，满足全社会公共诉求的部分和为丧失劳动能力的人等设立的基金。与当前社会对比来看，马克思实际上提供了基本公共服务均等化实施的基本理论基础。此后，从20世纪中期开始直至现在，国外主要的公共服务理论都格外强调外部性和公共产品属性。[1]

外部性理论由古典经济学家、福利经济学之父庇古（Arthur Cecil Pigou）在20世纪20年代提出，该理论认为"公共产品为外部性的极端状态"，其核心要义为"负外部性产品供给过剩，正外部性产品供给不足"之间的失衡，主要源自边际个人成本和边际社会成本的一致性与边际个人收益和边际社会收益的一致性。此后，20世纪60年代由新古典综合学派创始人保罗·萨缪尔森(Paul A. Samuelson)提出公共产品消费的非竞争性和非排他性，成为公共产品理论研究的现代基础，在世界掀起研究公共产品与公共服务的热潮。事实上，公共产品理论研究与公共服务理论分析在早期都带有浓郁的经济学气息，尤其是在方法论上经济学的烙印十分浓厚，呈现典型的功利主义倾向。故而在公共服务，尤其是基本公共服务研究中，理论界又开始向公平、公正等理念回归。[2]20世纪70年代约翰·博德利·罗尔斯(John Bordley Rawls)提出了具有广泛国际影响力的公平正义理论，该理论认为，所谓的正义就是"社会和经济具有天然的不平等，但这种不平等如果其结果能让包括社会最少受益者在内的每一个人均获取必要的补偿利益即可"。

从理论渊源来看，由庇古首创的福利经济学理论应与本研究基本公共服务均等化研究与实现程度、实施效度测评为较为直接关联的理论，其中公平公正的理念承接了这一时期的主流价值链。其后，尼古拉斯·卡尔多(Nicholas Kaldor)、约翰·希克斯(John R. Hicks)、伯格森(A. Bergson)等以新的要素和内容对福利经济学理论进行了整体修正与补充，并逐渐形成新福利经济学。随后，以"政府应保障人的生命健康权，弱势群体优先受益，基本权利均等"为主要观点，肯尼斯·约瑟夫·阿罗(Kenneth J. Arrow)、阿马蒂亚·森(Amartya Sen)、黄有光(Yew-Kwang

---

1 樊继达.以新发展理念引领城乡基本公共服务均等化[J].中国党政干部论坛，2019(05):34-37.

2 石培琴.我国区域基本公共服务均等化研究[D].北京：财政部财政科学研究所,2014.

Ng)等进一步发展了后福利经济学。他们均强调弱势群体优先受益,基本权利均等,维持人生命、生存的福利均应该由政府来提供等观点。[1]这些思想直接形成了基本公共服务均等化实施效度与实现程度评估的理论基础。另外,受"公共选择学派"发展的影响,"恩格尔定律""瓦格纳法则""收入基尼系数"与相关"定律"也相继进入公共产品、公共服务研究学者们的视野,其中"恩格尔系数"以居民非生活必要的"精神需要"支出比例来衡量居民的收入水平,"瓦格纳法则"旨在确认公共部门、公共支出中基本公共服务的权重,"收入基尼系数"则是用来衡量社会收入的平等与否的预警线。这些思想均形成了基本公共服务均等化实施效度与实现程度评估的理论基础。[2]

上述这些理论虽然各有侧重,但从文献梳理和分析范围来看,世界各国在推行的基本公共服务均等化事业,或多或少都受到相关理论的影响并参照了其中某个或者某些理论原则,这使得它们成了当前世界上各国推动基本公共服务均等化的理论基石。

二、找寻公共服务不均衡的诱因

国外学者对公共服务不均等的现象进行了大量研究,力图发现是否真实存在,以及多大程度上存在着不均等问题。Grand(1982)、世界银行(2004)、Van de Walle(2005;2008;2014)、OECD(2006;2016)等通过理论研究与实证分析基本上达成了"空前一致"的认同,即公共服务非均等化存在于公共服务的诸多方面、社会的不同层级、世界的角角落落;同时,基本公共服务不仅存在事实上的分配不均等,还存在严重程度的不均等、不均衡、不公平等。在探讨基本公共服务非均等化的原因上,McLure Charles E. Jr.(1994;2007)、Bert Holman 和

---

1 蔡立辉. 论当代西方政府公共管理及其方法[J]. 中山大学学报(社会科学版),2003(2):26-32.
2 KOCH T. Establishing Rigour in Qualitative Research:The Decision Trail[J].Journal of Advanced Nursing,2006,53(1):91-100.

Susana Cordeiro Gurra（2005；2010）将目光不约而同地聚焦在"财力"之上，认为基本公共服务非均等化是"巧妇难为无米之炊"的必然结果，如中国、印度尼西亚、菲律宾、越南四国虽然同为发展中国家，但财力的差异导致各国在提供公共服务方面存在巨大差异；Slukhai（2003）认为俄罗斯各地区因为石油等自然资源分布不均造成各地区间存在明显的财力差距，又直接导致区域间提供基本公共服务的非均等化问题。以"财力"大小的研究为基础，Migiro 和 Ambe（2008）在南非共和国西北省的 6 个自治市采用目标抽样方式评估了政府公共服务供应链实施绩效水平，发现政府缺乏实施技能、公私合作能力欠缺。Bilgin（2008）、Pollitt（2009）、Manyazewal（2018）还探讨了负责指挥、调度、使用"财力"的官员在其中的影响，如官员执政能力将大大影响教育改善、犯罪控制、环境优化等方面的水平，并在很大程度上影响着他们能否按照纳税人的意愿实现基本公共服务的均等化。事实证明官员的能力本身有着高低之分，这就使得他们获得公共服务资金的多寡有别，使得他们供给公共服务的水平不均，诱发了公共服务生产与提供的非均等化。

与既定的非均等化事实、固有的原因相对应，在如何消弭基本公共服务非均等化的不足、实现基本公共服务的均衡上，Stefanescu、Turlea、Gherghina 和 Dudian（2009）进行了一定程度的"集思广益"，如：以财政地位公平等为原则，从缩小"谋财能力""创财能力"的差距的视角解决基本公共服务非均等化的问题；通过重塑地方政府战略改变政府人员的发展观，以便提升基本公共服务绩效等策略。

三、实证测评当前特定公共服务供给状态

近年来，国外与基本公共服务均等化相关的探索还体现在实证性的测量研究方面。这些研究聚焦于基本公共服务、公共服务的某个方面，如公共交通、公共卫生服务、文化教育服务等，以实证测评的形式来检测这些公共服务提供的效果、影响服务效果的因素等。概括而言，这些实证测评探索主要着眼于公共交通服务、

公共医疗卫生服务、基础设施服务、电子政务服务、文化教育服务、生态与环境保护服务、公民满意度评估、政府服务外包绩效评估等方面。

（一）对公共交通服务的效果评估研究

在公共交通服务领域方面，Takyi（1993）利用美国56个公交服务提供机构的数据开发、验证了一个多维度公交服务绩效评价方法体系，实证检验证明该体系不仅有利于提升公交服务机构的效率与效能，还能够促进数据使用。Birnerova（2007）利用顾客满意调查技术（CSI）调查了承担城市公交服务的公共企业顾客满意现状，发现公交公司在客户优先与公司绩效关系上处理并不到位，绩效较高的公共企业其客户满意度均不佳。与此相似，Talvitie（1999）以蒙特利尔为实证对象，利用以模糊TOPSIS与SERVQUAL相结合的评价模型分析后发现，该市公交服务绩效基本令人满意。Prieto（2013）依托《西班牙地方基础设施与装备调查报告》对西班牙的公共交通存量数据的实证分析结果表明，在公共交通领域西班牙地方政府基础设施服务已达到良好水平，公交公司在公共交通领域扮演着中坚力量；其运用顾客满意调查技术的调查结果则显示，西班牙的一些地区公交公司尚无法有效处理客户优先与公司绩效的关系，这在一定程度影响了公共交通服务绩效的改进。

（二）对公共卫生服务的效果评估研究

在公共卫生服务领域，Gakidou、Lozano和Pier等（2006；2016）利用世界卫生组织构建的公共卫生服务评估框架发现墨西哥公共卫生服务改革令贫困者受益颇多，服务质量欠佳、责任心较低、效率偏低、开支较高、公平性较差等成为该国公共卫生服务不可回避的问题。Eggleston、Ling和Meng等（2008）通过系统回顾研究中国公共卫生服务提供绩效的中、英文文献，发现该类服务提供中存在着质量不佳、责任性不强、效率低下、花费巨大、公平缺乏等问题。Buxton和Curtis等（2011）利用循证评价（Evidence-based Evaluation）分析法下，分析研究美国心脏基金项目是否提高了心脏治疗的总体服务绩效。Craig和Wallker

(2016)对英国政府精神医疗公共服务评价发现,这项服务基本达到了预期目标。Schlitt、Juszczak 和 Eichner(2008;2013)采用 7 个方面的评估发现,在 2004—2005 年度,美国共有 19 个州向 612 个州立学校卫生中心拨付了 5.57 亿美元公共服务经费,其中 16 个州建立了操作评价标准。Grima 和 Spiteri(2018)对地中海沿岸 6 个国家及整个欧盟的医疗供应与卫生支出进行了纵横对比,发现卫生服务质量明显受医疗公共资金投入的影响,得出提升资金投入度也是改进公共卫生服务质量的有效措施。

(三)对基础设施政府服务效果的评估研究

在政府基础设施服务方面,Prieto、Cordelde Merinas 和 Zofio(2001)通过 DEA 分析法、依托《西班牙地方基础设施与装备调查报告》中的数据,获知西班牙地方政府基础设施服务已达到良好水平。Nance(2005)针对巴西排水系统的基础设施服务绩效的实证研究表明,多主体导向的评估实效要好于单一主体评估及专家评估的实效。Cannadi 和 Dollery(2005)着眼于澳大利亚私人和私营部门参加公共硬件基础设施的建设与供给,通过理论回顾与经验对比发现:因在非公共部门参与硬件设施等公共服务的供给上倾向导致实际结果低于预期、待解决问题较多;认为需要立足私营部门实际,针对其在不同领域参与公共基础设施的供给情况有针对性地开展定向绩效评估。

(四)对政府公共服务外包效果的评价研究

政府公共服务外包领域,Avery(2000)指出,"流行疯"(popular fool)在一定程度上已经成为公共服务外包的典型特征,实施外包的相关公共服务在某些层面多是为了顺应群众的"呼声",而政府并未认真思索何种性质、何种工作、何种机构才能够外包公共服务,为了解决此问题,其以公共卫生服务为例开发了一套包括 6 个指标域的公共服务外包绩效评估模型。Siddiqi、Masud 和 Sabri(2006)研究了环地中海区域国家外包公共卫生服务测评,发现政府官僚、外包承接者数量、政府规制能力等是影响外包服务签约绩效的主要因素。澳大利亚地方政府引入社会私营资产介入公共基础设施的服务提供后的实效测度发现，人们对社会私营资产提供公共服务的乐观难以掩盖成本与公平间的反比例关系。Shah、Wang 和 Bishai（2011；2017）利用开发的评估模型评估了埃塞俄比亚和巴基斯坦私营部门独立提供、NGO 提供、社会特许经营提供、政府提供公共卫生服务绩效，发现过于看重成本则不能保证公平参与。

（五）对文化教育服务效果的评估研究

文化教育服务方面，Picard（2003）认为对公共文化播报服务的绩效评价是社会公共服务绩效评价并引导社会文化潮流的关键环节。Babalhavaeji、Moghaddam 和 Aqili（2009）利用差距分析法（gap analysis）评估了伊朗伊斯兰阿扎德大学科学与研究部（IAUSRB）图书馆的绩效，发现该公立图书馆的绩效仅达到平均水平。Turcotte、Lanmonde 和 Beaudoin（2009）在对 945 个受训对象评估的基础上评价了政府委托培训法务，发现较之于培训前，受训者改变了很多工作行为。Bagdasaryan 和 Furman（2009；2015）通过多元分析对洛杉矶 500 余名从事儿童公共文化福利教育的职员进行公共服务能力和绩效评估后发现，教育经历、学科背景等对公共文化服务绩效有较大影响。

（六）对公共服务的公民满意度进行测评

对于公共服务公民满意度研究中，Coates（2002）、Fornell（2005）等学者基本认同"公民、官员、公务员、社会机构等利益共同体构建的绩效管理评价系统，对测定公民服务绩效满意度有一定的影响"。Saich（2006）评估了中国城市和农村居民对政府绩效和公共服务的满意情况，发现越往基层满意度越低。Yang（2010）从生产函数的视角，利用矫正人口统计效应构建了社区公民满意度评估通用模型，该模型的实证检验结果清晰地表明，公民满意度的影响因素包含了人口统计中的年龄、学历、体态等特征。Christine 和 Poister（2006）在乔治亚州居民中实证检验了公民对垃圾收集、警察服务、学校教育的感知绩效、绩效期望与公共服务提供满意度之间的关系，发现公共服务质量的主观评价结果与公民满意高度相关。Brown（2013）通过实证研究发现，公民与公共服务提供者之间的交流程度，与公民的公共服务满意度成正比例关系。

（七）对电子政府服务效果、生态服务绩效、安全服务绩效的评估

在电子政务服务效果方面，随着电子政府、电子政务成为常态，国外也将电子政府提供的服务纳入绩效评估范畴。如 Buyukozkan（2009）认为电子政务是一种"电子公共服务"（e-public service），对这类电子公共服务的绩效评价，不能局限于只评价网站技术，需要引入多元化标准。Oueslati、Dufresne 和 Longhi（2007）以法国为案例研究对象，用层次分析法开发了一套评价体系用以评价"地方政府在线服务"潜能。Rodousakis 和 Mendes dos Santos（2008）探究了欧盟中在线公共服务（电子政务水平）排名第一和第三的奥地利、葡萄牙的"电子公共服务"绩效实现过程，发现获得绩效的途径在于不简单地将"电子政府"视作"政府网站"，而是提供各种在线服务事项。Wang Meisong（2018）认为在物联网和社交媒体时代，政府应利用主题检测和跟踪（TDT）新的技术，跟踪和及时了解重要的新事件，此类事件包括新闻、与健康有关的事件以及其他重大事件，如地震和山体滑坡。生态与环境保护也属于政府服务必不可少的内容。Ramosa、Alvesa 和 Subtila 等（2007）建立了一个环境公共服务政策绩效评价指标体系（SEPI），并以葡萄牙国防部门如何保护环境为例展示了如何应用该评估体系。Ramosa、Alvesa 和 Subtila 等（2007）利用环境公共服务政策绩效评价指标体系对居民关心的生态服务开展了绩效研究；Guimaraes、Simoes 和 Marques（2010；2016）对葡萄牙城市垃圾分类等重点民生生态服务分析后认为，要以平衡计分法为指导来解决此类问题并提高群众满意度。

第二节 国内研究现状

2019年1月，从CNKI数据库定点检索结果来看，基本公共服务均等化实施效度与实现程度的国内研究较之于国外呈现出较高的聚焦度，国内学者大多首先从与"基本公共服务"相关的概念入手，然后探索了何为"基本公共服务均等化"，它应该包括什么样的内容体系，应该如何实现基本公共服务均等化等。此外，结合丰富的基本公共服务实施的实践，一些学者也开始针对某项具体的公共服务实施效果，或者公民对某类公共服务的满意度、获得感等进行实证评估，虽然这些公共服务未必属于基本公共服务的范畴，但它们为测评基本公共服务均等化实施效果与实现程度打下了一定的基础。

一、厘清基本公共服务均等化的相关的概念

对"基本公共服务均等化"相关概念的厘清是一个学术精进的"历史"过程，它建立在对"公共服务""基本公共服务"等进行系统的研究基础之上。

（一）"公共服务"与"基本公共服务"的多方视角

国内基本公共服务均等化的研究，大多将界定公共服务的内涵作为其逻辑起点。张馨（2004）、高培勇（2004）、江明融（2006）等学者认为，"公共服务就是公共产品，二者是相同无异的概念"，这也成为最朴素的起始认知。陈昌盛和蔡跃洲等（2007）认为，以公平价值理念为导向，以全社会的普遍共识为基础，公共服务应是面向全体公民、保障全民共享的服务形态与产品物质。[1] 刘尚希（2008）则以境外学者的研究为基础，分别从政府性质、政府职能、服务形态、公共服务和公共产品的异质性、公共服务需求与服务的直接性等圈定了公共服务

---

[1] 陈昌盛,蔡跃洲.中国政府公共服务：基本价值取向与综合绩效评估[J].财政研究,2007(6):20-24.

的基本内容。此外，在社会主义市场经济体系下，公共服务实则囊括了政府宏微观经济调控、以"看得见的手"进行市场监管、为社会平安稳定实施社会管理等方面。尚虎平（2017）基于公共服务的属性，认为在纯粹的公共物品、包含非公共属性的混合性公共物品及特定性私人物品的上游追溯和末端输出供给中，为"弥补市场不足，促进社会公平"，政府及NGO、工商联企业组织等根据公法授权所承担的职责，都应属于履行公共服务的社会职责。

在基本公共服务研究方面，孟春等（2004）、陈昌盛和蔡跃洲（2006）、陈海威（2007）等以最小边界和覆盖范围为标的，认为基本公共服务包括保障公民生存权的底线生存服务、保障公民发展权的公众发展服务、保障公民日常生活和自由的基本环境服务以及保障公民生命财产安全的公共安全服务等方面，可细分为教育、医疗、住房、治安、就业、社会保障、基础设施、环境保护等方面。朱玲（2004；2010）、刘尚希（2008；2012；2017）的研究提出，基本公共服务既像"空气"又如"水"，不是抽象的概念，而是与每一名社会成员密切相关的、具体性的产品描述，诸如义务教育、公共安全、公共卫生、就业培训、生态保护、食品药品安全等，都应属于基本公共服务的范畴，因为这些公共服务都呈现基本消费需求和居民消费的无差异性特征。据此，中共十六届六中全会发布的《中共中央关于构建社会主义和谐社会若干重大问题的决定》及后续的若干政府规范性文本，基本锁定基本公共服务的相关内容，即"教育、卫生、文化、就业、生态环境、社会治安、社会保障、公共基础设施"等均为基本公共服务的主体内容。因此，基本公共服务的供给范围和内容，应与国家的社会经济发展水平相适应，以弘扬社会主流价值理念、凝聚社会共识为基本抓手，以进一步促进经济发展、保持社会稳定为着力点，以保障公民的生存权、保护公民的发展权等为主要目标。[1]

（二）"基本公共服务均等化"的多维解剖

研究基本公共服务均等化，溯源其本质内涵、深究其机理延伸是做好研究分

---

[1] 张欣然,刘晔.基本公共服务均等化研究综述[J].经济研究参考,2012(52):79-88.

析的核心要义。关于"均等化"本身,曹现强(2016)、胡税根(2017)等学者相对比较一致地认为"均等化"是一定历史条件下的"大体相等",不会也不可能达到"绝对均等"[1-2];所谓的"均等化"综合起来包括"起点或机会平等""结果平等""能力平等""需求平等"四个方面,其中"起点或机会平等"指"公民有相对均等的机会获取、享受各类基本公共服务,过程是平等的","结果平等"即"公民能够接受的各类基本公共服务总体均等,结果是平等的","能力平等"即"能力大致相当的公民获取的各类基本公共服务是基本均等的","需求平等"则指"面对不同的需求,供给侧提供的输出会有同样的满足"。蔡立辉(2012)、陈海威(2013)认为生活在我国境内的公民应能够在一定历史条件内,享受到适应个人能力、收入水平且与其他大多数社会主体大体均等的基本公共服务。同时,基本公共服务中的"均等",既有个体和群体间的均等,也包含了区域之间、城乡之间乃至社区之间的均等。[3]

在"均等化"的取向的引导下,学者试图给出较为清晰的"基本公共服务均等化"的范畴。唐钧(2006)、迟福林(2007)认为公共服务均等化是指在一个自由的国家行政区域内,政府应尽可能使全国人民在生存权、健康权、居住权、受教育权、工作权、资产形成权等领域享有水平大致相当、层级适当同等的权利,并且以满足基本物质需求为前提,即居民可以相对自由选择享受政府提供的、与经济社会发展阶段相适应的、体现公平公正原则的、最终大致均等而不是均衡划一的公共服务。丁元竹(2007)、常修泽和曹杰(2007)、吕炜和王伟同(2008)等提出,所谓基本公共服务均等化,即指:具有相同公共需求的公民,在法规允许的条件内可以享受与自身需求大致等同的公共服务;具有类似个体特征的公民,在社会经济条件一致的情况下可以享受与个体特征大致匹配的公共服务;其中,

---

1 胡税根,李倩.我国公共文化服务政策发展研究[J].华中师范大学学报(人文社会科学版),2015,54(2):43-53.

2 曹现强,顾伟先.公共服务空间研究的维度审视:反思、框架及策略[J].理论探讨,2017(5):5-12.

3 蔡立辉.分层次,多元化,竞争式提供医疗卫生服务的公共管理改革及分析[J].政治学研究,2009(6):69-82.

现阶段我国基本公共服务均等化中也可再细化出相关的"基本点",如义务教育、基本医疗、就业保障、最低生活保障等。陈海威（2011）、傅道忠（2012）认为,基本公共服务均等化应保障全体公民、每个社会成员,在一定的社会发展水平、经济能级条件下,按照公平、公正、平等、共享的原则获取大体相同水平、具有保障性质的公共服务,以此保障全体公民的基本人权和发展权。阳建勋（2013）立足法学视角,结合经济学的理论提出,基本公共服务均等化以保障宪法规定的公民基本权利尤其是人权保障为指引,其"均等化"的要求和水平应当符合我国社会主义初级阶段的发展水平,与经济的能级匹配。苏明和刘军民（2012；2015）、楼继伟（2015；2016）认为：基本公共服务均等化充分体现了以人为本的发展理念,实现基本公共服务均等化是建设现代服务政府的必然要求,也是政府履职尽责的直接体现；作为一个"托底性"的概念,国家全体公民可平等享受国家依法提供的最低标准的基本公共服务；[1] 作为一个动态提升的发展目标,"均等化"在不同的阶段应有不同的标准,但总体方向与社会主义本质和新时代"双百"目标基本一致；虽然地区间存在一定的水平差异,基本公共服务"均等化"仍然是均衡区域发展、缓解失衡矛盾的重要推动力；基本公共服务均等化是以保证公民基本人权为最终目的,体现了公平正义的社会发展理念,对维护社会稳定、提升民族凝聚力、促进国家统一等具有重要的政治意义和现实价值。

二、探索"基本公共服务均等化"内容体系

与概念界定有关联,但又不完全相同的一个延伸性研究即在概念界定基础上探讨"基本公共服务均等化"的内容体系,也就是说它到底应该包括哪些内容、项目、产品等。

中国（海南）改革发展研究院（2008）、丁元竹（2007；2014）等在其研究体系中提出,基本公共服务均等化的建立与实现应当遵从"保基础、涵盖广、契

---

[1] 楼继伟.努力推动新时代财政理论创新[J].财政研究,2019(12):8-16+3.

合准、可操作"的基本原则,并将义务教育与基本教育、公共卫生与基本医疗、就业培训与创业扶持、社会保障与基本帮扶、最低保障与社会救济、经济发展与区域均衡等主要内容纳入"均等化"的内容框架,以此构建相对全面的社会服务体系,建立总体托底的社会安全网,为实现公民基本生存权和发展权提供必要支持。常修泽(2008;2012)、刘尚希(2010;2014)等认为:基本公共服务均等化的总体内容应当适度并贴合居民需求,既要确保最低基本需求又要保障无差异消费需求;并以横向为基准,公共服务的边界要适中,过宽或过窄均不能适应现实情况;以纵向为准绳,"基本"和"均等化"的范围要适当,过高或过低均无法符合执行要求;因此,基本民生性公共服务要划在边界之内,公共事业性公共服务要放在范围之内,公益基础性公共服务和公共安全性公共服务也应在考虑范畴之内,总之就业培训、义务教育、公共文化、公共医疗卫生、生产和消费安全、社会和国防安全等,都应着力实现"均等化",而且应是机会均等、结果大致相等的全民"均等化"。辛鸣(2013)提出,基本公共服务均等化涉及的主要内容,包括了如社会治安、公共基础设施、生态环境等一般性的基本公共服务,也囊括了义务教育、公共文化、基本医疗卫生等与民生问题高度关联的纯公共服务。

事实上,党的十八届三中全会颁布的《中共中央关于全面深化改革若干重大问题的决定》中对我国基本公共服务均等化的内容体系已经进行了总体设想,"只有进一步全面统筹经济、社会、文化、生态各领域改革和发展,才能为群众最关注的教育、医疗、就业、住房、养老等各领域提供更均等、更满意的服务"。2017年国务院印发的《"十三五"推进基本公共服务均等化规划》中进一步明确了基本公共服务均等化的内容体系包括基本公共教育、基本劳动就业创业、基本社会保险、基本医疗卫生、基本社会服务、基本住房保障、基本公共文化体育和残疾人基本公共服务等八大类,并细化为81个子类。党的十九大报告也从内容体系层面细化了基本公共服务均等化的综合内涵,"必须多谋民生之利、多解民生之忧,在发展中补齐民生短板、促进社会公平正义,在幼有所育、学有所教、劳有所得、病有所医、老有所养、住有所居、弱有所扶上不断取得新进展,深入开展脱贫攻坚,保证全体人民在共建共享发展中有更多获得感,不断促进人的全面发展、全体人民共同富裕"。这些均属于党中央、国务院顶层设计层面对基本公共服务均等化内容体系的探索和方向把握，从顶层设计的角度为基本公共服务均等化锚定了方向、打下了基础，也基本廓清基本公共服务均等化的内容体系。[1]

三、探寻我国基本公共服务非均等化问题的辨识与解决路径

作为仍处于并将长期处于社会主义初级阶段的中国，在即将全面建成小康社会之际，基本公共服务非均等化仍是一个不争的事实。作为社会的"眼睛"和"大脑"，学者们对当前我国基本公共服务非均等化的现状展开了一系列多维度、多层次的深度剖析。

以问题识别为基础，学者们通过不同的角度探讨基本公共服务非均等化的内核原因。沈荣华（2007）、周志忍（2011）认为，过去半个多世纪我国以工业发展为主导的非均衡发展模式挤压了农业农村的客观发展，伴随产生了城乡二元分割结构，形成政府各类基本公共服务优先倾向于城市的发展格局，人为地"打造"了非均等化的壁垒。王雍君（2006；2010）指出，本应服务于基本公共服务均等化的财政转移支付制度，现实中起到了逆均等化的效果，这表明现行税收体系及与之配套执行的财政转移支付制度，事实上无法转逆各地财税不断扩大的趋势。丁元竹、安体富和任强等（2007）、项继权（2008）、廖文剑（2011）、菅豹（2018）等研究提出，基本公共服务非均等化的现象确实普遍存在于城乡和区域之间，现有的非均衡、不均等的问题根源在于我国各级政府之间并未有相对清晰的事权和财权关系，地方政府财政的事权和财力不匹配，缺乏完善的公共财政制度体系，政府间纵横的转移支付制度因形式过多、结构散乱不尽合理，使得基层政府财政困难并导致公共服务型政府建设乏力，最终必然带来基本公共服务的区域非均等化，特别是供给水平、供给质量、财政投入与产出实效等都难以达到均等化的效果。由此，基本确定基本公共服务非均等化的差距主要源于"发展的制度"。[2]

---

1 王志雄.我国基本公共服务均等化研究[D].北京：财政部财政科学研究所,2011.
2 彭亚星.我国基本公共服务财政支出绩效研究[D].北京：中共中央党校,2019.

在基本公共服务非均等化问题识别和原因探讨的同时，国内学者们尝试打通基本公共服务均等化的路径以扭转基本公共服务非均等化趋势，进而提出诸多探索。针对"政府"和"市场"的关系，樊丽明和郭健（2012）认为，在市场不能、也不会自发地供给相对公平、总体均等的基本公共服务时，需要政府全面参与基本公共服务的均等化供给。廖文剑（2011）、尚虎平和忠格草（2013）通过分析地方经济活力、财政收支能力与基本公共服务均等化的对比关系后提出，为缓解公共财政的不足和压力、充实政府可调动的公共资源，可以借鉴国际上相对成熟的PPP模式，引导社会资本参与基本公共服务的供给，实现基本公共服务均等化供给的长期性。倪星（2006）、宋世明（2016）、张晨（2018）提出：以资源可靠供给为基础，中央和地方的关注点要尽快实现从"以经济总量为导向"到"以基本公共服务均等化为导向"的转变，将有限的公共资源实现中央和地方间的最优配置；尤其是以中央和地方的关系为着力点，完善、健全中国公共财政体系，高效、科学、合理地划分中央和地方的事权、财权，建立财权、事权彼此衔接、匹配的财税体制，强化基层政府供给基本公共服务的能力；其中，可尝试纵向转移支付与横向转移支付的结合，确定转移支付规模的稳定增长机制，同时切实增强县、乡等基层政府在基本公共服务供给中的自主权，以此稳步提升以县域为基础的基本公共服务均等化能级，逐步缩小地区间基本公共服务的差距。与此类似，方栓喜和匡贤明（2007；2009）、贾康（2010；2014）、丁元竹（2016）也曾提出：应当进一步完善我国省级以下的地方税收体系，将征收、利用、调整、返还的措施在省、市、县、乡层面合理优化配置，尤其注重调整财力与权责在不同级政府间的合理划分；在财政能力均等化、税收均等化、财政需求均等化的基础上，根据基本公共服务供给的均衡程度，不断调整公共财政支出结构，依托不同时期社会主要矛盾的变化以及群众公共服务、公共产品需求的差异化，适时调增压缩公共财政支出的比例。此外，邢伟（2015）、梁波（2018）提出还应该努力破解制度性的问题：一方面结合现代化制度建设理论和政治学政府职能理论，进一步尝试破解城市和农村长期存在的二元发展制度和二元公共服务制度；另一方面秉持公平、统一的制度安排，加快政府职能转变，推进科学合理的基本公共服务体系构建，统筹政府基本公共服务均等化的供给能力，通过全面深化改革切实解决基本公共服务制度的安排问题。

四、尝试构建基本公共服务测评指标与评估研究

在推进基本公共服务均等化、建设"服务型政府"热潮中，我国出现了一批探索如何推动基本公共服务绩效评估指标的研究，这些研究是基本公共服务均等化实施效度与实现程度评估的基础。在基本公共服务绩效评估指标研究的促动下，近年来也出现了部分面向特定区域基本公共服务实施效度的评估研究。

从政府公共部门绩效评估指标体系的选择与构建路径出发，唐任伍和唐天伟（2004）将政府公共服务与公共物品、政府管理规模与居民社会福利四大因素融入一套提升政府服务与管理效率的评价指标体系，该体系涉及教育、医疗、消防、环境等47个具体指标。以改善地方政府提供公共服务的质量和效率为初衷，倪星（2006）在"投入—管理—产出"的逻辑思路下产生了一套主要囊括科教文卫、政府服务能力、社会保障及福利水平共计65项指标的"中国地方政府绩效评估指标体系"。为应对新挑战、适应新形势，陈振明、刘祺、蔡辉明、邓剑伟和陈昱霖（2009）将"双元综合评估"模型纳入了制度安排、评估主体、价值原则、评估方法、指标体系等5个向度。蔡立辉（2010）以医疗服务为特定研究对象，其分层次、多元化、竞争式的革新思路实现了对公共服务评估的突破。与其他学者尝试"大一统"的公共服务绩效评估不同，王俊霞、鄢哲明和李雨丹（2011）聚焦提升乡村公共服务供给能力的短板，提出为制定"补短板"的针对性政策需要从"法治体系研究、制度规范设定、指标体系选择、评价方法优选"等方面考虑乡村公共服务供给的绩效评价体系。

"十八大"前后随着基本公共服务均等化计划进入我国党中央、国务院的决策范围，有关基本公共服务均等化的绩效评估研究也逐渐显现。通过文献梳理发现，学者们在教育服务、基础设施、生态环境、通信服务、社会保障等特定领域

均构建了不同的评价指标和评估体系。卢洪友（2012）基于财政能力的标准化，按照供给制度一体化、服务供给一体化、供给行为一体化的区域基本公共服务一体化水平要求，将义务教育、公共医疗卫生、社会保障、社会公共安全等全面纳入基本公共服务均等化的评价指标体系。李斌、李拓和朱业（2015）将关于基本公共服务均等化成效的公共事业作为绩效评估的重点，并构建了包含教育事业、社会保障事业、市容环卫事业等共计十余个二级指标体系在内的公共事业绩效评估指标体系。高红（2017）、丁元竹（2017）等以不同的基本公共服务领域为具体研究对象，除政府内部管理部门外，探索引入具有独立第三方性质的企业组织、社会大众作为评估主体，对政府单位形象、公共项目实施、投资营商环境、行政服务中心窗口满意度等进行了分析，并构建了具有领域性区别的绩效评估指标体系。

依托公共服务绩效评估指标体系构建与基本公共服务均等化绩效实证性测评的相关研究也"如约而至"。陈昌盛和蔡跃洲（2007）最早以全国为视角，形成国内学术界第一份包含综合绩效、投入产出效率、改善程度和区域差异的全国公共服务绩效评估报告，该报告利用了2000—2004年的面板统计数据对全国31个省份基础教育、公共卫生、社会保障、生态保护等在内的公共服务绩效进行了全面评估；评估报告结果首次展现了公共服务绩效的区域差异和区域间的公共服务绩效水平，尤其是凸显出部分区域在公共服务供给中存在明显的缺位，供需矛盾较为突出。安体富和任强（2008）着眼于公共安全、医疗卫生、义务教育、硬件设施、生态环境、科技文化、社会保障等七大方面，形成四级、25单项的区域公共服务效果评价体系，并利用2000—2006年数据进行了实证研究，其研究结果直观表明进入21世纪后我国公共服务水平日益提升，服务能级不断完善，但与此相随的是公共服务水平的区域差异日益扩大，东部优于中西部、经济强省优于经济弱省的态势愈发明显。其后的持续性研究在结论上并未出现大的变动，特别是生态保护、社会保障、公共医疗等服务水平的差异未见明显缩小。与"全国""区域间"的研究范围不同，肖海平（2011）以某一区域为研究对象，利用沪、苏、浙1990—

2008年间就业服务、公共安全、生态保护、文化体育、社会救助、公共设施等11项内容的相关数据,"绘制"了长三角区域首份公共服务绩效水平地图,向我们展示了公共服务在指定区域内的发展水平;这份地图显示,作为经济增长速度与财政支出增长速度"双优"的区域,长三角地区内的公共服务绩效水平差距较小,呈现逐步缩小的态势,并且义务教育、文化体育、生态保护等项目的绩效水平远高于国内其他地区。聚焦于某一单项基本公共服务进行深度研究中,赵宇(2013)利用2011年统计数据,以10个细分指标对国内28个省份的农村地区基层医疗服务水平进行了综合实证评估,印证了东、中、西梯度递减的农村基层医疗服务水平现状,揭示出基本公共服务绩效与地区财政能力正相关的关联逻辑。同期,在获取省际基本公共服务均等化和非均等化定量面板数据后,庞明礼和张东方(2012)以2007—2009年数据为基础,试图检验基本公共服务均等化与城市化、经济增长之间的内在关联;胡鞍钢、王洪川和周绍杰(2013)为摸清我国基本公共服务水平的上升情况,利用2006—2010年间的统计数据,对"十一五"期间重点地区基本公共服务发展水平开展了新一轮的综合绩效测评,结果表明相比于"十五"时期我国各地的基本公共服务水平已明显提升,而且经济相对落后地区的提升速度大于平均速度,在一定程度上缩小了基本公共服务的区域差异。

五、从研究"公众满意度评估"中探索公共服务绩效评估

无论是公共服务还是基本公共服务,其服务的核心对象依然是"公民",公共服务绩效状况如何,公民最具发言权。在对公共服务进行绩效评估中学者们也意识到,除了要以客观数据为标准外,还有一种探索是以心理学为基础,尝试评估公民、群众对特定公共服务的满意程度,这就是"公众满意度评估",这种评估通过获取公民对既有公共服务的直观感受来评估其满意度,这也与基本公共服务均等化实施效度与实现程度的评估保持着较强的关联度。由此,"公民满意度"

指数也成为基本公共服务均等化研究的关键指标。[1]

公共服务绩效评估要以传统绩效评估观为指导，更加注重公民的实际体验，政府对提供的公共服务开展绩效评估不能单纯考量客观的硬件和数据，故此类研究首先倡导将传统绩效评估观转到重视公众或者民众满意度上来。陈圆和杨冠琼（2004）及范柏乃和金洁（2016）建议，推进公共服务绩效评估可适当引入人民、社区、学者等服务对象作为评估主体之一，特别是要注重人民群众对公共服务的满意度，以市民满意度为核心构建一套城市发展服务质量评价指标体系。张彩红和张艳臣（2007）、尚虎平（2017）等在对我国政府绩效评估的总体性问题分析后提出应对策略，应基于服务型政府建设的维度，以"公民导向"为原则、以公众是否满意作为标准，充分体现为公民服务的基本立场，扩大公众的参与面，实施以人民为中心的价值导向综合绩效评估。尚虎平（2008）、倪星和史永跃（2010）提出地方政府绩效评估、民主评议等应坚持公民为导向的核心原则，扩大评估主体范围，强化评议对象参与度，其中要真实围绕"为人民服务"的立场做好评估的内容选择、标准的体系设计、方式的多元储备等；此外，应将"民主评议政风行风活动"融入绩效评估的全过程。针对我国政府公共服务绩效评估中公众缺位的现象，吴建南和庄秋爽（2005）、周志忍（2007）、邢伟（2015）等提出，服务型政府绩效评估不同于管制型行政绩效评估，既要关注、衡量以经济社会发展指数为核心的客观数据，还需要更加注意民众的心中所想与感官测评，践行公众导向的"施政满意度"显得尤为重要。与整体的"赞扬主义"不同，周志忍（2011）、高红（2017）等从公共价值管理的视角对政府公共服务绩效评估中存在的公众满意度评估进行了深刻反思，他们认为，公共服务绩效评估存有一定的专业性和趋利性，在一定程度上定限制公众参与绩效评估的主动性，获取的"公众满意度"真实性存疑。如消防安全、应急救援等公共服务，多数居民并无"身临其境"的参与体验，此时学术研究获得的公众评价存在较大的随意性；再如对公共医疗卫生、金融市场监管等行业性公共服务，公众评价受自身利害关系的影响较大，其

---

[1] 张艳红.新时代发展不平衡不充分的成因、表现及应对策略[J].党政干部学刊,2020(01):25-31.

参与评估的选项很大程度上无法做到客观公正。因此"万人评议"的公众评价出发点虽好，但也需谨慎使用。

在注重"公民满意度""公民参与导向"等理念影响下，强调将公众满意度引入政府绩效评估之后，出现了一批通过经验研究设计公民满意评价体系的探索，测度公民满意度的评价体系与实证测评也就成为学者的"盘中餐"。[1] 吴建南、张萌和黄加伟（2007）、刘武和朱晓楠（2008）等通过分析和引申美国的顾客满意度指数模型，对照我国政府部门提供公共服务的基本"手势"特点，应用结构方程中"服务接受者满意度指数模型"开展实证研究后发现，服务接受者可感知的服务质量对其满意度有重大影响。刘武（2008）、邓孙宇和范明雷（2009）、范柏乃和金洁（2016）等后续研究进一步表明：顾客满意度指数模型在公共服务行业能实现较好的拟合，其中顾客可感知质量对满意度的结果呈现出最大的正相向影响；但是公共服务满意度和信任度指数模型的问卷结果显示，公众对城市市容管理、医疗公共卫生、监督执纪惩戒等方面的公共服务满意度不高。中国社会科学院（2014）、曹爱军（2015）在对政府转型、公共服务与"民生财政"的关联性和中国38个主要城市2012—2013年基本公共服务满意度进行全面的评价和研究后提出，基础教育、文化体育、公共医疗、就业服务、公共安全、政府服务、社会保障、公共住房、城市环境等九大方面对公众的公共服务满意度有较大影响，同时公共服务满意度从东部向西部呈现依次递减的趋势。

第三节　国内外研究述评

通过在WOS（Web of Science）数据库、CNKI（中国知网）数据库的检索结果来看，近年来国外、国内对基本公共服务均等化实施效度和实现程度相关的研究异质性过大，甚至可以说两者的着眼点几乎完全不同。从国外、国内研究现状来看，国外虽然没有"基本公共服务均等化"的字面说法，但基本公共服务均等

---

[1] 孔薇. 中国基本公共服务供给区域差异研究[D]. 长春：吉林大学,2019.

化的理论却主要来源于国外，比如福利经济学、正义论、权利发展理论等，特别值得一提的是，随着国外学术史向前运动，近年来出现了与基本公共服务相关的实证评估热潮，其评估对象广泛涉及国内的"基本公共服务"。这种实证评估往往以"公共绩效评价""公共部门绩效评估""公共项目绩效评估""公共服务绩效评估"的名义发起，其目标在于把握特定公共服务提供的效果与实现程度。这表明，西方基本公共服务相关的研究已经从理论变成了广泛的行动，更多地属于社会实践的范畴了。

与国外不同的是，我国各类研究特别强调"基本公共服务均等化"的概念、内涵，甚至与此相关的各类概念也成了近年来的研究热点。这一方面表明我国此类研究还比较基础，处于理论的"草创阶段"；另一方面也表明，作为一个社会主义大国，我国对基本公共服务的研究是细致入微的，我国特别强调构建狭义的"基本公共服务均等化理论"，以彰显我国政府在公共服务上的责任与担当。就此而言，我国的"基本公共服务研究"在国际上是独树一帜的，甚至有学者认为，"基本公共服务均等化理论"是中国独有的理论体系，世界上找不到与其对应的理论。

然而，虽然我国的探索具有一定的独创性，但这种独创性也必须符合学术史的发展规律，也就是要实现马克思所讲的从理论到实践的飞跃，要将理论性论述化为日常性的基本公共服务均等化实现的有效性与实现程度。这就需要借鉴国外的学术发展经验，在理论研究达到一定基础的情况下，大规模展开实证测评研究，评估出当前各类基本公共服务均等化实现的实施效度、实现程度，然后针对现存的问题进行有的放矢的改进与提升，这样才能够真正促进我国现实中的基本公共服务均等化事业。当然，从学术发展的规律而言，要推进实证评估，就必须首先解决基础理论问题，同时在理论基础和文献述评的基础上，构建出科学合理的指标体系。在完成这些工作之后，才能够科学、合理地开展实证评估工作，才能够把握当前我国各级政府基本公共服务实施的效果与实现的程度。从已有文献来看，这些系统性的工作还比较少，虽然有个别实证测评研究触及了基本公共服务均等化的某些方面，但要么内容不够全面，要么评价对象、评价范围较为狭隘。特别是，已有的零星实证测评研究的指标筛选往往以主观判定为基础，缺乏科学性和适用性。据此，本书接下来的章节将重点尝试论述基本公共服务均等化实施效度与实现程度评估的理论基础、评估指标体系构建、实证评估等环节。

第三章　基本公共服务均等化评估的理论基础

本章力图梳理相关理论基础，挖掘与基本公共服务均等化相关的理论。本研究从马克思主义基本原理入手，吸收西方社会科学的合理内核、依托中国传统文化和当前各类政策理论，从理论上解释、论证和分析基本公共服务均等化，进而为基本公共服务均等化实施效度与实现程度的研究提供坚实的理论基础。本研究将马克思主义作家经典理论视作其他方法理论的"平台"，它扮演着计算机"主板"的角色，其他理论是插在它上面的"组件"，其他理论方法的开展均以马克思主义理论为基础。这充分发挥了马克思主义分析法的优势，体现了马克思主义理论的指导性作用。其理论逻辑思维体系如图3-1所示。

第一节　马克思主义理论

一、马克思主义经典学说

围绕社会公平正义的核心内涵，马克思首先指出"所谓的公平正义与绝对的平均主义不是一回事，不能、也无法画等号"，"按照平等权利原则将劳动所得在一切社会成员之间进行分配"属于空谈，认为拉萨尔派空谈的"公平分配"与"平等权利"是缺乏必要的社会经济基础的空中楼阁。[1]马克思在《哥达纲领批判》中对劳动所得与公平分配有经典论述，进行社会分配的劳动产品应当扣除生产过程中的物质消耗，剔除为满足公共需求而必须支付的物品"价值"并为丧失劳动

---

[1] 孔薇.中国基本公共服务供给区域差异研究[D].长春：吉林大学,2019.

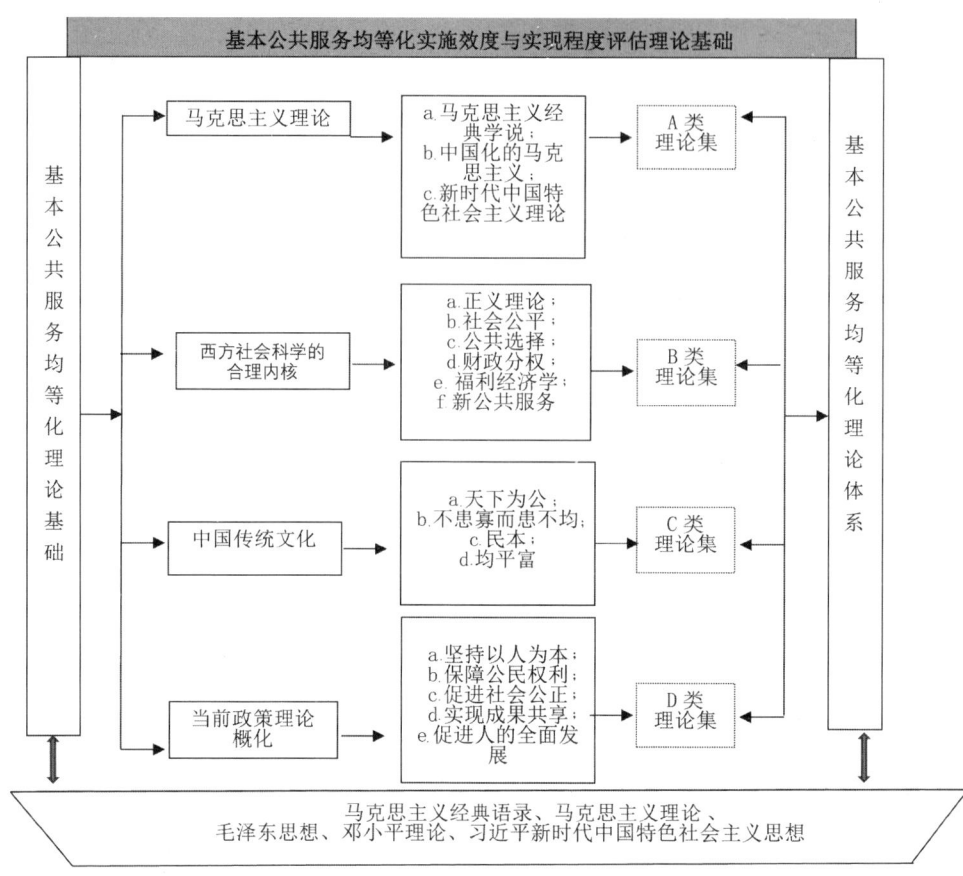

图 3-1 基本公共服务均等化评估的理论基础

力、无法继续产出社会产品的非劳动人群预留足够的生存和发展基金;同时,马克思还强调,"公平的分配"应当照顾全体社会成员的基本需求,即社会公共产品、公共福利、社会保险及社会救济应当是"共同建设""共同享有"而非某个人或某个集团所掌控。在马克思和恩格斯看来,公平正义是社会主义价值目标中最崇高的一部分,在共产主义社会用于全面公共需求的劳动产品分配会随着社会发展而不断增加。在他们看来,人与人之间的完全平等将是未来社会的客观人际关系,而且这种关系在工人劳动群体中更加坚固,因此马克思在国际工人协会共同章程的草案中提出"肤色、信仰、民族等不是一个团体、个人加入协会的基础,对真理的尊重、对正义的虔诚、对道德的皈依等,才是协会中团体、个人彼此间一切关系的基础"[1]。

围绕人民代表如何代表人民、能否代表人民的问题，马克思对资产阶级的国家统治方式进行了尖锐批判，他认为"资产阶级的统治工具不会成为为社会大多数人的利益而服务的社会公仆，他们的政府权力仅仅是窃取社会主人地位的集中化组织"；马克思还提出，无产阶级支持建立的政权才是为人民服务的政府当政，这是无产阶级掌握政权建立人民当家作主政府的目标，无产阶级由此从被统治、压制的社会力量转升为服务社会、激活社会的强大生命力，而政府内部必须"以随时可以罢免的勤务员来代替骑在人民头上作威作福的老爷"[2]。随后，针对巴黎公社的实践成败，马克思在进行经验总结时提出，[3]"工人阶级政府"应当以新的政权形式取代以"代议制"为核心的资产阶级政权，这种政权形式"给人民更多选择、真正的权力，实现对人民的自我管理"，这其实即为"代表制"的合理内核。按照马克思、恩格斯的制度设想，无产阶级占主导地位的人民政府将由全体人民选举产生的代表负责具体工作，代表经法定程序可以撤换，并且各代表不受第三方的影响，仅对选民负责；各代表的劳动报酬基本等同于具有选民资格的劳动工人的工资薪金，该薪金由工人管理的公社具体支付，同时劳动工人、民选代表等无法定的任何特权，尤其是民选代表不仅名义上对选民负责而且具体工作中不得背离选民的实际意愿。所以，在工人阶级民选代表具体运营的政府中，国家和国家机关由社会主人变成了社会公仆。马克思主义关于"代表制"的人民政府这些经典论述，对我国如何摆正政府与人民关系，切实做好行政监督，尤其是进一步强化和完善中国特色社会主义代表大会制度提供了总体上的指导和理论支撑，无疑是建设中国特色公共服务型政府的直接指导思想，也是新时代推进基本公共服务均等化的理论基石之一。[4]

围绕人民主权的实现与维持，马克思鲜明地提出"人民群众是历史的创造者"，

---

1 习近平.学习马克思主义基本理论是共产党人的必修课[J].求知,2019(12):4-8.
2 马克思恩格斯选集：第2卷[M].北京：人民出版社,1972:412-415.
3 张爱丰.坚持以人民为中心的发展思想[J].党课参考,2019(22):71-79.
4 安体富.对我国推行公共服务均等化的建议[J].经济研究参考,2007(66):8-9.

人民的权利特别是劳动人民的权利应为自身所有，并按照自己的意愿授权给特定人选代为履行。"人民的主权不是从国王的主权中派生出来的，与此相反，国王的主权是以人民主权为基础而派生出来的。"[1] 这体现了马克思、恩格斯革命民主主义思想的核心，在他们看来，人民主权思想的精髓就在于"民主就是人民当权"。[2] 在对以卢梭人民主权思想为核心的西方资产阶级政治家分类批判和扬弃的基础上，马克思人民主权思想逐渐形成并走入实践的"主战场"。按照马克思和恩格斯的人民主权理论，政府的权力源泉在于"人民"，人民在"政府"与"人民"的对垒中处于根本地位。在建设中国特色社会主义和谐社会、推进中国特色服务型政府进程、打造中国特色公共服务体系的过程中，马克思人民主权思想无疑成为我国政策实践的政治学理论基础和指导思想。

关于政府公共管理职能方面，马克思主义经典作家认为，为了规避、弥补市场经济下自由竞争导致的市场失灵，需要政府履行好管理公共秩序的职能。在马克思、恩格斯看来，基于社会公共需要的逻辑起点，社会生产的劳动产品一方面应满足劳动者及其家庭成员的个人消费，另一方面应满足社会的一般需要和公共需要。所以，为全体人民服务、社会资产为全民所有、社会发展成果由全民共享等，是社会主义国家政府履行公共管理职能的理念呈现。因此，为全体社会成员的个人福利及家庭提供保障服务，既是马克思主义理论中政府公共管理职能的核心之一，也是政府履职尽责的最高宗旨。[3] 以此为指导根本，恩格斯曾强调，为基本满足全体成员的生存和发展需求，让社会发展的成果由全社会劳动成员共享，应更加注重安排新的制度、合理配置计划资源、推进科教更大发展，以更好的生存进步、社会发展，为调节收入分配、保障公民公平接受教育的社会权利等提供制度和物质基础。还提出，每个人都可以获得公平的全面发展自己的机会，"采取资本累进税""实行普遍的免费教育""维持平稳的社会环境"等都是政府公共

---

[1] 马克思恩格斯全集[M].1版.北京：人民出版社，2016：200-267.

[2] 刘厚金.中国共产党的公共服务思想：渊源与发展[J].理论探讨，2010(02):144-147.

[3] 唐铁汉.马克思主义公共管理思想原论[J].新视野，2005(05):24.

管理职能的题中应有之义。[1]所以，调节经济发展、落实应急救灾、丰富社会保险、开展一般社会管理等社会公共事务的普遍存在和自由市场的"失灵"等情况，为政府履行公共管理职能提供了必要的土壤，国家作为一个体系也由此产生。因此，基本公共服务均等化也自然落在政府公共管理职能范畴内。

关于社会公正的实现途径，马克思认为社会的公平正义并不是绝对的平均主义，虽然在社会公共产品和社会福利的分配上社会成员应该共同建设、共同享有，但也应扣除社会发展的必要消耗。马克思和恩格斯把平等视为人的基本权利，认为其并不专属某一个阶级或某一个团体，主张每个人都是国家和社会的一分子，国家和社会赋予每个人的基本权利是平等的。[2]公正、平等应当不仅仅是表面的，不仅仅在国家的领域中实行，它还应当是实际的，还应当在社会的、经济的领域中实行。[3]

马克思主义是中国共产党从建党、建国到执政的指导思想，党的十九届四中全会第一次提出要坚持马克思主义在意识形态领域的指导地位。马克思主义的诸多经典理论、学说，对我国新时期的全面深化改革、推进中国特色社会主义服务型政府建设、实现基本公共服务均等化等有着重要的基础理论指导作用。[4]

二、中国化的马克思主义

中国共产党的执政思想是马克思主义中国化的最新理论成果之一，也是我国政府履行社会管理、构建中国特色公共管理体系、供给公共服务的重要指导思想。在中国革命、建设和发展过程中，围绕着"人民当家作主"中国共产党先后提出毛泽东"为人民服务"、邓小平"领导就是服务"、江泽民"三个代表"、胡锦

---

1 中共中央编译局.马克思恩格斯列宁斯大林论共产主义社会[M].北京：人民出版社,1958:9-11.
2 《马克思恩格斯文集》第2卷，人民出版社2009年版，第109页。
3 《马克思恩格斯文集》第9卷，人民出版社2009年版，第112页。
4 卢忠帅.马克思主义中国化与中国传统文化[J].中共山西省委党校学报,2020,43(01):17-20.

涛"科学发展观和构建和谐社会"的思想，以及新时代习近平中国特色社会主义理论。[1]这些思想都包涵丰富的基本公共服务均等化的精彩论述，对我国基本公共服务的发展与改革发挥着重要的指导作用，是研究我国基本公共服务均等化实施效度与实现程度评估的重要理论基础。[2]

（一）公平、均衡发展与为人民服务

"党领导人民取得新民主主义革命的胜利，推翻'三座大山'，实现民族独立和人民解放，是为了促进社会公平正义；党领导人民进行社会主义革命、建设和改革，不断增强综合国力，提高人民生活水平，也是为了促进社会公平正义。"中国共产党从建党伊始到领导中国革命、建设社会主义，始终将"公平正义"作为制定方针政策的指导思想与理论根基。[3]新中国建国初期，毛泽东提出"我们的目标是要使我国比现在大为发展，大为富、大为强，而这个富，是共同的富，这个强，是共同的强，大家都有份"，将实现新中国的全民公平正义作为安邦兴国的价值理念，致力于新中国公民摆脱过去"吃不饱、穿不暖、心不安"的窘境，让全体中国人在中国共产党领导下过上富足、富裕的新生活。[4]

为此，毛泽东还提出"工农业生产要实现有机结合，实现工农共发展；农业与乡村工业要注重协调联动，推动农村新的发展；教育与生产劳动要实现密切整合，通过'工读'实现教育、劳动价值最大化；确保'脑力劳动者'与其他工人一样不能长期脱离体力劳动，严防'官僚主义'等"。毛泽东提出的这一系列工作要求，为建国初期破解工农难题、消除城乡固有差异、缓和体力劳动与脑力劳

---

1 乔耀章.为人民谋权利:新时代中国共产党的历史责任[J].江苏行政学院学报,2018(01):75-81.

2 胡进考.新中国成立70年来马克思主义中国化的发展历程与基本经验[J].理论研究,2019(05):12-18.

3 尚庆飞,罗馨.毛泽东思想在中国特色社会主义新时代的意义价值[J].湖南科技大学学报(社会科学版),2019,22(01):1-8.

4 陈邵桂."为人民服务":毛泽东吸收中国传统文化民主性精华的理论创新[J].湖南工程学院学报(社会科学版),2019,29(04):64-67.

动的矛盾，推进均衡发展提供了新的指导方向。经过深入研究、听取调研团的报告，结合"一五"计划实施情况，毛泽东在《论十大关系》中不仅论述了社会主义革命与建设的主力关系，还为均衡发展奠定了工作总基调。[1] 其中关于沿海工业与内地工业的关系，提出"为了平衡工业发展的布局，内地工业也必须大力发展"。[2] 这种平衡，表明为了沿海和内地的均衡同步发展，缩小区域间发展能级的差异，实则也是为了不同区域间的群众能在同步发展中获取相同的受益，与"旧中国不均衡的生活告别"。[3-4]

1944年毛泽东发表《为人民服务》的演讲，第一次从理论上对"为人民服务"的思想做了系统化的阐述；1945年在党的七大上，毛泽东以报告的形式，对为人民服务的思想做了更加细致、完整和深层次系统化的论述，"我们共产党人区别于其他任何政党的又一个显著标志，就是和最广大的人民群众取得最密切的联系。全心全意地为人民服务，一刻也不脱离群众；一切从人民的利益出发，而不是从个人或小集团的利益出发"。[5] 在这次的报告中，首次出现"全心全意为人民"的概念，即"我们应该谦虚、谨慎、戒骄、戒躁，全心全意为中国人民服务"[6]；首次以"唯一宗旨"的表述解读全心全意为人民服务，即"紧紧地和中国人民站在一起，全心全意地为人民服务，就是这个军队的唯一的宗旨"[7]；在深层次的系统论述中，毛泽东强调"共产党人的一切言论行为，必须以合乎最广大人民群众的最大利益，为最广大人民群众所拥护为最高标准"[8]。至此，全心全意"为

---

[1] 仝华.论毛泽东思想概念的提出及其被确立为党的指导思想[J].毛泽东研究,2019(05):84-91.

[2] 周莹.中国基本公共服务均等化现状及其发展[J].毛泽东邓小平理论研究,2015(6):53-57.

[3] 王历荣.新中国70年幸福观的逻辑演进与创新发展[J].云南社会科学,2019(06):7-14.

[4] 周莹.中国基本公共服务均等化现状及其发展[J].毛泽东邓小平理论研究,2015(6):53-57.

[5] 毛泽东选集:第3卷[M].北京：人民出版社,1991:1094-1095.

[6] 同3, 1094-1115.

[7] 同3, 1094-1115.

[8] 同3, 1094-1115.

人民服务"的思想成为毛泽东思想的重要组成部分,具有了丰富的内涵和精神主旨,同时成为中国共产党和各级人民政府执政的重要指导思想与行为准则,并在党的七大以后成为中共党章的重要组成部分。

(二)领导就是服务与"共同富裕"

改革开放开启了中国建设和发展的新浪潮,在新的历史条件下中国共产党第二代领导人邓小平为坚持、完善全心全意"为人民服务"的宗旨做出了新的探索和实践,提出"什么叫领导?领导就是服务"[1]的重要科学论断。围绕这一论断邓小平发表了一系列重要论述,成为新中国成立近四十年来中国共产党执政事业与领导经验的科学总结;这一论断的提出,一方面对社会主义领导的本质属性进行了廓清,另一方面对社会主义领导关系也作出了新的界定,成为人类历史记载中的一类新型领导关系。立足"领导就是服务"的新型社会主义领导关系,中国共产党第二代领导集体继承和发展了马克思、恩格斯思想,掀起马克思列宁主义中国化的第二次高潮,"社会主义本质,是解放生产力,发展生产力,消灭剥削,消除两极分化,最终达到共同富裕"[2]。同时,为落实"发展才是硬道理"的主要要求,"消除两极分化,实现共同富裕"、中国经济建设"三步走"的总体战略部署、沿海和内陆地区的"两个大局"思想逐渐成熟并引领中国社会经济的新发展,尤其是在东西部协调发展的问题上提出在20世纪末着力解决西部大发展的战略构想和总体谋划。[3]

为实现"共同富裕",邓小平强调"以公有制为主体和不搞两极分化"是社会主义社会要格外关注的两个非常重要的方面。"沿海和内地是我国现代化建设的'两个大局',一个也不能少,二者是辩证统一的关系。两个大局的思想充分

---

1 邓小平文选:第3卷[M].北京:人民出版社,1993:121.
2 求是.开辟改革开放和现代化建设新阶段的光辉文献:纪念邓小平同志南方谈话发表五周年[J].求是,1997(05):34-38.
3 韩宏亮.邓小平对改革开放历史性决策的贡献及当代启示[J].邓小平研究,2019(03):16-27.

反映了沿海和内地谁也离不开谁的互相依存关系，如果只有东部发展，西部不发展，全国就不能得到真正的发展，离开西部的发展，东部的发展在一定程度上也要受到制约，只有两个大局的协调统一，才能使全国协调可持续发展。"[1] 东西部的协调发展、均衡、可持续发展，既是发展服务国家的需要，也是实现区域共同富裕的内在要求。在解决东西部差距的问题上，邓小平1992年的南方讲话中也曾提出科学构想，东部率先发展、先富帮后富等思想日益成熟并转化为丰富的社会实践，成为西部大开发战略的"先手棋"。[2]

（三）"三个代表"重要思想与社会公平

"中国共产党要始终代表中国先进生产力的发展要求，代表中国先进文化的前进方向，代表最广大人民的根本利益"成为以江泽民为核心的党中央第三代领导集体的思想结晶，是马克思主义中国化的第三次理论飞跃、中国共产党集体智慧的结晶，也是中国共产党必须长期坚持的指导思想。"三个代表"重要思想在中国共产党成立八十周年庆祝大会上做了全面系统阐述，并在中国共产党第十六次全国代表大会明确写入党章，成为中国共产党的重要执政思想。[3]

按照"三个代表"重要思想，各级党委、政府的执政与行政的指导思想、履职行为要与生产力发展的规律相适应，特别要以推动先进生产力的发展为主要要求，以不断提高人民群众的生活水平为最终目标[4]；各级党委的执政路线、各级政府的政策执行要切合"面向现代化、面向世界、面向未来的，民族的、科学的、大众的社会主义文化的要求"[5]，以不断提高人民群众的科学文化素质、为社会

---

1 曾柏苓.三代中央领导人对西部开发的战略构想与实践[J].中共云南省委党校学报，2000(01):48-52.
2 陶建平.邓小平立体化的领袖风范[J].中国领导科学,2019(04):17-21.
3 乔耀章."中国特色社会主义"概念再定位及前瞻性审思[J].南京社会科学,2012(02):57-64.
4 张策."三个代表"重要思想与"以人为本"的科学发展观[J].山西大同大学学报(社会科学版), 2008(05):7-9.
5 刘厚金.中国共产党的公共服务思想：渊源与发展[J].理论探讨,2010(2):4-4.

主义现代化建设提供不竭的精神动力和智力支持为最终落脚点；各级党委与政府在推进工作、落实政策中，能否切实保障"人民的根本利益"将是检验一切的试金石，实现人民利益既是为了人民、也要依靠人民，"'人民群众的积极性、主动性、创造性'是保障人民群众获得良好经济、政治、文化利益的现实需要"[1]。

以江泽民同志为核心的党的第三代领导集体，持续深化为人民服务的价值理念、坚守全心全意为人民服务的最高宗旨，以"三个代表"重要思想引航保障社会公平正义理念的实现，其中明确我们党和国家"制定和贯彻党的方针政策，基本着眼点是要代表广大人民的根本利益，正确反映和兼顾群众的根本利益，使全体人民朝着共同富裕的方向稳步前进"[2]。江泽民提出，为解决社会公平问题、满足广大人民的根本利益，应更加注重规范化的方针引领与制度化的政策制定，不仅彰显出中国共产党对社会公平的坚守、对人民利益的捍卫，也深刻诠释了建党八十年来未曾改变党的根本性质，同时深层次地揭示出中国共产党始终坚持"从群众中来，到群众中去"的根本路线方针。[3]

（四）科学发展观与社会主义和谐社会

党的十六大以来，以胡锦涛同志为总书记的党中央在全面建设小康社会的时代背景下，根据我国社会经济发展水平及人民群众对更高生活质量的呼声，在十六届三中全会明确提出"坚持以人为本，树立全面、协调、可持续的发展观，促进经济社会和人的全面发展"。[4]并致力于以全面发展、协调发展、可持续发展为重点建设社会主义和谐社会。这一新的指导思想，充分体现对世界发展趋势的准确把握，体现对新中国发展经验的深刻总结以及对我国社会主义初级阶段特征的全面分析。

1　江泽民文选：第 3 卷 [M]. 北京：人民出版社, 2006:272-282.
2　刘建新. 马克思主义人学的与时俱进：江泽民对马克思主义人学思想的丰富和发展 [J]. 理论探讨，2003(04):35-38.
3　苏超."文化共享工程"可持续发展研究 [D]. 天津：南开大学, 2014.
4　中共中央关于完善社会主义市场经济体制若干问题的决定 [M]. 北京：人民出版社, 2003:13.

"以人为本"是科学发展的核心,是从人民群众的根本利益出发谋发展、促发展,通过经济社会的全面发展进而实现人的全面发展,这与基本公共服务均等化的理念一脉相承。十六届六中全会审议通过的《中共中央关于构建社会主义和谐社会若干重大问题的决定》提出社会主义和谐社会的核心目标和主要任务包含了"基本公共服务体系更加完备,政府管理和服务水平有较大提高";为此该决定阐述了当前我国基本公共服务的主要内容包括教育、文化、就业、卫生、社会治安、社会保障、生态保护及公共设施等方面,强调"为促进社会公平正义、逐步实现基本公共服务均等化,应更好完善公共财政制度"。[1] 其后,胡锦涛就基本公共服务均等化提出具体目标,即以"五有"为经典概括"学有所教、劳有所得、病有所医、老有所养、住有所居",为基本公共服务均等化建设事业提供了行动指南。同时,胡锦涛就推进基本公共服务均等化与构建社会主义和谐社会再次提出明确要求,"注重社会公平,合理调整国民收入分配格局,切实采取有力措施解决地区之间和部分社会成员收入差距过大的问题,逐步实现全体人民共同富裕"。[2] 聚焦科学发展观与和谐社会的目标,胡锦涛指出"广大人民的根本利益与社会公平、正义密切相关,社会主义制度的本质要求我们党要重视公平正义的社会价值;在人民利益面前,我们党只有切实做到'立党为公、执政为民'才算是对社会主义制度本质要求的合格回应"。总的来说,以人为本的科学发展观和构建社会主义和谐社会充分彰显了实现基本公共服务均等化的趋势和理念。[3]

三、新时代中国特色社会主义思想

以习近平同志为核心的党中央坚持"以人民为中心"的发展思想,将人民利益摆在执政兴国的中心位置,十九大报告旗帜鲜明地提出"始终把人民利益摆在

---

1 郭小聪.中国基本公共服务均等化困境与出路[J].中山大学学报(社会科学版),2010(05):155-163.
2 吴树新.加强社会建设:公平的考量和法治的保障[N].安徽日报,2012-12-17(B03).
3 石培琴.我国区域基本公共服务均等化研究[D].北京:财政部财政科学研究所,2014.

至高无上的地位，让改革发展成果更多更公平惠及全体人民，朝着实现全体人民共同富裕不断迈进"。[1]2012年，习近平总书记在新任政治局常委与记者见面会上强调："人民是历史的创造者，群众是真正的英雄。"2016年，习近平总书记在省部级主要领导干部学习贯彻党的十八届五中全会精神专题研讨班上指出："着力践行以人民为中心的发展思想。这是党的十八届五中全会首次提出来的，体现了我们党全心全意为人民服务的根本宗旨，体现了人民是推动发展的根本力量的唯物史观。"2017年，习近平总书记在党的十九大报告中指出："人民是历史的创造者，是决定党和国家前途命运的根本力量。"习近平总书记关于"人民是历史创造者"的重要论述，阐明了坚持以人民为中心的哲学内涵。

在习近平新时代中国特色社会主义思想中，"五位一体"的总体布局将经济建设放在首位，传承"发展才是硬道理"的执政理念，为全民共享改革发展成果提供物质基础；"四个全面"战略布局将全面建成小康社会放在首位，体现"一切发展为了人民""全心全意为人民服务"的内在宗旨，将人民对幸福生活、对美好生活的向往摆在至高无上的地位。习近平新时代中国特色社会主义思想坚持"以人民为中心"的底蕴，其中不仅有对马克思主义群众观的创造性传承，也蕴含了对中国古代"仁政"思想的创造性转化；"重民生、兴民德、得民心"是习近平总书记执政思想的重要精神，并在不同的场合通过多次的公开讲话传达了与"治国有常，而利民为本""见善则迁，有过则改""水则载舟，水则覆舟"等典故一脉相承的为民思想。[2]此外，为了人民幸福安康和全面发展，习主席强调应以城乡经济社会一体化发展制度为依据，坚持经济发展的第一要务，并更加重视社会建设，着力推进社会治理现代化，"教民以德，培育和践行社会主义核心价值观"；更加重视保障和改善民生，着力为人民群众谋利益、造福祉，"让老百姓共享改革发展的成果，让老百姓有更多的实惠，有更多的获得感、安全感和幸福感"；更加重视社会体制改革，谨记"人民的拥护和支持是中国共产党执政的最牢固根基，人心向背决定着执政党

---

1 刘宇南.《国家基本公共服务体系"十二五"规划》中的若干重要问题探析[J].宏观经济管理，2013(04):27-30.

2 李军鹏.新时期推进基本公共服务均等化的思路与对策[J].新视野,2019(06):52-59+71.

的生死存亡",着力破解公共服务非均等化的各种体制机制的藩篱;更加重视基本公共服务供给,恪守马克思主义政党的实践品格,通过完善社会管理、充分践行社会公平正义的价值导向,早日实现基本公共服务均等化。[1]

党的十八大以来,习近平总书记在不同场合以多种形式就推进国家治理体系和治理能力现代化建设发表重要论述,强调要善于运用大数据提升国家治理现代化水平,要建立健全大数据辅助科学决策和社会治理的机制,推进政府管理和社会治理模式创新,实现政府决策科学化、社会治理精准化、公共服务高效化。同时,习近平总书记在《之江新语》中对"潜绩"和"显绩"也做出了经典的指示,认为"潜"与"显"是对立统一的一对矛盾,"潜"是"显"的基础,"显"是"潜"的结果。在2018年两会上,习近平再次谈到"潜绩"与"显绩",他强调,既要做那些"显绩"的工作,也要做那些"潜绩"的工作。这些为本研究对基本公共服务均等化的实施效度和实现程度两个方面进行评估奠定了理论基础。

至此,以习近平新时代中国特色社会主义思想、习近平总书记系列重要讲话精神为指导,实现基本公共服务均等化已经成为新时期中国特色社会主义建设的一个重要组成部分,成为新时代中国共产党、各级人民政府尽责履职、治国理政新理念、新思想、新战略的生动表现。[2-3-4]

我国基本公共服务均等化的研究虽然历时不长,但马克思主义有关公共服务的经典理念、中国化的马克思主义重要论断、新时代中国特色社会主义思想等理论为我国基本公共服务均等化提供了丰富的理论基础。[5]

---

1 张劲松.21世纪中国马克思主义的三重蕴意[J].科学社会主义,2016(04):12-17.
2 董振华."以人民为中心"的理论逻辑和政治价值[J].中共中央党校学报,2017,21(06):27-33.
3 陈华兴,孙婉君.习近平关于"以人民为中心"重要论述的理论内涵与时代价值[J].浙江学刊,2018(06):35-41.
4 中国共产党第十九次全国代表大会报告[R/OL].[2018-10-18].http://www.china.com.cn/19da/2017-10/27/content_41805113.htm.
5 张薇.我国基本公共服务均等化的发展历程和建设策略[J].哈尔滨工业大学学报(社会科学版),2019,21(06):123-129.

第二节　西方社会科学中的合理内核

一、正义理论

西方社会"公平正义"的价值理念一直是人们的理想与现实追求,从"理想国""乌托邦"到"太阳城",都彰显着"公平正义"的哲学光辉。"正义能给予那些属于国家法制的其他美德——节制、勇敢、智慧——以及那些被统摄在这一普遍观点之下的德性以存在和继续存在的力量。"柏拉图在《理想国》中对"正义"给出了极高的评价。亚里士多德也认为"正义对于人类来说,比任何其他的东西都要重要,它属于人类社会的重大社会福利";到了西方近代社会,"公平正义"的价值理念在约翰·罗尔斯"正义论"的凝结下获得最具普遍典型意义的解释。以此为思想理论基础"基本公共服务成为每一个人天赋的基本权利",作为独立的个人有权决定自己享受何等程度的公共服务,或者放弃、转移他本应享受的公共服务,这样的"正义"都应被重视,也应得到足够的尊重。

与"真理是思想体系的首要价值"一致,"正义当是社会制度的首要价值",约翰·罗尔斯的名著《正义论》首次明确区分了社会正义和个人正义,给国家、政府、制度等道德评价树立了一个标准。作为社会管理的重要组成部分与价值呈现,"正义性"应该成为所有制度设计优先考虑的内容,而按照亚里士多德的观点"如果没有公平、合理、正义的社会制度作保障,无论是作为政治的动物,还是作为社会的动物,一个人的生命和基本权利是得不到相应关注的,所谓保障也将无从谈起";公平正义的实现以及个人生存权和发展权的保障,离不开社会正义制度的"金钟罩"。罗尔斯将"正义原则"理解为人们在原始状态中指导建立社会基本结构的原则,该原则不是为了某一个具体的社会制度的存在而形成的互信契约;也就是每个人在面对潜在的"无知之幕"时,寄希望于通过选择公正的社会制度规则来避免自己成为具体社会制度安排的弱势群体,也希望通过公正的制度建立与行为相对人的有效连接。同时,罗尔斯基于"平等自由原则"和"机会均等原则及差别原则",再次衍生出了"受益均等""主体广泛"和"优惠合理"的公共服务供给原则。所以,"平等分配自由和机会、收入和财富、服从和自尊等社会基本价值,合乎每一个人的利益和价值追求"成为构建社会基本管理结构的内在"正义"。[1]

自罗尔斯正义论之后,罗纳德.M.德沃金以该理论为基础,提出"所谓平等,是权利的平等,无论是管理者还是治理者都理应不能按个人意志行事,其他个人有权利要求管理者和治理者为其提供平等关怀和尊重的权利"。他认为"每个人都有权利按照自己的意愿生存和发展,也应该为自己所选择的平等权利承担应有的责任,接受理应由自己付出的代价"。同时,在罗纳德.M.德沃金看来,"一个人的自然禀赋与社会境况,不能成为决定其命运的主导因素,个人的命运应由'志向'决定"。为此,资源的供给、利益的分配等,"应为个人志向的发展'买单',不应被他人侵害"。所以,罗纳德.M.德沃金的"平等待遇"和"资源平等说"与罗尔斯的正义论有理论的继承,也有个人的集成。

二、社会公平理论

以资产阶级启蒙运动为起源,代表新兴资产阶级利益的启蒙思想家霍布斯、洛克、卢梭等提出了"天赋人权",在他们看来"生存权、自由权、平等权等是一个人不能被剥夺、无法转让与生俱来的天然基本权利",一个人进入社会后,其基本权利便成为宪法和法律赋予的与人格相随的权力与利益,据此每个人的"人权"理应得到必要的保护,并随着社会发展获得足够的保障,这才是现代政治文明进步的基础和主要标志。所以,所有社会成员有权利享受代表公民管理社会的政府所供给的公共服务,而且所有成员之间所获得的公共服务供给应该是大致相同、总体公平的,这是一个公民"生命权、健康权、受教育权"等一系列基本权利的直接体现。但是,根据启蒙思想家的社会观察,公民的基本权利在现实生活中经常会遭到违背本人意愿的侵害甚至剥夺,如公民的生命安全因社会治安不足

---

[1] 金太军.推进中国特色民主建设进程[N].中国社会科学报,2014-06-23(B02).

受到威胁,个人的身体健康因公共医疗卫生欠佳受到挑战,市民受教育的权利因公共教育的缺失而被剥夺,显然公民天赋的权利未能得到公平的对待。因此,这也成为社会公平理论的起源。按照公平的价值理念,公民可以相对平等地接受基础的教育、合格的医疗保健、足够的教育培训以及稳定的社会安全保障等,为公民生存权和发展权的实现提供基础支撑。[1]

与正义论同源,社会公平理论也来自约翰·罗尔斯的《正义论》,"作为公平的正义"应在社会成员之间公正地分配社会资源。按照罗尔斯的观点,"一个正义的社会,必定是一个尽可能使社会中处于最不利地位的人多得好处、较少受损的社会;理性的个人在摆脱自身种种偏见之后,大家一致同意的社会契约,就是公平"。同时,"正义的核心在平等,正义即公平。这种'公平'是凭权利与公共利益的公平分配,公平是正义的核心要义"[2]。按照这个理论思路,罗尔斯又对"自由与公平、个人与国家、机会与结果等"进行了系统的论证,提出"权利与义务的分配""利益与负担的划分"等都应符合正义的原则,遵从公平的价值。[3] 此外,阿马蒂亚·森从能力发展的视角对社会公平理论进行了一次重大创新,提出以个人或团队能力的平等来决定社会产品或服务的分配,而不受其他非必要因素的影响。这对研究基本公共服务均等化的问题根源也起到了重大指导作用。

三、公共选择理论

基本公共服务均等化的实现,还需借鉴公共选择理论的精髓。1951年,公共选择学派的奠基者詹姆斯·布坎南将公共物品界定为任意某个集体或集团决定,为了任何缘由,借由集体组织供给的任何物品或服务。公共选择理论的核心目标是探索一种规则,在这种社会规则下,理性经济本性的自利与选择造福社会可以

---

1 乔耀章. 政府建设导论 [J]. 江苏行政学院学报,2007(06):93-99.
2 约翰·罗尔斯:《正义论》,上海译文出版社1991年版,第66页。
3 约翰·罗尔斯:《正义论》(外国伦理学名著经典译丛书),何怀宏等译,中国社会科学出版社2006年版。

兼得，公共选择理论更加注重政策目标、工具、效果三者之间的机制设计，认为差异的选择规则就会导致不同的决策结果，政策的规则决定政策决策结果，决策规则要比决策效果更加重要。[1]公共选择理论的观点为我国基本公共服务均等化提供了政策决定上的理论指导。首先，是公共选择理论中核心思想之一"经济人"假设，"经济人"假设的延伸内涵是要想取得社会效益、公共利益的最大化，就必须构建一套与政治决策者相呼应的约束监督机制，避免决策者偏离公共利益、社会效益最大化的轨道。假设中的政策理念为我国实施基本公共服务均等化政策决策、规则机制构建提供了富有建设性的思路。其次，"偏好显示机制"揭示了这一机制在公共决策中是至关重要的，能够助力实现符合个体需求的公共物品达到"相对均等"的状态，这对我们制定基本公共服务体系提供一定的理论依据，对我们制定基本公共服务均等化政策也具有一定的借鉴意义。最后，公共选择理论中的"特殊利益集团"理论丰富了我们有效制定基本公共服务均等化目标的视角。"特殊利益集团"阐明了市场经济是一个利益多元化和决策分散化的经济体制，我国作为确立市场经济体制的社会主义国家，社会中存在众多利益集团。比如不同行业利益集团、分区域利益集团、生产者利益集团、管理者利益集团、消费者利益集团等。但分区域、地区为单位的利益集团由于管理的弊端导致一些地方出现地方保护主义，因此实现基本公共服务均等化，在区域管理上就要克服这种困境，落实区域基本公共服务均等化，制定全面有效的相关基本公共服务均等化的政策措施。公共选择理论的"特殊利益集团"对我国完善基本公共服务均等化决策程序和规则有重要借鉴价值。[2-3-4]

---

1 布坎南.民主财政论[M].北京：商务印书馆,1993.
2 斯密.国富论[M].西安：陕西师范大学出版社,2006:311-359.
3 高鸿业.西方经济学：微观部分[M].5版.北京：中国人民大学出版社,2011:252-267.
4 SAMUELSON P, NORDHAUS W D. Economics[M].NEW York:McGraw-Hill,1992:17-49.

四、财政分权理论

基本公共服务均等化的实现，避不开政府经济学，更不能缺少政府财政这一常规政策工具。国家借助政府通过税收和财政支出优化调整结构用以提供公共服务，并在基本公共服务覆盖范围上实现共享化，实现程度上达到均等化。西方对基本公共服务均等化的研究主要集中在财政均等化，而财政均等化的研究通常都建立在财政分权理论基础之上。[1]

财政分权理论主要用以解决不同层级政府之间在基本公共服务均等化方面的责权划分问题。地方公共财政的存在是财政分权理论成立的逻辑起点，财政分权理论中比较有代表性的观点主要有以下几种。首先，施蒂格勒最优分权模式菜单。1957年，施蒂格勒首先认为地方政府与中央政府相比在近距离详细了解辖区内公众对公共服务偏好和如何实现社会福利效益、如何实现效用最大化方面有着无法比拟的优越性；其次施蒂格勒认为一个国家领域内人们都有权利对不同种类和数量的公共服务做出要求和投票选择，与其相适应，不同种类和数量的服务要求是由不同层级、区域的政府来供给。施滞格勒从上述两个方面阐述了地方政府存在的必要性。其次，在施蒂格勒最优分权模式菜单的基础理论之上，1972年，奥茨通过比较中央政府集中供应公共服务与地方政府分散供给公共物品的两种模式的运行效率，进而提出了著名的奥茨的分权定理。[2] 奥茨应用社会福利经济学的相关理论，通过设定一系列假设，借助线性规划来表述社会福利最大化的状态，通过求解得出当社会福利达到最大化时资源配置的一般均衡模型。[3] 通过模型分析，得出当公民对同一种公共物品具备广泛偏好的情况下，这种公共物品的供给主体应当是中央政府，如果公众对公共物品需求的异质性比较强烈，需求的差异

---

1 于树一.公共服务均等化的理论基础探析[J].财政研究.2007(7):27-29.
2 马斯格雷夫R,马斯格雷夫P.财政理论与实践[M].邓子基，邓力平，译.北京：中国财政经济出版社,2003.
3 凌岚.政府间财政关系：理论发展与政策展望[J].财政研究,2001(02):20-25.

也比较大，这时地方政府在公共服务产品供给上的效率优势就充分凸显出来了。[1] 除此之外，蒂伯特还构建了有关地方政府供给地方性公共产品的均衡模型即"用脚投票"理论。地方公共服务供给均衡模型克服了原先公共服务供给中政府垄断现象和消费者公共物品选择被动的弊端，构建了地方公共服务公众偏好显示机制，并设计了"消费者自主选择"，在公共服务的供给上引入了竞争机制，这些设计对于探索解决基本公共服务供给中不均衡、不均等，提高政府基本公共服务供给效率有很大助力。上述的理论观点对我国基本公共服务均等化建设都提供了良好的理论基础。[2]

五、福利经济学理论

英国经济学家阿瑟·塞西尔·庇古于20世纪20年代开创了福利经济学的完整体系，被后人称为"福利经济学之父"。庇古以边际效用价值论为基础表述了福利的含义，认为社会福利是由效用组成，效用就是满足，人性的本质就是追求最大的社会福利即追求最大的效用，社会福利是指一个社会全体成员的福利加总，并依据国民收入的多少和国民收入在社会成员中的分配情况两大因素分析了均等化同社会福利的关系及其对社会福利的影响。[3] 庇古考虑到个人实际收入的增加会使总体满足程度的加大、转移富人的货币收入分给穷人也会造成社会总体满足程度的增加。据此，他提出了西方经济学史上具有开创性的两大经典命题：国民收入总量越大进而社会经济福利也就越大；国民收入分配越均等化，社会福利也会越大。这两大命题也是首次将社会福利问题与国家干预收入分配问题结合起来加以研究。庇古认为通过合理配置资源能够实现社会福利最大化，在资源配置失衡的情况下可由国家采取适当的税收调节措施来纠正，以促进社会福利经济。基

---

1 毛连程.西方财政思想史[M].北京：经济科学出版社,2003:123.
2 罗森，盖亚.财政学[M].8版.北京：中国人民大学出版社，2009:66.
3 萨拉蒙.公共服务中的伙伴：现代福利国家中政府与非营利组织的关系[M].北京：商务印书馆,2008.

本公共服务作为一种社会资源，其有效的配置也能够增进社会福利，带来社会福利的最大化，对我国实现基本公共服务的均等化具有重大启发意义。各级政府应当通过努力实现基本公共服务均等化推动社会福利最大化。[1-2]

庇古开创的福利经济学也被称为旧福利经济学，后期，卡尔多、希克斯、伯格森等经济学家在先后对其作出了重要的完善和修改的基础上开创了新福利经济学。新福利经济主要丰富和完善了福利经济学的方法与标准[3-4]，在方法上，运用"序数效用论""社会福利函数""无差异曲线"的研究方法深入研究社会福利相关问题；在标准上，发展了帕累托最优标准、补偿原则来更好地解释社会服务问题。其中，帕累托最优是新福利经济学的核心思想，作为价值判断在西方经济学理论中得到了广泛的应用，新福利经济学的很多主要观点都是围绕该命题进一步发展、演化，比如补偿原理、次优理论和第三理论等，帕累托理论本质是将优化资源配置作为实现社会福利最大化的关键措施，强调从效率的角度对社会公平加以改进。这些思想理念对实行基本公共服务均等化具有较强的借鉴意义。其次，卡尔多提出的补偿原则的核心思想是关注整个社会的福利或其福利综合指标，兼顾了效率与公平，补偿原则的基本思想为基本公共服务的合理分配和基本公共服务均等化财政支出结构调整提供了理论依据。[5]萨缪尔森、阿罗、伯格森提出了社会福利函数理论，实现了反映个人福利对社会福利的影响，提出要想社会福利最大化，政府应当保障个人的自由选择，自由选择成为社会福利最大化的充分条件。不过，虽然后期阿罗的不可能定理证明了社会福利函数并不存在，但社会福利函数理论的基本思想对我国基本公共服务均等化也提供了有益的启示。[6]

1　黄建洪.西方社会建设思想：演进逻辑及其"脱域"价值[J].国外社会科学,2014(04):4-14.

2　罗森,盖亚.财政学[M].8版.北京：中国人民大学出版社，2009:66.

3　朱绍文.经典经济学与现代经济学[M].北京：北京大学出版社,2000.

4　庇古.福利经济学[M].北京：商务印书馆.2006.

5　刘银喜,赵子昕,赵淼.标准化、均等化、精细化：公共服务整体性模式及运行机理[J].中国行政管理,2019(08):134-138.

6　同4，29-33.

西方福利经济学主张通过国家实施宏观政策和调整税收等措施,来改善社会贫困成员的社会地位,实现社会福利函数的最大化,以此建立社会公平公正的衡量标准,[1] 从庇古到卡尔多、希克斯、阿玛蒂亚森,从帕累托最优理论到补偿原理、次优和第三优理论,新旧福利经济学经过了漫长的发展历程[2]。但福利经济学理论主要以"最大化的社会经济福利"为目标和每个不同发展阶段的基本思想及重要命题,都与我国推行的基本公共服务均等化的目标相吻合。因此,福利经济学为我国基本公共服务均等化提供了丰富的经济学理论基础。

六、新公共服务理论

自美国著名行政学家威尔逊于1887年在《政治学季刊》上发表《行政学研究》文章,主张政治与行政二分法,第一次明确提出将行政管理作为一门独立的学科来开展研究,至今已有一百多年的历史,在这一百多年的发展进程中,行政学经历了多次学科研究范式的转变,最为显著的是20世纪80年代以来,伴随着西方资本主义国家政府重塑运动的兴起与发展,新公共管理(NPM)在当代公共行政理论与实践中的地位越发呈现出主导范式的趋向。[3] 由此,新公共服务理论广泛出现在大家的视野当中,而所谓的新公共服务,著名公共行政学家罗伯特.B.登哈特和我国著名学者丁煌教授认为是在公共行政中决策者在实施以公民为中心治理系统中扮演何种角色的理论,因此新公共服务理论也并非一个单一的理论,而是一个完整系统的理论体系,新公共服务理论主要涵盖以下几方面核心观点。[4] 首先,政府的职能是服务,而不应该是"掌舵"。政府的角色是要协助公民广泛表达并满足共同需求,并不是力图"掌舵"社会发展的新方

---

1 罗文英编著:《社会和谐与幸福满足》,华东理工大学出版社2009年版,第184页.
2 凯恩斯.就业、利息和货币通论[M].北京:商务印书馆,1999.
3 陶学荣,熊节春.现代公共行政的伦理意蕴:基于"新公共服务"范式的分析[J].中国行政管理,2008(11):114-117.
4 穆勒.政治经济学原理:下卷[M].胡企林,朱泱,译.北京:商务印书馆,1991:371.

向，行政人员也不再只是公共服务的直接供给主体。其次，政府的行政目标是公共利益，换而言之，政府管理必须关注公民的实际需要和利益表达，行政人员要致力于树立共享的公共利益发展观念，积极创造公共利益和承担共同责任。最后，新公共服务更加重视人，而不只是仅关注生产效率。新公共服务理论家强调"通过人来进行行政管理"的重要性，[1]因而考虑培养出具有责任心、献身精神和公民意识的公民。新公共服务理论还充分认识到公共行政人员工作不仅复杂且具备巨大挑战，要求行政人员善待公民，而行政人员本身必须受到公共机构管理者的善待；提出分享领导权的概念，认为公共利益不是自我利益汇集而成的，而是由多种主体基于共同的价值观的对话产生；因此，行政人员要集中精力与公民建立信任与合作的关系。[2-3]

综合上述对新公共服务理论的分析，发现其本质是对新公共管理理论的一种扬弃，并在此基础上提出和建立了更加关注民主价值和公共利益的新理论，用来更好适应当代公共管理实践的新公共服务管理；新公共服务的相关理论观念无疑也为我国基本公共服务均等化的建设提供了理论支持。

第三节 中国传统文化

正如习近平总书记2016年在哲学社会科学工作座谈会上指出，"中国古代大量鸿篇巨制中包含着丰富的哲学社会科学内容、治国理政智慧，为古人认识世界、改造世界提供了重要依据"[4]。清代赵翼的《论诗》记载"诗文随世运，无日不趋新"，明代张居正《翰林院读书说》中记载"根本固者，华实必茂；源流深者，光澜必章"。这些熔铸中华优秀传统文化的作品都旨在强调只有善于继承

---

1 杜艳华.论中国共产党理论继承的优势[J].社会主义研究,2018(06):60-66.
2 休斯.公共管理导论[M].彭和平,等译.北京：中国人民大学出版社,2001:73.
3 丁煌.西方行政学说史[M].武汉：武汉大学出版社，1999.41-44.
4 习近平，《在哲学社会科学工作座谈会上的讲话》，《人民日报》2016年5月19日，第2版。

才能更好地创新。因此，在政府基本公共服务均等化管理工作上，我们也要充分挖掘借鉴我国优良的文化传统和精髓。例如："天下为公""不患寡而患不均""民本""均贫富"这些优秀的中国传统行政文化都直接影响着我国基本公共服务均等化的内涵，是基本公共服务均等化的基础性理论。党的十九大也对我国传统文化的继承做出指示，号召我们要深入挖掘中华优秀传统文化，对其蕴含的思想观念、道德规范等精髓结合当下时代的要求做到继承与创新，不断推进我国优良文化传统实现创造性转化和创新性的发展，增强中华文明的感召力、凝聚力与世界影响力。基本公共服务均等化的思想认识在中国传统文化中可找到其价值导向根源。因此从中国优秀传统文化中汲取优良智慧与经验，成为推动我国基本公共服务均等化实现的必然要求。[1]

一、"天下为公"思想

我国古代的"天下为公"思想最早可以追溯到春秋战国时代的儒家和墨家。《礼运大同篇》中描述了孔子的理想世界：成就大同世界，天下太平；没有战争，人人和睦相处，丰衣足食，安居乐业。详细思想阐述如下："大道之行也，天下为公"，就是人人不争、不贪、不求、不自私、不自利、自然大公无私；"选贤与能，讲信修睦"，选举国家元首时，要选贤而有德者，要选有才干、有智慧、有办事能力的人，这种人能为人民谋幸福，能为国家图富强，对于邻国讲信用，互相不欺骗，和睦相处；"壮有所用，幼有所长"，年轻力壮的人，一定要在社会服务，尽其所能，贡献于国家，年幼的儿童，必须好好教育他们如何孝顺父母、如何忠于国家、如何忠于职守；"鳏寡孤独废疾者，皆有所养"，老而无妻为"鳏"，老而无夫为"寡"，幼年丧父母为"孤"，老年丧子女为"独"，有残疾的人为"废"，有疾病的人为"疾"，令这些不幸的人生活得到安定，精神没有威胁，生命有保障，国家设立种种机构，收养他们，治疗他们；"男有分，女有归"，

---

[1] 董凯丽,黄三生.新时代中国传统文化的传承价值研究[J].安顺学院学报,2019, 21(06):83-87.

男人有男人的本分、地位、责任，为国为家，要尽应尽的义务，妇女有所归宿；"是故谋闭而不兴,盗窃乱贼而不作,故外户而不闭"，因为这种种的缘故计谋没有了，人人生活安定，丰衣足食，盗窃自然消失，到了这种境界，没有内忧，没有外患，人人奉公守法；"是谓大同"，这就是大同世界，人人不自私、不自利，人人公平，人人和乐，天下太平。上述的大同思想涵盖了政治上的负责公共事务的管理者德才兼备来负责公共事务，做到人尽其事、司其责，经济上各尽其能，各得其所，社会上平等互助、和睦共处等要求。这也为我们下文所要构建的基本公共服务均等化体系提供了理论依据。[1]宋代时期，方腊在农民起义中提出鲜明的政治口号和政治主张，指出"是法平等，无有高下"，主张实现真正的平等，"有甚贫者，众率财以助，凡出入经过，虽不识，党人皆馆谷焉，人物用之无间，谓为一家"。据《三朝北盟会编》记载，宋代钟相提出"法分贵贱、贫富，非善法也。我行法，当等贵贱、均贫富"。也就是我们熟知的"等贵贱，均贫富"思想，也阐释了农民追求平等、大同的思想。明末李自成提出的"均田免粮"，以及清末太平天国运动颁布的《天朝田亩制度》阐述的"有田同耕、有饭同食、有衣同穿、有钱同使、无处不均匀、无处不饱暖"，近代康有为在其《大同书》中倡导"人人相亲、人人平等、天下为公"的大同社会。[2]

二、"不患寡而患不均"思想

中国古代的平等思想萌芽于先秦诸子百家中主张的"不患寡而患不均"。不患寡而患不均是孔子最早提出的一种有关税收的思想。据《论语·季民第十六》记载中表述："闻有国有家者，不患寡而患不均，不患贫而患不安"，即表达了无论是国家的诸侯还是封地的大夫，都不应担心自己的财富不充足，

---

1 吴韵曦.平等的理想与现实：社会主义五百年平等问题研究[M].北京：人民日报出版社,2016: 2-4.

2 高红兵.21世纪以来国内"毛泽东与中国传统文化"研究综述[J].文化学刊,2019(08):6-10.

只需要担心财富能否分配得均匀,也不用担心人数少,只需要严防境内的不安定;"盖均无贫,和无寡,安无倾",含义是财富如果分配得均衡,便没有了贫穷,人民和睦相处,也就不会觉人少,境内也就会安宁,不会出现战乱。以墨子为核心代表的墨家,"兼爱""非攻""尚贤""尚同"为其核心思想,主张爱人如己,不分你我,彼此等同,主张爱天下人;相比儒家的"仁者爱人",范围更加广泛,更加注重无差别的爱。墨家思想认为平民是最需要团结的,也应该给予相同的关爱。[1]

三、"民本"思想

"民本"思想是我国传统文化中极为重要的思想精髓资源之一。《尚书·五子之歌》中记载"民为邦本,本固邦宁",表述了人民才是国家的根基,只有人民实现安居乐业,国家才能实现长治久安。[2]这也是我国古代重"民本"思想的聚焦反映。孟子在《尽心章句下》中提出:"民为贵,社稷次之,君为轻。"这也是孟子"民本"思想最为典型和最为明确的体现,也进一步强调了重视民众的力量。荀子在其《荀子·王制》中则把君主同民众的关系隐喻为舟与水之间的关系,即"君者,舟也;庶人者,水也。水则载舟,水则覆舟"。用来比喻民众不仅可拥护君主,也能推翻君主。君王就好比是船,百姓好比是水,水可以使船行驶,也可以使船淹没。[3]"民本"思想是将民心向背作为政治是否清明、统治有效与否的一种衡量标准,也是中国古代思想家、政治家倡导治国理政的核心价值思想之一,是中国古代的明君、贤臣为维护和巩固其统治而提出的一种统治观,其基本思想主要表现为重民、贵民、安民、恤民、爱民等,对维护社会秩序和协调社

---

1 刘思妗.发扬党的优良传统创造性地开展党内学习[J].学习月刊,2019(07):27-30.
2 刘皓秋.儒家文化视角下中国传统译论中的伦理探究[J].国际公关,2019(12):251-252.
3 王杰.富而后教:中国传统文化中的民生观[J].中国领导科学,2020(01):105-107.

会关系都起着至关重要的作用。[1] 儒家思想最重视"人",其代表为"民为邦本"、孔子的"仁者,人也"等经典人文思想,孟子秉承前人的思想精髓,提出了著名的"民贵君轻"思想。其内涵都表达了统治者政权的稳定与否完全取决于民,因此作为统治者就要善于听取民意、体察民情、不断满足公众需求。毫无疑问,中国传统文化的"民本"思想在当下我国基本公共服务均等化的建设中仍然具有重要指导价值。

四、"均贫富"思想

中国传统社会由于历来主张重农抑商的政策,孕育着浓厚的均贫富思想传统。《荀子·富民篇》记载的"上下俱富"和我国春秋时期著名的思想家、经济学家晏婴在《晏子春秋·内篇问上》中提出的有关平均分配社会财富的主张"其取财也,权有无,均贫富,不以养嗜欲",表达含义为作为一国君王,在制定赋税时应该根据民众的负担能力的高低,对穷人和富人做出合理的区分,不能够使得富人更富、穷人更穷,造成更为不均衡的社会现象。鲁国孔丘在《论语·季氏》中也表达了相同的主张,认为国家财富分配不均是造成社会不安、政权不稳的根由。齐国的管仲据《管子·国蓄》记载表述"夫民富则不可以禄使也,贫则不可以罚威也""法令之不行,万民之不治"的政治主张,认为正是由于贫富不齐才导致法令不能执行,民众不能得到有效的治理,表达了对财富分配不均的批判思想。《商君书·说民》记载的"治国之举,贵令贫者富,富者贫"表达了战国时期秦国商鞅主张国家应通过政策法令去平衡财富的占有,依次实现均贫富的政治愿望。在这之后,许多进步思想家、政治家也都提出过反对贫富不均的言论,尤其是秦汉时期以后的朝代,因为土地兼并日益严重,农民赋税沉重,贫富差距过大,导致阶级矛盾越发的尖锐。为了维护统治者的利益,思想家和政治家提出各种克服贫富不均的政治措施,比较有代表性的是汉代董仲舒的限田法,西晋曹魏的占田制,

---

[1] 易刚.中国传统文化与社会主义核心价值观的关系探究[J].毛泽东思想研究,2015,32(04):116-121.

北魏首次提出,隋、唐一直沿用的,由个体农户耕作代表农业生产经营方式的均田制。这些举措虽然不能从根本上解决社会问题,但均贫富的思想在传统社会对缓和阶级矛盾、维护社会稳定起到一定的缓冲作用,虽然其往往具备浓厚的平均思想、小富即安、缺乏效率意识在某种程度上也抑制了社会的发展。[1] 此外,"均平富"也往往作为农民起义的革命口号,如东汉末年的张角黄巾起义。《宋史·樊知古传》记载的"吾疾贫富不均,今为汝辈均之"表达了北宋农民起义领袖王小波痛斥贫富不均之弊,南宋农民起义领袖钟相也以"等贵贱,均贫富"作为其革命斗争的纲领。这些反映了封建社会底层农民反对封建剥削的朴素平均要求。[2]

第四节 当前各类政策思想的理论概化

理念是行动的先导,正确的行动有赖于正确的价值理念的指引,整合理念,凝聚共识,才能为与此相关的顶层设计提供相应的理论支持。近年来,我国政府将基本公共服务均等化作为公共政策的基本目标之一,尤其是当下我国基本矛盾的变化,基本公共服务均等化的实现无疑成为解决新时代我国主要矛盾的一把关键"钥匙"。"基本公共服务均等化"是我国特有的提法和独有的概念,因此有必要梳理中国当前有关基本公共服务均等化的各类政策思想的理论。

党和国家高度重视基本公共服务均等化,党的十八大、十九大多次提出"推进基本公共服务均等化,是全面建成小康社会的应有之义,对于促进社会公平正义、增进人民福祉、增强全体人民在共建共享发展中的获得感、实现中华民族伟大复兴的中国梦,都具有十分重要的意义",并出台了多项助推我国基本公共服务均等化实现的政策文件。当前我国基本公共服务均等化各项政策、理论都离不开坚守以人为本、保障公民权利、促进社会公正的有机统一和实现成果共享为基

---

[1] 曹爱军.民生的逻辑:基本公共服务均等化研究[D].天津:南开大学,2014.
[2] 石培琴.我国区域基本公共服务均等化研究[D].北京:财政部财政科学研究所,2014.

本公共服务均等化的价值导向并以"促进人的全面发展"为各类政策的终极目标。[1]

一、坚持以人为本

当前，我国在推行基本公共服务均等化的过程中，将重点放在养老、就业、医疗卫生等基本民生性服务上，毫无疑问，"以人为本"已经成为中国共产党治国理政的基本理念，而推进基本公共服务均等化也是中国共产党坚持"以人为本"的体现。

党的十六大以来，科学发展观已然成为指导我国发展的重大战略思想。在党的十六届三中全会上首次提出了"坚持以人为本，树立全面、协调、可持续的发展观"，以人为本成为科学发展观的核心思想，此后党的十七大报告中依然强调建设社会主义和谐社会必须要秉承以人为本的发展理念、持续关注民生的重要性。[2] 坚持以人为本的执政理念，就是要求党和政府始终将人民的利益作为一切工作的出发点和落脚点，在保持经济持续发展的基础上，不断满足人民日益丰富的需求，保障人民在物质生活上的多样化、政治生活上的民主化、精神生活上的多姿化和人与自然相处中的和谐化，并要积极创造一切有利条件促进人的全面发展。对基本公共服务均等化的各项工作，党和政府始终贯彻以人为本的执政理念，才带来了今日我国基本公共服务均等化发展上的初步进展。我国党和政府不仅在基本公共服务的管理上坚守这一原则，在基本公共服务绩效评估上依然坚持以人为本的原则不动摇。[3] 在党的十九大上习近平总书记强调："我们党的执政水平和执政成效都不是由自己说了算，必须而且只能由人民来评判。人民是我们党的工作的最高裁决者和最终评判者。"同样，基本公共服务均等化实施效度与实现

1　范逢春.新中国成立以来基本公共服务均等化政策的回顾与反思：基于文本分析的视角 [J].上海行政学院学报,2016,17(01):46-57.

2　郭小聪,朱侃.十八大以来基本公共服务研究的系统回顾与评估 [J].上海行政学院学报,2019,20(03):47-59.

3　麦伟杰.基本公共服务均等化的基本思想和推进过程 [J].现代管理科学,2019(04):91-93.

程度的水平和成效也要由人民群众来检验和共享，要让人民的获得感、幸福感、安全感和来自其合理合法的切身利益得到有效维护。[1]

二、保障公民权利

我国宪法规定公民的基本权利包括政治权利、自由、社会文化权利和社会经济权利等方面。社会经济权利中就包括公民生存发展的劳动权利、残疾人从国家和社会获得社会保障与物质帮助的权利、生活保障权、居住权；社会文化权利和自由包含公民的受教育权、文化活动的自由权利等。这些保障公民生存与发展的基本权利与我国政府主导的基本公共服务体系的保障内容是一致的。我国基本公共服务体系就是要保障公民受教育权、居住权、健康权、生活保障权等基本权利。[2] 党的十七届五中、六中全会以及党的工作报告中都有详细阐述，党和政府的工作要紧紧围绕保障和改善民生，逐步建立符合我国国情、内容完备、覆盖城乡、保障民生经济、社会可持续发展的基本公共服务体系。这些政策号召都鲜明地说明保障公民的基本权利在基本公共服务均等化实现的过程中有着举足轻重的地位。

我国基本公共服务体系的建设完全是以保障公民生存发展的基本权利为基础前提。[3] 在近几年的政府工作报告中都对建设我国基本公共服务项目的细则进行了阐述。比如"提升基本公共服务的供给水平""实施优先就业保障""健全社会保障体系""保障社会住房体系""完善基本医疗卫生制度""提高公共基础教育服务质量""增强残疾人基本公共服务力度""提升公益性基础社会建设能力"等有关基本公共服务的项目都被提上政府公共服务管理工作的日常议程，上

---

1 欧晓理.我国基本公共服务体系建设的现状、问题和思考[J].社会治理,2019(07):12-15.
2 中共中央文献研究室.习近平总书记重要讲话文章选编[M].北京：中央文献出版社，党建读物出版社,2016.
3 张贤明,高光辉.公正、共享与尊严：基本公共服务均等化的价值定位[J].吉林大学社会科学学报,2012,52(04):5-12+159.

述这些基本公共服务项目建设的政策着力点无一不是以保障公民权利为目标的。

三、促进社会公正

《三国志·蜀书·李严传》中记载"水至平而邪者取法，镜至明而丑者无怒"，用来比喻公正无私就可以慑服邪恶，引导领导者出来管理公务应当做到公平公正，要依据规章制度，不偏袒私情，不畏惧权势，维护社会公平。这对于我们当下政府管理原则上依然适用。我国是人口较多的发展中国家，因此往往分"蛋糕"会比做"蛋糕"更要谨慎。如何将"蛋糕"公正合理地分配给全国每位公民，成了历来党和政府必须要解决好的管理问题。习主席在十八届五中全会上指出"治天下也，必先公，公则天下平矣"。因此我国基本公共服务均等化也正是解决社会公平正义问题的有力途径。对于当前我国处于深化改革的新时期，习主席指出全面深化改革的进程中必须要着眼创造公平正义的社会环境，克服各种违背公平正义的现象，如果不能创造公平的社会环境，改革也就失去原有的意义，也无法可持续发展。这表明党在领导我国社会主义现代化建设进程中，一直都要十分重视社会公正问题，努力完成不仅要做大"蛋糕"也要分好"蛋糕"的职责使命。

自党的十六届五中全会首次提出"公共服务均等化"概念，实践探索也相继展开。2017年国务院印发《"十三五"推进基本公共服务均等化规划》，明确了基本公共服务均等化的内涵，阐述了其核心是促进机会均等，本质是保障每位公民都能够公平可及地获得大致均等的公共服务，重点是维护社会的公正，促进社会经济有序发展。温家宝也曾多次提出"公平正义比太阳还要有光辉"，并将对社会公正的追求作为推动我国改革发展中的一个重要指导性思想。习近平总书记也曾提出党和政府的执政思想一定要保持随时随刻倾听人民呼声、回应人民期待，保障人民的平等参与、发展权利，维护好社会公平正义，使得公平、正义的价值理念深入人心。这些政策理念都为持续完善以保基本、促公平为要义的基本公共服务均等化工作奠定了良好的基础。[1]

四、实现成果共享

实现成果共享就是将全体人民共同参与创造出来的改革发展成果和福利惠及到全体人民，使全体中国人民都能从社会经济的发展进步中普遍受益。我国改革开放之所以取得如此巨大成就，最重要的就是我国确立的社会主义市场经济体制这一举措有效调动了广大劳动人民的积极性和创造性，从而带动了社会生产力的高速发展。[2]

共享发展理念是党的十八届五中全会上提出的政策号召，共享发展的内涵主要包括以下方面：共享的覆盖面是人人享有；共享成果包含国家经济、文化、社会、政治、生态的各个方面；共享的实现路径是共建，汇聚民智民力、发扬民主，人人参与社会主义伟大建设中；共享的实现过程是渐进的而非一蹴而就，是一个从不均衡到逐渐均衡的过程。以上几点融合汇通，整体把握了共享发展的本质。[3]

发展成果共享理念是社会主义和谐社会发展的价值目标，公平正义是我们党和政府始终传承的基因，共建共享是我们党和政府始终追求的目标。中共十七大报告、十八届五中全会分别对共享理念提出了政策要求，提出在社会主义的发展中要秉承"创新、协调、绿色、开放、共享"的发展理念，做到发展为了人民、依靠人民、成果为人民共享；共享发展理念贯穿于我国经济社会发展的方方面面，作为发展的出发点和落脚点成为政策制定的中心要义，体现我国社会主义的本质，强调了依靠共享发展实现社会经济的稳定发展，这也是国家长治久安的重要保障。

---

1 范逢春.新中国70年社会建设：实践历程、基本经验与未来展望[J].国家治理,2019(31):9-17.
2 张贤明,邵薪运.改革发展成果共享与政府责任[J].政治学研究,2010(06):37-47.
3 汤善鹏,钟连勇.共享发展理念与地方社会法立法的关系与创新[J].南京社会科学,2019(08):107-111.

五、促进人的全面发展

人的全面发展的具体内涵是指体力和智力都获得充分的发展和应用。马克思主义关于培养人全面发展的基本观点是确保教育和生产的相结合，这一观点同我国党和政府所提出的将人的发展与社会的发展实现统一相吻合。促进人的全面发展，已经成为目前我国各级政府制定基本公共服务均等化供给政策的终极目标。在《七一讲话》中江泽民曾多次提出"人的全面发展"这一概念，指出我们要在发展社会主义社会物质文明和精神文明的基础上，不断推进人的全面发展。此后党的十六大三中全会上也明确提出要将促进经济社会和人的全面发展作为政府的执政思想，树立全面、协调、可持续的发展观，促进经济社会和人的全面发展。在整个社会不断发展的基础上实现人的全面发展成为中共立党为公、执政为民的本质要求。[1]

人的全面发展不单单指个人的全面发展，它蕴含着全社会每一个人的全面发展。我国基本公共服务均等化的推行就完全可以体现出贯彻落实人的全面发展的政策要求，基本公共服务均等化保障了全体人民的基本生存和发展权，提高人民诸多方面能力，进而为实现人民的"自由而全面的发展"提供了强有力的支撑。[2]

第五节 理论总结

通过上文对基本公共服务均等化理论基础分析，已为我国基本公共服务均等化实施效度与实现程度评估的研究奠定了较为丰富的理论基础，初步构建出了以马克思主义经典理论为导向，结合西方社会科学、中国传统文化、当前政策理论概化等"合理内核"的基本公共服务均等化理论体系。这些理论也都已经初步回

---

[1] 沈壮海,许家烨.习近平关于新时代中华文化走向世界的实践引领[J].马克思主义理论学科研究,2019,5(06):72-83.

[2] 石仲泉.新时代与中国特色社会主义理论自信[J].中国党政干部论坛,2019(10):6-11.

答了基本公共服务均等化以及其评估"是什么""为什么"和"怎么办"的问题（详细见图3-2所示），接下来本研究就是要实际操作评估的环节，涉及指标的构建、实证评估、影响因素侦测问题。

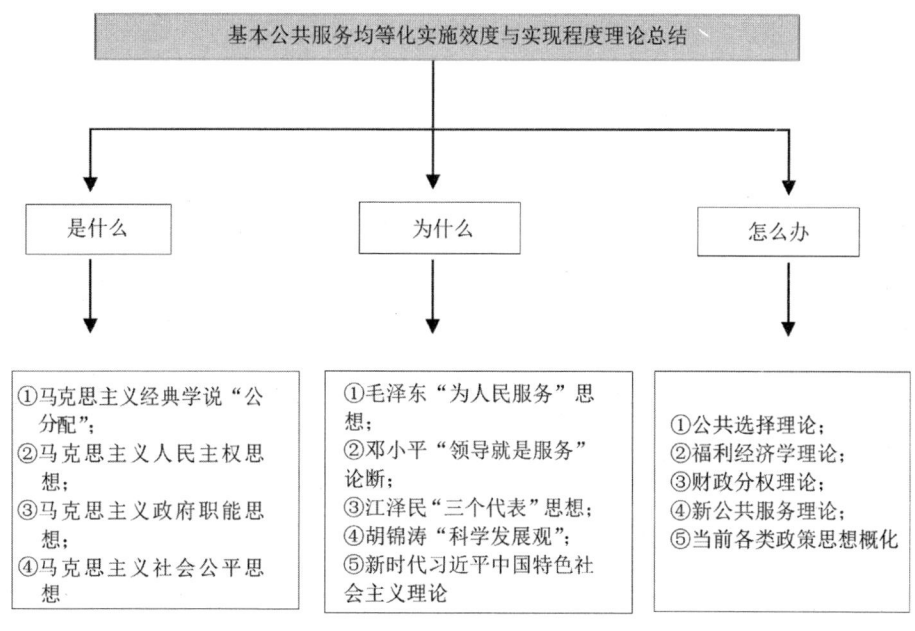

图 3-2 理论总结

第四章　基本公共服务均等化评估指标体系构建

本章以第二、三章所述的理论基础，国内外研究述评所提供的理论、规律性做法，以及国内相关政策为基础，并将它们细化、具体化、操作化为了一系列指标体系草集（详见附录5）。对评估学而言，指标体系构建的科学性和可靠性是科学评估的有效保障，其中，指标筛选更是"关键中的关键"步骤，这就如同一场考试的好坏取决于试卷编制水平一样。本研究拟通过指标池（理论指标、政策依据）构建和实证筛选（隶属度分析、指标鉴别度判断、信度效度检验、熵值法赋权及数据挖掘等科学评估）构建出科学合理、具备良好测量效果的，针对基本公共服务均等化实施效度与实现程度的评估指标体系。[1]具体流程如图4-1所示。

第一节　指标选取原则

基本公共服务均等化实施效度与实现程度绩效的评估指标是衡量绩效强弱的助力工具，为达到测度工具的科学且有效目标，保障测评实证结果能够全面、精准、客观地反映出我国政府基本公共服务均等化实施效度与实现程度的实际水平与发展趋势，在本章构建的基本公共服务均等化实施效度与实现程度指标体系所包含的每个评估指标的选取都应遵循如下原则。

---

[1] 陈振明.社会研究方法[M].北京：中国人民大学出版社,2011.

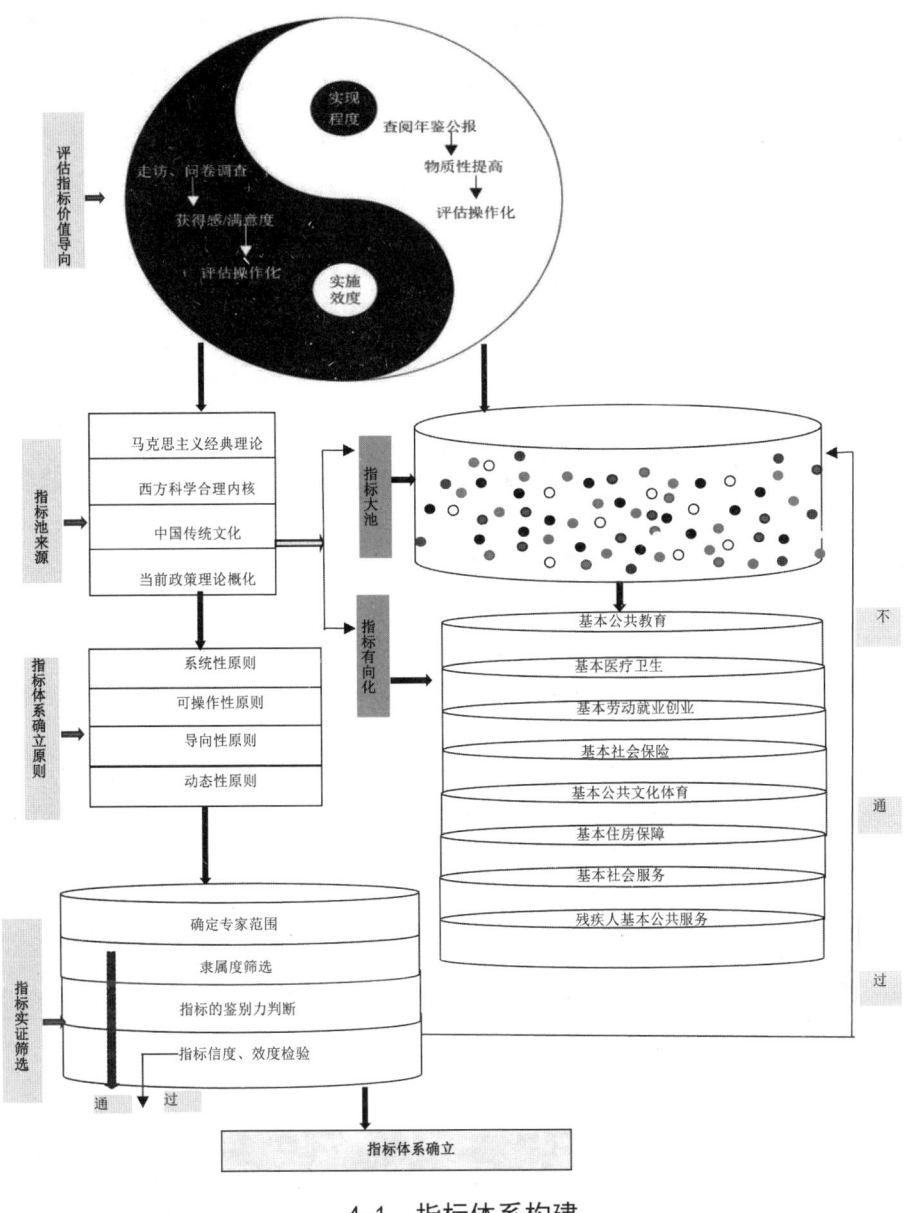

4-1 指标体系构建

一、系统性原则

从政府职能的视角出发，基本公共服务均等化实施效度与实现程度绩效评估的指标必须科学地界定我国政府的基本职能，贯彻落实党和政府的号召。党的十六届三中全会就已对明确中央政府和地方政府对经济调节、社会管理、市场监管、公共服务方面的管理责权等做出指示，这些涵盖了行政管理、经济发展、教育科技、医疗卫生、生活保障、体育文化和社会服务等方面。因此对政府基本公共服务均等化实施效度与实现程度的评估也应该是全方位的评估，指标体系应构成一个多层次、多中心的系统，体系里不仅要包括经济、行政等方面的指标，还要涵盖社会就业保障、教育科技、社会服务和体育文化等方面的指标。政府基本公共服务均等化实施效度与实现程度绩效系统是由教育、卫生、社会保障、社会保险、文化体育等多方面、多领域的绩效评估子系统汇合集成的，各个绩效子系统也都必须采取若干相对应指标才能真实有效地反映出来，这就要求我们所建立的基本公共服务均等化实施效度与实现程度绩效评估指标体系要具备足够的覆盖面，能够充分反应我国政府绩效评估的系统性特点。[1]

二、可操作性原则

指标选取的可操作性又称可行性、可得性或可比性，是在进行指标设计时，不仅要考虑到指标数据的可得性，即我们在研究中能否依据现行公开的统计数据库中获取我们所需查询的数据，并确保获得数据的客观、精准、权威；与此同时，又要注意评估指标之间的可比性，在评估指标体系设计或指标数据收集处理时，尽量保持指标数据统计口径的一致，在不同区域、不同时间内的基本公共服务均等化实施效度与实现程度比较结果的可靠性比较弱。目前为止，我国基本公共服务均等化实施效度与实现程度评估指标体系研究还处于相对稀少且薄弱的状况，这就要求我们在评估指标体系设计和指标数据收集上，适当借鉴西方发达国家的相关成熟经验，依据权威统计部门公开发表的相关统计数据，保证基本公共服务均等化实施效度与实现程度评估指标设置的科学性和统计数据的可获得性。

---

1 张立荣,姜庆志.国内外服务型政府和公共服务体系建设研究述评[J].政治学研究，2013(1):104-115.

三、导向性原则

构建科学合理的基本公共服务均等化实施效度与实现程度评价指标体系关键在于选取恰当的评价指标,明确基本公共服务均等化实施效度与实现程度评价体系测量的内容。很显然,本研究我国基本公共服务均等化实施效度与实现程度指标评价体系需要测量的主体内容是"基本公共服务均等化",这就要求在评价指标内容的选取上要坚持"保基本""促均等"的导向。首先,"保基本"并不是政府提供所有主张保障公民生存和发展的公共服务项目的均等化,基本公共服务的均等化往往涉及全体公民赖以生存和发展的"基本权利"和公共服务的"底线需求"。其次,基本公共服务均等化实施效度与实现程度指标评价体系的构建还应该符合"促均等"的导向,代表着基本公共服务均等化实施效度与实现程度评价体系主要评估测量各层级政府是否为每位社会成员提供与我国社会经济发展水平相适应的基本公共服务或公共产品。这里的基本公共服务均等化并不是基本公共服务或产品分配的绝对平均,也并非实现基本公共服务的人均化,因此一些公共服务并不是在任何区域需要实现"一刀切"的平均状态,还是要充分考虑到当地区域社会经济发展水平和当地人民社会需求差别等因素,综合实现均等化。基本公共服务均等化容许合理差异的存在,因此评价体系要避免平均化的倾向而是体现促均等。最后,评价体系还应体现"潜显共存"。从评估学的角度来说,基本公共服务均等化实施效度与实现程度评价,就是要同时处理好可观察、可触摸的"物质提高"这些"显绩"和不易观察、难以触摸的群众满意度、获得感这些"潜绩",两者构成了一个"太极评估导向"。也就是说,要同时兼顾"潜绩"与"显绩"。在对基本公共服务实施效度这些"潜绩"评估中,要以走访、问卷调查来获得"软数据";在对道路增多、公交增多、学校增多这类"显绩"评估中,可以通过各类统计年鉴、年度公报获得"硬数据"。

四、动态性原则

我国基本公共服务均等化的内容和均等化的标准水平都不是一成不变的，而是要根据我国政治、经济、社会发展的状况的变化随之做出相应的调整。那么，作为评价基本公共服务均等化实施效度与实现程度的指标体系也并非是静止不变，也是要随着时间、地点和社会经济发展水平等相关因素的转变发生相应的变化。所以，基本公共服务均等化实施效度与实现程度指标的选取上我们也要遵从指标动态性原则，选取合理科学的评估指标，为后期的实证评估奠定良好基础。

第二节 理论性指标确定

解决指标筛选问题，首先需要构建尽可能大的指标池（也称理论性指标），依照理论原则和国内外实践经验来看，这种指标池要构建得尽可能大、尽可能多一些，这样后续才可能筛选出更优化的指标体系。本书根据马克思主义理论、中国传统文化、西方科学合理内核、当前各类政策理论，并结合国内外关于政府基本公共服务均等化的绩效评估指标，中国的研究机构及国务院提出的有关政策文件，确定本研究的基本公共服务均等化的八大评估领域，分别从基本公共教育、基本劳动就业创业、基本住房保障、基本社会保险、基本医疗卫生、基本社会服务、基本公共文化体育和残疾人基本公共服务八个方面构建基本公共服务均等化评估指标体系，由基本公共服务均等化实现程度指标 A（投入指标—产出指标）和基本公共服务均等化实施效度指标 B（客观获得感与主观满意度）共 187 个指标组成（详细指标来源参见附录6）。构建了一个由评估目标、评估因素、指标类别和具体评估指标等构成的我国基本公共服务均等化实施效度与实现程度测评的第一轮评估体系 $X1$，如表 4-1 所示。

表 4-1 我国基本公共服务均等化实施效度与实现程度评估指标体系 $X1$

评估目标	评估对象	评估维度	评估指标	理论依据
基本公共服务均等化实现程度（投入、产出，A）	基本公共教育	投入指标	基础教育经费占财政支出比重 X_1	马克思主义经典学说中：提倡"人的自由全面发展"，保障公民受教育权、健康权、就业权、居住权
			普通小学生人均公共财政教育经费 X_2	
			普通初中生人均公共财政教育经费 X_3	
			普通小学师生比 X_4	
			普通初中师生比 X_5	
			普通小学人均校舍面积 X_6	
			普通初中人均校舍面积 X_7	
			普通小学每千人学校数 X_8	
			普通初中每千人学校数 X_9	
			小学人均拥有教学用计算机 X_{10}	
			初中人均拥有教学用计算机 X_{11}	
		产出指标	小学学龄儿童净入学率 X_{12}	中国传统文化中的"民本"思想、"均贫富"思想、"不患寡而患不均"思想、"天下为公"思想
			普通小学毕业率 X_{13}	
			普通初中毕业率 X_{14}	
			文盲或半文盲占 15 岁以上人口比重 X_{15}	
			小学本科及以上学历教师比例 X_{16}	
			初中本科及以上学历教师比例 X_{17}	
			人均受基础教育年限 X_{18}	
	基本医疗卫生	投入指标	人均医疗卫生经费 X_{19}	西方社会科学中的关于基本公共服务均等化的合理内核
			政府卫生支出占 GDP 比重 X_{20}	
			医疗卫生支出占公共财政支出比重 X_{21}	
			每千人拥有卫生技术人员数 X_{22}	
			每千人拥有公共医疗卫生机构床位数 X_{23}	
			每万人公共医疗卫生志愿者比例 X_{24}	
			政府卫生支出占卫生总费用比重 X_{25}	
		产出指标	城乡三项基本医疗保险参保率 X_{26}	中国特色社会主义思想中的当前各类政策思想的理论概化，比如"以人为本""促进社会公正"、一切为了人民的满意度和获得感为主
			5 岁以下儿童死亡率 X_{27}	
			婴儿死亡率 X_{28}	
			孕产妇死亡率 X_{29}	
			公立医院病床使用率 X_{30}	
			孕产妇系统管理率 X_{31}	
			65 岁及以上老年人健康管理率 X_{32}	
			0—6 岁儿童健康管理率 X_{33}	
			居民健康建档率 X_{34}	
			适龄儿童免疫规划疫苗接种率 X_{35}	
			28 种传染病报告发病率 X_{36}	

续表

评估目标	评估对象	评估维度	评估指标	理论依据
基本公共服务均等化实现程度（投入、产出，A）	基本劳动就业创业	投入指标	人均公共就业服务财政经费 X_{37}	马克思主义经典学说中：提倡"人的自由全面发展"，保障公民受教育权、健康权、就业权、居住权
			每万求职人口就业训练中心数 X_{38}	
			社会就业支出占财政支出比重 X_{39}	
			支持创业支出占财政支出比重 X_{40}	
			大学生创业补贴额 X_{41}	
			小微企业税收优惠率 X_{42}	
			每万人拥有职业介绍机构数 X_{43}	
			技工学校培训社会人员生均师生比 X_{44}	
			农民工职业技能培训人数 X_{45}	
		产出指标	城镇新增就业人员增长率 X_{46}	中国传统文化中的"民本"思想、"均贫富"思想、"不患寡而患不均"思想、"天下为公"思想
			劳动人事争议调解成功率 X_{47}	
			失业人员培训率 X_{48}	
			待业人员培训率 X_{49}	
			城镇登记失业率 X_{50}	
			人力资源和社会保障热线综合接通率 X_{51}	
			培训人员就业率 X_{52}	
			自主创业救助率 X_{53}	
			自主创业孵化率 X_{54}	
			创业领域"最多跑一次"服务普及率 X_{55}	西方社会科学中的关于基本公共服务均等化的合理内核
			劳动就业领域"最多跑一次"服务普及率 X_{56}	
	基本社会保险	投入指标	社会保障补助支出占财政支出比重 X_{57}	
			人均社会保障补助支出额 X_{58}	
			社会保障支出占 GDP 比重 X_{59}	
			每万人拥有的社会保障服务人员数 X_{60}	中国特色社会主义思想中的当前各类政策思想的理论概括，比如"以人为本""促进社会公正"、一切为了人民的满意度和获得感为主
			基本生育保险财政支持增长率 X_{61}	
			基本医疗保险金财政支持增长率 X_{62}	
			基本养老保险财政支持增长率 X_{63}	
			基本失业保险财政支持增长率 X_{64}	
			基本工伤保险财政支持增长率 X_{65}	
		产出指标	基本医疗保险参保率 X_{66}	
			基本生育保险参保率 X_{67}	
			基本失业保险参保率 X_{68}	
			基本养老保险参保率 X_{69}	
			基本工伤保险参保率 X_{70}	

续表

评估目标	评估对象	评估维度	评估指标	理论依据
基本公共服务均等化实现程度（投入、产出，A）	基本公共文化体育	投入指标	文化事业经费占财政支出比重 X_{71}	马克思主义经典学说中：提倡"人的自由全面发展"，保障公民受教育权、健康权、就业权、居住权
			人均文化财政拨款 X_{72}	
			每万人拥有文化机构服务从业人员数 X_{73}	
			每万人拥有图书馆数 X_{74}	
			每万人拥有博物馆数 X_{75}	
			公共图书馆人均计算机数量 X_{76}	
			每万人拥有的公共体育场馆数 X_{77}	
		产出指标	图书馆年流通人次 X_{78}	
			文化馆（站）年服务人次 X_{79}	
			图书馆人均书藏量 X_{80}	
			图书出借率 X_{81}	
			图书馆服务覆盖率 X_{82}	中国传统文化中的"民本"思想、"均贫富"思想、"不患寡而患不均"思想、"天下为公"思想
			博物馆服务覆盖率 X_{83}	
			每万人经常参加体育锻炼人数比例 X_{84}	
			广播、电视人口综合覆盖率 X_{85}	
			国民综合阅读率 X_{86}	
	基本住房保障	投入指标	人均住房建筑面积 X_{87}	
			住房保障经费占财政支出比重 X_{88}	
			政府租赁补贴额 X_{89}	
			每户平均房贷占上年家庭总支出比率 X_{90}	
			城镇棚户区住房改造率 X_{91}	西方社会科学中的关于基本公共服务均等化的合理内核
			公共租赁住房比例 X_{92}	
		产出指标	住房公积金覆盖率 X_{93}	
			建档立卡低保户农村危房改造比例 X_{94}	
			建档立卡贫困户农村危房改造比例 X_{95}	
			公共租赁住房目标任务完成比例 X_{96}	
			各类棚户区改造目标完成比例 X_{97}	中国特色社会主义思想中的当前各类政策思想的理论概化，比如"以人为本""促进社会公正"、一切为了人民的满意度和获得感为主
	基本社会服务	投入指标	医疗救助占社会服务财政支出比例 X_{98}	
			社会保障经费占财政支出比重 X_{99}	
			基本殡葬服务支出占社会服务支出比重 X_{100}	
			人均社会保障经费 X_{101}	
			退休老年人福利补贴经费 X_{102}	
			城市最低生活保障额 X_{103}	
			农村最低生活保障额 X_{104}	
		产出指标	受灾人员救助比率 X_{105}	
			公办养老服务机构占养老机构比例 X_{106}	
			社区活动参与率 X_{107}	
			每千人社会福利企业登记数 X_{108}	
			生活不能自理特困人员集中供养率 X_{109}	

续表

评估目标	评估对象	评估维度	评估指标	理论依据
基本公共服务均等化实现程度（投入、产出，A）	残疾人基本公共服务	投入指标	残疾人基本服务支出占财政支出比重 X_{110}	马克思主义经典学说中：提倡"人的自由全面发展"，保障公民受教育权、健康权、就业权、居住权
			残疾人生活补贴额 X_{111}	
			残疾人康复医院数 X_{112}	
			残疾人法律援助工作站个数 X_{113}	
			残疾人康复服务补贴额 X_{114}	
		产出指标	残疾人托养服务比率 X_{115}	
			困难残疾和重度残疾人护理补贴覆盖率 X_{116}	
			社会服务机构收养残疾人数 X_{117}	
			公立医院年诊疗残疾人次数 X_{118}	
			托养残疾人比例增长率 X_{119}	
基本公共服务均等化实施效度（客观获得感与主观满意度，B）	基本公共教育	效度指标（获得感、满意度）	流生人数占适学儿童比例 X_{120}	中国传统文化中的"民本"思想、"均贫富"思想、"不患寡而患不均"思想、"天下为公"思想
			基础教育失学人数 X_{121}	
			中考参考率 X_{122}	
			小学毕业考试优秀率 X_{123}	
			中学毕业考试优秀率 X_{124}	
			小学升学率 X_{125}	
			中学升学率 X_{126}	
			教室硬件设施满意度 X_{127}	
			教师教学水平满意度 X_{128}	
			学校文化满意度 X_{129}	
	基本医疗卫生	效度指标（获得感、满意度）	大病住院实际报销比 X_{130}	西方社会科学中的关于基本公共服务均等化的合理内核
			常见病实际报销比 X_{131}	
			门诊实际报销比 X_{132}	
			人口死亡率 X_{133}	
			常见病接诊率 X_{134}	
			大病治愈率 X_{135}	
			医院治疗好转率 X_{136}	
			医生服务态度的满意度 X_{137}	
			看病方便程度的满意度 X_{138}	
			导诊服务的满意度 X_{139}	
			就诊时长的满意度 X_{140}	
			医疗费用收费合理性的满意度 X_{141}	
	基本劳动就业创业	效度指标（获得感、满意度）	每年失业人数减少比 X_{142}	中国特色社会主义思想中的当前各类政策思想的理论概化，比如"以人为本""促进社会公正"、一切为了人民的满意度和获得感为主
			国家权威机构职业技能鉴定通过率 X_{143}	
			城镇登记失业率 X_{144}	
			就业服务覆盖率 X_{145}	
			劳动合同签订率 X_{146}	
			职业培训后就业率 X_{147}	
			就业培训服务满意度 X_{148}	
			对居住地就业服务的满意度 X_{149}	
			自主创业服务满意度 X_{150}	
			劳动人事争议调解服务满意度 X_{151}	

续表

评估目标	评估对象	评估维度	评估指标	理论依据
基本公共服务均等化实施效度（客观获得感与主观满意度，B）	基本社会保险	效度指标（获得感、满意度）	医疗保险支付率 X_{152}	马克思主义经典学说中：提倡"人的自由全面发展"，保障公民受教育权、健康权、就业权、居住权 中国传统文化中的"民本"思想、"均贫富"思想、"不患寡而患不均"思想、"天下为公"思想 西方社会科学中的关于基本公共服务均等化的合理内核 中国特色社会主义思想中的当前各类政策思想的理论概化，比如"以人为本""促进社会公正"、一切为了人民的满意度和获得感为主
			失业保险替代率 X_{153}	
			基本养老保险支付率 X_{154}	
			基本养老保险服务满意度 X_{155}	
			基本医疗保险服务报销满意度 X_{156}	
			基本失业保险服务覆盖范围满意度 X_{157}	
	基本社会服务	效度指标（获得感、满意度）	受灾人群社会救助率 X_{158}	
			法律援助 12348 受理率（接通率）X_{159}	
			安置服务覆盖率 X_{160}	
			救助服务覆盖率 X_{161}	
			人均社会保障经费满意度 X_{162}	
			最低生活保障额满意度 X_{163}	
			老年人福利补贴经费满意度 X_{164}	
	基本住房保障	效度指标（获得感、满意度）	公共租赁住房保障占需求公租房比例 X_{165}	
			农村基本住房保障覆盖率 X_{166}	
			农村贫困户人均住房建筑面积 X_{167}	
			城市基本住房保障覆盖率 X_{168}	
			住房公积金覆盖率满意度 X_{169}	
			城市人均住房建筑面积满意度 X_{170}	
			农村人均住房建筑面积满意度 X_{171}	
			城镇棚户区住房改造满意度 X_{172}	
	基本公共文化体育	效度指标（获得感、满意度）	国民体质测定达标率 X_{173}	
			每年公共体育设施置换率 X_{174}	
			数字图书馆日均访问量 X_{175}	
			图书馆总流通人次与人口总数之比 X_{176}	
			图书馆基本公共文化服务的满意度 X_{177}	
			体育场基本公共文化服务的满意度 X_{178}	
			博物馆基本公共文化服务的满意度 X_{179}	
	残疾人基本公共服务	效度指标（获得感、满意度）	辅助性就业提升就业率 X_{180}	
			盲道普及率 X_{181}	
			残疾人卫生间普及率 X_{182}	
			残疾人社会救助占社会总救助金比例 X_{183}	
			残疾人康复服务补贴满意度 X_{184}	
			残疾人生活补贴满意度 X_{185}	
			无障碍环境支持满意度 X_{186}	
			残疾人托养服务满意度 X_{187}	

资料来源：作者自绘。

第三节 指标的实证筛选

从评估学和心理学基本规律视角分析，可以有效地被应用到实证评估中的基本公共服务均等化实施效度与实现程度指标体系，必须要经过指标的实证多轮筛选、实证多重检验的实证操作过程，这也等同于发明任何一项自然社会科学技术在应用到社会实际运行之前，都要经过多次试验、验证等一整套流程步骤。只有通过评估指标的多轮筛选工作过程，才能有效地消减指标选择上的主观性弊端。本研究在前文所述国内外已有研究的基础上，尝试以单轮德尔菲法的方式，借助在指标评估研究领域具有代表性和广泛性的相关专业学者、管理者等相关专家人员的意见来走出指标选择上的主观性困境。研究以评估指标筛选的实证问卷调查和数理统计分析为工具，采用科学有效的指标筛选的相关方法，对我国基本公共服务均等化实现程度与实施效度评估指标体系进行了多轮实证筛选操作。就评估学、管理学在指标筛选上的基本要求而言，筛选过程要覆盖调查专家选择、专家临界值的确定、鉴别力分析、隶属度分析、相关性分析、信度效度检验等一系列指标筛选的实证操作流程。

本研究测评的理论评估指标体系 $X1$，是根据我国政府基本公共服务均等化实施效度与实现程度绩效的内涵和特征、国内相关政策以及参阅国外基本公共服务均等化评估研究的大量成果后尝试构建完成的指标草集，这种指标构建的方法集中凸显了研究者的专业知识和理论构思，也因此具有较强的主观性因素，为了确保指标体系的科学性和合理性，还是有必要对理论遴选出的基本公共服务均等化实施效度与实现程度评估指标体系进行隶属度分析、辨别力分析、相关性分析等实证筛选，用以增强评估指标体系的科学性、可操作性和合理性。本研究将理论筛选的基本公共服务均等化实施效度与实现程度评估指标制成专家咨询表，采用电子邮件、现场访谈、邮局邮寄和专家会议等多种问卷发放形式，将专家咨询表有效发放给相关领域的专家，要求专家们根据自身的专业知识和实践经验，从专家咨询表中的 187 个指标选出最理想的绩效评估指标。

在具体操作上，我们在基本公共服务均等化实施效度与实现程度评估指标池

$X1$ 上为每条操作性指标设计出一个衡量该指标是否属于本评价指标维度的判断性题项,即"您认为本条操作性指标是否属于评价本维度的指标",打"√"就是代表属于,打"×"就代表不属于,本书将其放置在 $X1$ 中"单位"栏目后新增的一列,构成了基本公共服务均等化实施效度与实现程度评估的指标池问卷 $X1$,它将初步遴选出的 187 个指标池设计成专家咨询表,在问卷表指标池 $X1$ 中"单位"一栏后面新增一列构成基本公共服务均等化实施效度与实现程度评估指标池调查问卷,提醒收到问卷的相关专家以自身知识经验、实践积累储备为基础做出判断。

一、调查对象选择

在做好了上文所述问卷设计工作之后,本研究按照理论专家、实践专家和利益相关人员三个口径在我国三大区域各选择 50 人(共 450 人)发放专家咨询表,对基本公共服务均等化涵盖的 187 个指标池进行隶属度判断。本研究将指标池问卷通过 E-mail 发送给全国各地在政府绩效评估领域内具有一定研究背景、实践经验的专家和政府中的"熟练工"(领导干部)。为了确保调查问卷的可回收性和问卷调查的回收质量,在问卷调研过程中本研究拟从多源头、多领域、多渠道选取调查专家。理论专家来自苏州大学政治与公共管理学院、南开大学周恩来政府管理学院、海南大学管理学院、中国社会科学院、华东政法大学、复旦大学、四川社会科学院、厦门大学、清华大学、山东大学、密苏里大学、国家行政学院、天津大学、新加坡理工大学、华南理工大学、上海行政学院、重庆大学、北京大学、郑州大学、大连理工大学、华中师范大学、同济大学、武汉大学、兰州大学管理学院等高校与科研院所公共管理领域内颇有名望的专家教授,这些专家教授的研究领域主要包括心理学、社会科学、行政学、政治学、管理学、经济学、统计学和法学等。此外,在实践专家方面,本研究选择了一批我国东部、中部、西部区域的政府机关和行政单位,主要是这三大区域的省级、县级政府,政府中的教育局、交通局、卫生局、统计局、住建局、人力资源社会保障局、环保局等职能机关,采取问卷发送到各部门领导的电子邮箱和现场访谈的形式,请他们本人或者他们在本单位找寻合适的干部填写调查问卷。调查问卷发放的地域范围涉及我国东、中、西部的各层级政府区域。本研究为了提高问卷回收率并确保调查对象可以有效地填写指标池问卷，我们课题组成员发动一切可行的力量，在发送 E-mail 之后，还专门以微信、短信或者直接打电话的多种方式来提醒受访者尽量高效、高质量地完成调查问卷填写工作。在利益相关人员方面，本研究主要通过线下发放问卷，发放地区涉及东、中、西部地区。最终，调查问卷共发出 450 份，收回 385 份，有效问卷 377 份，问卷整体有效回收率为 84%。问卷调查对象具体组成如表 4-2，图 4-2 所示。

表 4-2　单轮德尔菲组调查对象组成结构表　　　　单位：份

调研地区	调研口径								总计		
	实践专家			理论专家			利益相关者				
	发送	收回	有效	发送	收回	有效	发送	收回	有效	发送	收回	有效
东部	50	45	44	50	45	44	50	40	39	150	130	127
中部	50	47	46	50	40	39	50	45	44	150	132	129
西部	50	45	44	50	40	40	50	38	37	150	123	121
合计	150	137	134	150	125	123	150	123	120	450	385	377

注释：根据问卷回收整理计算所得。

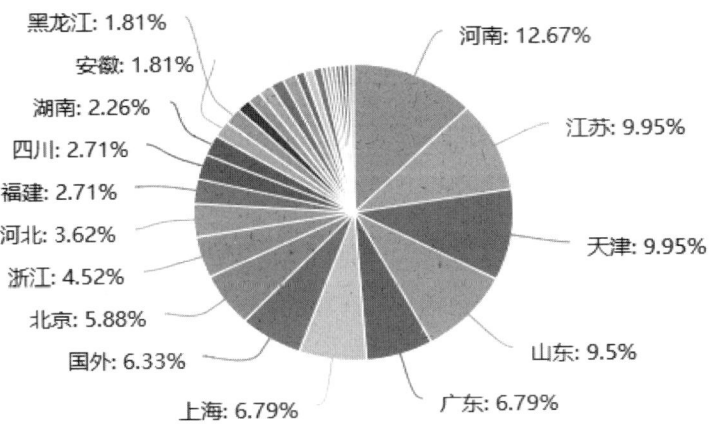

图 4-2　问卷专家所在区域比例图

二、调查专家临界值确定

本研究在获得实证调查问卷后,还需要验证它们是否达到有效平滑主观性的最低阈值,如果没有达到,我们还需要增加问卷的发放量,直到达到统计学的相关要求。[1]本研究此处依照统计经验性常规做法,采用临界值方法来计算调查专家问卷临界值下线阈值,其计算公式为

$$M = \mu + \frac{S}{\sqrt{\sum_{x=1}^{n} N}} t_\alpha \quad (x \in \mathbf{R}^+)$$

其中:μ 表示欲选择专家的期望数量;S 代表专家对备选指标、题项选择数量的标准差;N 表示备选指标、题项被专家选中的频数;t_α 是指标的置信度 α 取特定值情况下的 t 检验值,t 值可以通过查阅 t 检验表获得。

本研究按照统计学原理,样本容量只有达到 30 及以上,其要素的分布上倾向于服从正态分布,才可以按照大样本统计原理来进行数理计算(Mendenhall et al., 2016)。为了增强研究的科学性、合理性,本研究在计算专家临界值的过程中,从整体与部分相结合的视角,将期望数量 μ 设置为 120(30×4=120),因问卷发放的区域是从全国和分东、中、西区展开,置信度 α 取 1%,经过查询 t 分布表得 $t_{0.01}=2.586$。其他统计数据将依据回收的指标池征询意见问卷输入到 SPSS 22.0 中自动生成。通过将上述阈值代入临界专家值计算的公式,可以计算出本研究的临界专家数量:

$$M = 120 + \frac{57.9235}{\sqrt{37399}} \times 2.586 \approx 121$$

由于有效问卷数 377>121,表明回收的调查问卷数量对筛选指标体系具有一定的可行性,也对不同领域专家的主观性判断能够较好地平滑。

---

[1] 于萱.政府潜绩评估的内容维度及评估指标的实证筛选研究[J].南京社会科学,2017(08):15-18.

三、隶属度分析

本研究为深入分析调查相关领域专家对理论遴选的指标体系的总体看法,以有效的专家咨询表为研究基础,对绩效评估指标开展隶属度分析。其中,隶属度是模糊数学里的集合概念。在模糊数学中,社会经济生活中常常存在多种模糊现象,并且其概念的外延也无法显示很清晰,也不能用经典数量集合论来描述。例如某一个元素对于某个集合(概念)来说,不能确切地表述是否属于该集合,只能叙述其在多大程度上属于该集合,在这种情况下元素属于某个集合的程度被我们称为隶属度。本研究将我国基本公共服务均等化实施效度与实现程度绩效评估体系 {X} 视为一个模糊集合,每个评估指标看作一个元素,随后对每个评估指标进行隶属度分析。[1]

假设在第 n 个评价指标 I_n 上,相关专家选择的总次数为 M_n,即代表共有 M_n 位专家认为 I_n 是基本公共服务均等化实施效度和实现程度绩效的重要指标,那么该评价指标的隶属度如以下公式所示:

$$R_n = \frac{M_n}{T}(n=1,2,\cdots,J)$$

其中 R_n 为隶属度,J 为指标的数量,T 为反馈消息的专家总数。若 R_n 值超过临界专家值所对应的隶属度值(R 临界),则表明该指标属于指标体系的模糊集合,表明该评价指标在基本公共服务均等化实施效度和实现程度评价指标体系中至关重要,要保留下来作为基本公共服务均等化实施效度与实现程度绩效评估指标,否则,该指标应该予以剔除。本研究通过对反馈回来的 220 份有效专家意见征询卷进行统计分析,分别计算所有指标的隶属度,并将其与临界值进行了对比。

本研究计算采用当 $M=121$ 时的临界专家值所对应的临界隶属度值,其值为

$$R = \frac{121}{377} = 0.321$$

在确定了临界值后,就可以将那些隶属度小于 0.321 的指标都删掉,因为依

---

[1] 尚虎平,陈星宇.我国城市公共服务提供绩效评价:面向 L 市的探索性研究 [J].武汉大学学报(哲学社会科学版),2013(01): 06-12.

据模糊数学统计原理,这些指标在 $\alpha=1\%$ 的条件下,不具有统计上的显著差异。当指标隶属度 R 大于 0.321,说明该指标在很大程度上属于模糊集合,即该指标在整体指标体系中很重要,应保留进入下一轮的筛选;反之,不属于模糊集合的指标都要剔掉。经过总体计算,被删除的指标如表 4-3 所示,其他未删除指标的隶属度值如表 4-4 所示。

表 4-3 被删除的隶属度低于 0.321 的 51 个评估指标

维度	类别	指标	标志	专家数/人	隶属度
基本公共教育	实现程度	普通小学人均校舍面积	X_6	100	0.303
基本公共教育	实现程度	普通初中人均校舍面积	X_7	110	0.313
基本公共教育	实现程度	小学人均拥有教学计算机数	X_{10}	105	0.312
基本公共教育	实现程度	初中人均拥有教学计算机数	X_{11}	98	0.297
基本公共教育	实现程度	小学学龄儿童净入学率	X_{12}	109	0.310
基本公共教育	实现程度	文盲或半文盲占 15 岁以上人口比重	X_{15}	108	0.320
基本公共教育	实现程度	小学本科及以上学历教师比例	X_{16}	120	0.314
基本公共教育	实现程度	初中本科及以上学历教师比例	X_{17}	116	0.302
基本医疗卫生	实现程度	政府卫生支出占 GDP 比重	X_{20}	117	0.322
基本医疗卫生	实现程度	每万人公共医疗卫生机构床位数	X_{24}	105	0.312
基本医疗卫生	实现程度	城乡三项基本医疗保险参保率	X_{26}	118	0.308
基本医疗卫生	实现程度	政府卫生支出占卫生总费用比重	X_{25}	98	0.297
基本医疗卫生	实现程度	婴儿死亡率	X_{28}	120	0.320
基本医疗卫生	实现程度	孕产妇死亡率	X_{29}	118	0.318
基本医疗卫生	实现程度	0-6 岁儿童健康管理率	X_{33}	118	0.316
基本劳动就业创业	实现程度	大学生创业补贴额	X_{41}	118	0.306
基本劳动就业创业	实现程度	小微企业税收优惠率	X_{42}	118	0.319
基本劳动就业创业	实现程度	技工学校培训社会人员师生比	X_{44}	98	0.297
基本劳动就业创业	实现程度	农民工职业技能培训人数	X_{45}	107	0.304
基本劳动就业创业	实现程度	失业人员培训率	X_{48}	109	0.300
基本劳动就业创业	实现程度	城镇登记失业率	X_{50}	119	0.301
基本劳动就业创业	实现程度	人力资源和社保热线接通率	X_{51}	114	0.315
基本劳动就业创业	实现程度	培训人员就业率	X_{52}	109	0.310
基本劳动就业创业	实现程度	自主创业孵化率	X_{54}	101	0.306
基本社会保险	实现程度	社会保障补助支出占财政支出比重	X_{57}	94	0.285
基本社会保险	实现程度	人均社会保障补助支出额	X_{58}	118	0.318
基本社会保险	实现程度	社会保障支出占 GDP 比重	X_{59}	119	0.312

续表

维度	类别	指标	标志	专家数/人	隶属度
基本社会保险	实现程度	每万人拥有的社会保障服务人员数	X_{60}	116	0.302
基本公共文化体育	实现程度	人均文化财政拨款	X_{72}	116	0.314
基本公共文化体育	实现程度	公共图书馆人均计算机数量	X_{76}	108	0.317
基本公共文化体育	实现程度	文化馆（站）年服务人次	X_{79}	92	0.279
基本公共文化体育	实现程度	图书馆人均书藏量	X_{80}	114	0.305
基本公共文化体育	实现程度	每万人经常参加体育锻炼人数比例	X_{84}	112	0.319
基本住房保障	实现程度	人均住房建筑面积	X_{87}	100	0.303
基本住房保障	实现程度	城镇棚户区住房改造率	X_{91}	116	0.312
基本住房保障	实现程度	公共租赁住房目标任务完成比例	X_{96}	95	0.287
基本社会服务	实现程度	医疗救助占社会服务财政支出比例	X_{98}	116	0.302
基本社会服务	实现程度	人均社会保障经费	X_{101}	108	0.320
基本社会服务	实现程度	社区活动参与率	X_{107}	117	0.315
基本社会服务	实现程度	生活不能自理特困人员集中供养率	X_{109}	114	0.305
残疾人基本公共服务	实现程度	托养残疾人比例增长率	X_{119}	118	0.313
基本公共教育	实施效度	流生人数占适学儿童比例	X_{120}	112	0.319
基本公共教育	实施效度	基础教育失学人数	X_{121}	116	0.302
基本医疗卫生	实施效度	大病住院实际报销比	X_{130}	110	0.303
基本医疗卫生	实施效度	常见病实际报销比	X_{131}	110	0.301
基本劳动就业创业	实施效度	就业服务覆盖率	X_{145}	115	0.308
基本社会服务	实施效度	受灾人群社会救助率	X_{158}	111	0.316
基本住房保障	实施效度	公共租赁住房保障占需求公租房比例	X_{165}	117	0.315
基本住房保障	实施效度	农村贫困户人均住房建筑面积	X_{167}	106	0.320
基本公共文化体育	实施效度	数字图书馆日均访问量	X_{175}	120	0.304
残疾人基本公共服务	实施效度	残疾人社会救助占社会总救助金比例	X_{183}	120	0.313

本研究经过第一轮对基本公共服务均等化实施效度与实现程度评估指标池的隶属度分析，去除了隶属度偏低的"普通小学人均校舍面积""小学生人均拥有计算机数""婴儿死亡率"等基本公共服务均等化实现程度指标和"基础教育失学人数""就业服务覆盖率""残疾人社会救助占社会中救助金比例"等基本公共服务均等化实施效度指标，筛选出了符合本研究评估的指标如表4-4所示，这些评估指标将进入第二轮的指标筛选流程。

表 4-4 进入评估指标第二阶段筛选的指标体系 X2

维度	类别	指标	标志	专家数/人	隶属度
基本公共教育	实现程度	基础教育经费占财政支出比重	X_1	228	0.691
		普通小学生人均公共财政教育经费	X_2	284	0.861
		普通初中生人均公共财政教育经费	X_3	259	0.785
		普通小学师生比	X_4	248	0.752
		普通初中师生比	X_5	242	0.733
		普通小学每千人学校数	X_8	135	0.409
		普通初中每千人学校数	X_9	133	0.403
		普通小学毕业率	X_{13}	242	0.733
		普通初中毕业率	X_{14}	236	0.715
		人均受基础教育年限	X_{18}	223	0.676
基本医疗卫生	实现程度	人均医疗卫生经费	X_{19}	207	0.627
		医疗卫生支出占公共财政支出比重	X_{21}	256	0.776
		每千人拥有卫生技术人员数	X_{22}	226	0.685
		每千人拥有公共医疗卫生机床位数	X_{23}	214	0.648
		5岁以下儿童死亡率	X_{27}	164	0.497
		公立医院病床使用率	X_{30}	160	0.485
		孕产妇系统管理率	X_{31}	130	0.394
		65岁及以上老年人健康管理率	X_{32}	236	0.715
		居民健康建档率	X_{34}	225	0.682
		适龄儿童免疫规划疫苗接种率	X_{35}	168	0.509
		28种传染病报告发病率	X_{36}	270	0.818
基本劳动就业创业	实现程度	人均公共就业服务财政经费	X_{37}	269	0.815
		每万求职人口就业训练中心数	X_{38}	180	0.545
		社会就业支出占财政支出比重	X_{39}	277	0.839
		支持创业支出占财政支出比重	X_{40}	243	0.736
		每万人拥有职业介绍机构数	X_{43}	175	0.530
		城镇新增就业人员增长率	X_{46}	267	0.809
		劳动人事争议调解成功率	X_{47}	166	0.503
		待业人员培训率	X_{49}	198	0.600
		自主创业救助率	X_{53}	137	0.415
		创业领域"最多跑一次"服务普及率	X_{55}	159	0.482
		劳动就业领域"最多跑一次"服务普及率	X_{56}	170	0.515

续表

维度	类别	指标	标志	专家数/人	隶属度
基本社会保险	实现程度	基本生育保险财政支持增长率	X_{61}	274	0.830
		基本医疗保险金财政支持增长率	X_{62}	277	0.839
		基本养老保险财政支持增长率	X_{63}	223	0.676
		基本失业保险财政支持增长率	X_{64}	221	0.670
		基本工伤保险财政支持增长率	X_{65}	157	0.476
		基本医疗保险参保率	X_{66}	191	0.579
		基本生育保险参保率	X_{67}	277	0.839
		基本失业保险参保率	X_{68}	279	0.845
		基本养老保险参保率	X_{69}	276	0.836
		基本工伤保险参保率	X_{70}	210	0.636
基本公共文化体育	实现程度	文化事业经费占财政支出比重	X_{71}	226	0.685
		每万人拥有文化机构服务从业人员数	X_{73}	191	0.579
		每万人拥有图书馆数	X_{74}	242	0.733
		每万人拥有博物馆数	X_{75}	244	0.739
		每万人拥有的公共体育场馆数	X_{77}	164	0.497
		图书馆年流通人次	X_{78}	136	0.412
		图书出借率	X_{81}	139	0.421
		图书馆服务覆盖率	X_{82}	265	0.803
		博物馆服务覆盖率	X_{83}	253	0.767
		广播、电视人口综合覆盖率	X_{85}	228	0.691
		国民综合阅读率	X_{86}	200	0.606
基本住房保障	实现程度	住房保障经费占财政支出比重	X_{88}	258	0.782
		政府租赁补贴额	X_{89}	202	0.612
		每户平均房贷占上年家庭总支出比率	X_{90}	249	0.755
		公共租赁住房比例	X_{92}	243	0.736
		住房公积金覆盖率	X_{93}	196	0.594
		建档立卡低保户农村危房改造比例	X_{94}	265	0.803
		建档立卡贫困户农村危房改造比例	X_{95}	270	0.818
		各类棚户区改造目标完成比例	X_{97}	252	0.764
基本社会服务	实现程度	社会保障经费占财政支出比重	X_{99}	251	0.761
		基本殡葬服务支出占社会服务支出比重	X_{100}	270	0.818
		退休老年人福利补贴经费	X_{102}	182	0.552
		城市最低生活保障额	X_{103}	207	0.627
		农村最低生活保障额	X_{104}	221	0.670
		受灾人员救助比率	X_{105}	206	0.624
		公办养老服务机构占养老机构比例	X_{106}	249	0.755
		每千人社会福利企业登记数	X_{108}	248	0.752

续表

维度	类别	指标	标志	专家数/人	隶属度
残疾人基本公共服务	实现程度	残疾人基本服务支出占财政支出比重	X_{110}	210	0.636
		残疾人生活补贴额	X_{111}	201	0.609
		残疾人康复医院数	X_{112}	226	0.685
		残疾人法律援助工作站个数	X_{113}	246	0.745
		残疾人康复服务补贴额	X_{114}	234	0.709
		残疾人托养服务比率	X_{115}	152	0.461
		困难残疾和重度残疾人护理补贴覆盖率	X_{116}	257	0.779
		为残疾人提供社会服务机构个数	X_{117}	221	0.670
		公立医院年诊疗残疾人次数	X_{118}	200	0.606
基本公共教育	实施效度	中考参考率	X_{122}	226	0.685
		小学毕业考试优秀率	X_{123}	245	0.742
		中学毕业考试优秀率	X_{124}	207	0.627
		小学升学率	X_{125}	153	0.464
		中学升学率	X_{126}	150	0.455
		教室硬件设施满意度	X_{127}	217	0.658
		教师教学水平满意度	X_{128}	221	0.670
		学校文化满意度	X_{129}	250	0.758
基本医疗卫生	实施效度	门诊实际报销比	X_{132}	232	0.630
		人口死亡率	X_{133}	208	0.703
		常见病接诊率	X_{134}	153	0.464
		大病治愈率	X_{135}	234	0.709
		医院治疗好转率	X_{136}	209	0.633
		医生服务态度的满意度	X_{137}	197	0.597
		看病方便程度的满意度	X_{138}	202	0.612
		导诊服务的满意度	X_{139}	214	0.648
		就诊时长的满意度	X_{140}	123	0.373
		医疗费用收费合理性的满意度	X_{141}	160	0.485
基本劳动就业创业	实施效度	每年失业人数减少比	X_{142}	279	0.845
		国家权威机构职业技能鉴定通过率	X_{143}	239	0.724
		城镇登记失业率	X_{144}	211	0.639
		劳动合同签订率	X_{146}	206	0.624
		职业培训后就业率	X_{147}	245	0.742
		就业培训服务满意度	X_{148}	227	0.688
		对居住地就业服务的满意度	X_{149}	216	0.655
		自主创业服务满意度	X_{150}	218	0.661
		劳动人事争议调解服务满意度	X_{151}	202	0.612

续表

维度	类别	指标	标志	专家数/人	隶属度
基本社会保险	实施效度	医疗保险支付率	X_{152}	261	0.791
		失业保险替代率	X_{153}	259	0.785
		基本养老保险支付率	X_{154}	264	0.800
		基本养老保险服务满意度	X_{155}	255	0.773
		基本医疗保险服务报销满意度	X_{156}	240	0.727
		基本失业保险服务覆盖范围满意度	X_{157}	210	0.636
基本社会服务	实施效度	法律援助12348受理率（接通率）	X_{159}	243	0.736
		安置服务覆盖率	X_{160}	252	0.764
		救助服务覆盖率	X_{161}	248	0.752
		人均社会保障经费满意度	X_{162}	218	0.661
		最低生活保障额满意度	X_{163}	209	0.633
		老年人福利补贴经费满意度	X_{164}	198	0.600
基本住房保障	实施效度	农村基本住房保障覆盖率	X_{166}	190	0.576
		城市基本住房保障覆盖率	X_{168}	240	0.727
		住房公积金覆盖率满意度	X_{169}	224	0.679
		城市人均住房建筑面积满意度	X_{170}	183	0.555
		农村人均住房建筑面积满意度	X_{171}	189	0.577
		城镇棚户区住房改造满意度	X_{172}	172	0.521
基本公共文化体育	实施效度	国民体质测定达标率	X_{173}	241	0.730
		每年公共体育设施置换率	X_{174}	247	0.748
		图书馆总流通人次与人口总数之比	X_{176}	163	0.494
		图书馆基本公共文化服务的满意度	X_{177}	218	0.666
		体育场基本公共文化服务的满意度	X_{178}	197	0.597
		博物馆基本公共文化服务的满意度	X_{179}	191	0.579
残疾人基本公共服务	实施效度	辅助性就业提升就业率	X_{180}	237	0.718
		盲道普及率	X_{181}	240	0.727
		残疾人卫生间普及率	X_{182}	241	0.730
		残疾人康复服务补贴满意度	X_{184}	220	0.667
		残疾人生活补贴满意度	X_{185}	215	0.652
		无障碍环境支持满意度	X_{186}	201	0.609
		残疾人托养服务满意度	X_{187}	185	0.561

从表4-3中可以看出，"小学人均拥有教学计算机数""初中人均拥有教学计算机数""文盲或半文盲占15岁以上人口比重""政府卫生支出占卫生总费用比重""小微企业税收优惠率""自主创业孵化率""社会保障补助支出占财

政支出比重""社区活动参与率""托养残疾人比例增长率""农村贫困户人均住房建筑面积"等51项指标的隶属度小于0.321，意味着在1%的置信度下，这些指标不属于模糊集{基本公共服务均等化实现程度与实施效度评估指标}，应当剔除，这样就剩下如表4-4中的136个指标形成评估指标体系{$X2$}。

四、相关分析

本研究经过上一轮隶属度的指标筛选，遴选出进入第二轮评估共136个指标，然而，在指标体系$X2$中一些评估指标之间很可能还存在着高度的相关性，这种高度相关性的指标会导致评估信息的过度多重使用，从而极大地削减基本公共服务均等化实施效度与实现程度绩效评估结果的科学性和合理性。故此，我们还需要对具有相关性过强的指标做进一步的筛选工作，这个操作流程被称为相关性分析（correlation analysis）。指标的相关性分析过程一般主要分三个步骤：首先需要将指标无量纲化；其次，计算各个评价指标之间的简单相关系数；最后，根据研究需求和采集的数据，确定一个临界值M。由于在这个筛选阶段指标体系$X2$中包括136个指标的草集存在着大量的主观指标，若采用国家统计年鉴，东、中、西部各省、市、县的统计年鉴，以及各省所辖各县级行政区划的统计年鉴和相关专业部门统计年鉴的客观指标数据，则只能对客观指标实现数据收集，无法对基本公共服务均等化实施效度指标体系中的主观指标进行甄别，因此本部分的数据来源如隶属度所述，主要来自德尔菲法的专家经验值，具体操作是设计出针对指标的不同维度、类别对指标之间的相关性和重要性做出综合判断的五级专家打分表。这样可以对所有指标进行鉴别，较好地规避了上述问题。设置五级打分量表，1、2、3、4、5五个梯度分别代表"非常不重要、重复性强""比较不重要、重复性较强""一般""比较重要、重复性较低""非常重要、重复性很低"。[1]

本研究基于相关分析的理论原理，首先计算各个评价指标之间的简单相关系

---

[1] 张怡梦，我国西部地区生态脆弱性评估：面向西部45个城市的探索性研究[J].统计与信息论坛,2018(07):21-34.

数 R_{xy}，计算公式为

$$R_{xy} = \frac{\sum_{k=1}^{n}(Z_{kx}-\bar{Z}_x)(Z_{ky}-\bar{Z}_y)}{\sqrt{\sum_{k=1}^{n}(Z_{kx}-\bar{Z}_x)^2(Z_{ky}-\bar{Z}_y)^2}}$$

在实际操作中，我们对理论、实践、利益相关人员共发放问卷150份，有效回收120份，之后将收集来的120份问卷数据导入SPSS 22.0软件中，可直接计算指标间的简单相关系数。在具体分析过程中，我们对相同维度内的指标进行了两两配对比较。研究按照统计学原理，相关系数一般可分为三级：|R|<0.4为低度线性相关，0.4≤|R|<0.7为显著性相关，0.7≤|R|<1为高度线性相关。实践界和学术界通常认为相关系数不小于0.7的两个指标具备高度相关性。[1] 本研究将指标之间的相关系数临界值确定为0.7，进而删除那些隶属度低而相关性高的指标，实现更好地减少指标重复反映信息造成偏差的评估结果。本研究按照这一原则，在此轮筛选流程中将相关系数大于0.7的指标删除，即将所有两两相关中|R|不小于0.7（同时隶属度也比较低）的一项指标都进行了删除。

本研究计划在上述研究步骤输入SPSS 22.0软件数据的基础上，对相同基本公共服务均等化领域内的评价指标进行两两配对比较，经相关系数比较，随后再与特定经验临界值相比较，进而将小于临界值的指标删掉。为了行文简练，下文以"实现程度"中"基本公共教育"和"实现效度"中"基本医疗卫生"维度下的各指标相关性为例详细展示在特定维度下如何判断相关性（见表4-5，此处为更新后的指标代码），并将相关度高、隶属度低的指标删掉。其他指标的筛选过程与此相同，此处不详细展示每一个维度的操作过程，只将筛选的结果呈现在文后（见表4-6，此处为更新后的指标代码）。通过运用SPSS 22.0进行相关分析，本研究得到了由136个指标构成的相关系数矩阵。在相关系数矩阵中共有34对评估指标相关系数大于0.7的临界值，我们删除了其中隶属度相对较低的34个

---

[1] 范柏乃,朱华.我国地方政府绩效评价体系的构建和实际测度[J].政治学研究,2005(1):84-95.

评估指标。其余 102 个指标两两相关的系数都小于 0.7,表明这些评价指标之间彼此交叉很小,因此全部予以保留,因而共保留其中 102 个评估指标构成第三轮筛选指标 $X3$(见表 4-7)。

表 4-5 均等化"实现程度"中"基本公共教育"维度下的指标相关性

指标	X_1	X_2	X_3	X_4	X_5	X_6	X_7	X_8	X_9	X_{10}	隶属度
X_1	1.00	0.429**	0.019	0.082	0.263**	0.03	0.04	0.21	0.13	0.053	0.691
X_2	0.429**	1.00	0.102	0.102	0.393**	0.190*	0.240**	0.277**	0.190*	0.211*	0.861
X_3	0.019	0.102	1.00	0.158	0.108	0.10	0.195*	0.071	0.240**	0.035	0.785
X_4	0.082	0.102	0.158	1.00	0.300*	0.247**	0.181*	0.051	0.088	0.118	0.752
X_5	0.263**	0.393**	0.108	0.300*	1.00	0.265**	0.198*	0.016	0.091	0.117	0.733
X_6	0.03	0.190*	0.10	0.247**	0.265**	1.00	0.737**	0.188*	0.209*	0.044	0.409
X_7	0.04	0.240**	0.195*	0.181*	0.198*	0.737**	1.00	0.248**	0.198*	0.007	0.403
X_8	0.21	0.277**	0.071	0.051	0.016	0.188*	0.248**	1.00	0.088	0.385**	0.733
X_9	0.13	0.190*	0.240**	0.088	0.091	0.209*	0.198*	0.088	1.00	0.072	0.715
X_{10}	0.053	0.211*	0.035	0.118	0.117	0.044	0.007	0.385**	0.072	1.00	0.676

说明:**,相关性在 0.01 层上显著(双尾);*,相关性在 0.05 层上显著(双尾);其他均为 0.000。

指标两两之间的相关性比较是基于一定顺序的,从第一列指标(表格中的第二列)起依次比较两两相关系数,如果评价指标之间具有显著相关性,再对比其隶属度的大小进而删除隶属度较小的指标。以表 4-5 中指标类别"实现程度"中"基本公共教育"维度下的 10 个指标为例,其筛选过程如下:首先由第二列指标 X_1(基础教育经费占财政支出比重)出发比较相关系数,它与 X_2(普通小学生人均公共财政教育经费)相关系数为 0.429,代表二者之间显著相关,说明指标之间交叉性较强,应该基于它们之间隶属度大小进行二选一删除。继而比较 X_6(普通小学每千人学校数)与 X_7(普通初中每千人学校数)相关性,其系数为 0.813,

代表二者之间高度线性相关，因此对这两个指标进行全部剔除。除此，X_2（普通小学生人均公共财政教育经费）与 X_3（普通初中生人均公共财政教育经费）相关系数为 0.102，代表二者具有低线性相关性，说明它们之间交叉性较弱，在这个环节中，两个指标均保留。最终将指标 X_1、X_6、X_7 进行删除，结束该流程下的指标筛选。对于其他维度与类别下的指标以此类推，对于其维度下指标少于 2 个的指标，不参与此过程。

表 4-6　均等化"实施效度"中"基本医疗卫生"维度下的指标相关性

指标	X_1	X_2	X_3	X_4	X_5	X_6	X_7	X_8	X_9	X_{10}	隶属度
X_1	1.00	0.533**	0.006	0.004	0.180*	0.139	0.105	0.242**	0.241**	0.095	0.630
X_2	0.533**	1.00	0.122	0.190*	0.388**	0.127	0.006	0.326**	0.265**	0.097	0.703
X_3	0.006	0.122	1.00	0.753**	0.216*	0.088	0.246**	0.230*	0.224*	0.125	0.464
X_4	0.004	0.190*	0.753**	1.00	0.125	0.092	0.138	0.211*	0.135	0.071	0.709
X_5	0.180*	0.388**	0.216*	0.125	1.00	0.118	0.341**	0.080	0.057	0.071	0.633
X_6	0.139	0.127	0.088	0.092	0.118	1.00	0.306**	0.111	0.155	0.143	0.597
X_7	0.105	0.006	0.246**	0.138	0.341**	0.306**	1.00	0.056	0.078	0.001	0.612
X_8	0.242**	0.326**	0.230*	0.211*	0.080	0.111	0.056	1.00	0.171	0.000	0.648
X_9	0.241**	0.265**	0.224*	0.135	0.057	0.155	0.078	0.171	1.00	0.580*	0.373
X_{10}	0.095	0.097	0.125	0.071	0.071	0.143	0.001	0.000	0.580*	1.00	0.485

说明：**，相关性在 0.01 层上显著（双尾）；*，相关性在 0.05 层上显著（双尾）；其他均为 0.000。

从表 4-6 中可以看出，指标 X_1（门诊实际报销比）与指标 X_2（人口死亡率）的相关系数为 0.533，代表二者之间显著相关，说明指标之间交叉性较强，应该基于他们之间隶属度大小进行二选一删除。指标 X_3（常见病接诊率）与 X_4（大病治愈率）相关系数为 0.753，代表二者之间高度线性相关，因此对这两个指标进行全部剔除。在这个维度下，指标 X_1、X_3、X_4 给以删除，不再参与下一轮的指标筛选流程。

经过对每种类别每个维度中指标的两两配对比较，本环节删除了34个不合格指标后形成了表4-7的指标体系 $\{X_3\}$，共102个评价指标，其中包括指标显著性水平过大而无法进行比较的极少指标，包括"人均受基础教育年限""适龄儿童免疫规划疫苗接种率""居民健康建档率""城镇登记失业率"等基本公共服务均等化实施效度与实现程度评估指标。

表 4-7　经过相关性分析后的指标集 X_3

维度	类别	指标	标志
基本公共教育	实现程度	普通小学生人均公共财政教育经费	X_2
		普通初中生人均公共财政教育经费	X_3
		普通小学师生比	X_4
		普通初中师生比	X_5
		普通小学毕业率	X_{13}
		普通初中毕业率	X_{14}
		人均受基础教育年限	X_{18}
基本医疗卫生	实现程度	医疗卫生支出占公共财政支出比重	X_{21}
		每千人拥有卫生技术人员数	X_{22}
		每千人拥有公共医疗卫生机床位数	X_{23}
		孕产妇系统管理率	X_{31}
		公立医院病床使用率	X_{30}
		居民健康建档率	X_{34}
		适龄儿童免疫规划疫苗接种率	X_{35}
基本劳动就业创业	实现程度	社会就业支出占财政支出比重	X_{39}
		支持创业支出占财政支出比重	X_{40}
		每万人拥有职业介绍机构数	X_{43}
		劳动人事争议调解成功率	X_{47}
		待业人员培训率	X_{49}
		创业领域"最多跑一次"服务普及率	X_{55}
		劳动就业领域"最多跑一次"服务普及率	X_{56}
基本社会保险	实现程度	基本生育保险财政支持增长率	X_{61}
		基本养老保险财政支持增长率	X_{63}
		基本失业保险财政支持增长率	X_{64}
		基本工伤保险财政支持增长率	X_{65}
		基本生育保险参保率	X_{67}
		基本失业保险参保率	X_{68}
		基本养老保险参保率	X_{69}
		基本工伤保险参保率	X_{70}

续表

维度	类别	指标	标志
基本公共文化体育	实现程度	文化事业经费占财政支出比重	X_{71}
		每万人拥有文化机构服务从业人员数	X_{73}
		每万人拥有图书馆数	X_{74}
		每万人拥有的公共体育场馆数	X_{77}
		图书馆年流通人次	X_{78}
		文化馆（站）年服务人次	X_{80}
		图书馆服务覆盖率	X_{83}
		广播、电视人口综合覆盖率	X_{85}
		国民综合阅读率	X_{86}
基本住房保障	实现程度	住房保障经费占财政支出比重	X_{88}
		每户平均房贷占上年家庭总支出比率	X_{90}
		住房公积金覆盖率	X_{93}
		各类棚户区改造目标完成比例	X_{97}
基本社会服务	实现程度	社会保障经费占财政支出比重	X_{99}
		城市最低生活保障额	X_{103}
		农村最低生活保障额	X_{104}
		受灾人员救助比率	X_{105}
		公办养老服务机构占养老机构比例	X_{106}
		每千人社会福利企业登记数	X_{108}
残疾人基本公共服务	实现程度	残疾人基本服务支出占财政支出比重	X_{110}
		残疾人生活补贴额	X_{111}
		残疾人法律援助工作站个数	X_{113}
		残疾人托养服务比率	X_{115}
		困难残疾和重度残疾人护理补贴覆盖率	X_{116}
		为残疾人提供社会服务机构个数	X_{117}
基本公共教育	实现效度	中考参考率	X_{122}
		小学毕业考试优秀率	X_{123}
		中学毕业考试优秀率	X_{124}
		小学升学率	X_{125}
		教室硬件设施满意度	X_{127}
		教师教学水平满意度	X_{128}
		学校文化满意度	X_{129}
基本医疗卫生	实现效度	人口死亡率	X_{133}
		医院治疗好转率	X_{136}
		医生服务态度的满意度	X_{137}
		看病方便程度的满意度	X_{138}
		导诊服务的满意度	X_{139}
		医疗费用收费合理性的满意度	X_{141}

续表

维度	类别	指标	标志
基本劳动就业创业	实现效度	城镇登记失业率	X_{144}
		劳动合同签订率	X_{146}
		就业培训服务满意度	X_{148}
		自主创业服务满意度	X_{150}
		劳动人事争议调解服务满意度	X_{151}
基本社会保险	实现效度	医疗保险支付率	X_{152}
		失业保险替代率	X_{153}
		基本养老保险支付率	X_{154}
		基本养老保险服务满意度	X_{155}
		基本医疗保险服务报销满意度	X_{156}
		基本失业保险服务覆盖范围满意度	X_{157}
基本社会服务	实现效度	安置服务覆盖率	X_{160}
		救助服务覆盖率	X_{161}
		人均社会保障经费满意度	X_{162}
		最低生活保障额满意度	X_{163}
		老年人福利补贴经费满意度	X_{164}
基本住房保障	实现效度	农村基本住房保障覆盖率	X_{166}
		城市基本住房保障覆盖率	X_{168}
		住房公积金覆盖率满意度	X_{169}
		城市人均住房建筑面积满意度	X_{170}
		农村人均住房建筑面积满意度	X_{171}
		城镇棚户区住房改造满意度	X_{172}
基本公共文化体育	实现效度	国民体质测定达标率	X_{173}
		每年公共体育设施置换率	X_{174}
		图书馆基本公共文化服务的满意度	X_{177}
		体育场基本公共文化服务的满意度	X_{178}
		博物馆基本公共文化服务的满意度	X_{179}
残疾人基本公共服务	实现效度	辅助性就业提升就业率	X_{180}
		残疾人康复服务补贴满意度	X_{184}
		残疾人生活补贴满意度	X_{185}
		无障碍环境支持满意度	X_{186}
		残疾人托养服务满意度	X_{187}

评估指标在相关性检验环节中，"基础教育经费占财政支出比重""普通小学每千人学校数""普通初中每千人学校数"等34个指标因与其研究维度下隶属度更高的指标存在较高的相关系数，本研究为了保证评价指标的质量，也为后期的实证评估奠定基础，删除了以上这些属性的评价指标。

五、鉴别力分析

在构建任何评估体系的过程中都会遇到一个无法避开的问题即对评估指标体系的鉴别力开展分析。评估指标鉴别力就是指评估指标用以辨别区分指标对象的特征和差异的鉴别能力。本研究通过指标的相关性检验，基本上已经克服了指标鉴别能力重复的难题，但还是有可能存在评价指标鉴别能力凸显偏态集中问题，即部分指标偏态性地呈现高低相同的现象。如果某一个评估指标在不同研究对象区域的得分相差很小，我们就认为该评估指标对基本公共服务均等化实施效度与实现程度的辨别力比较低，应该予以删除；反之，若得分有明显的区分度，则说明该评价指标可以很好地识别不同研究对象区域的基本公共服务均等化实施效度与实现程度的现状，本研究应该保留。[1] 对于此研究问题，尽管目前解决方法都还存在着些许窘境，但相对来说，变差系数法是一种比较好的解决方式（范柏乃，2005）。如果评估指标的变差系数越小，则说明该指标鉴别能力就越差，换言之，评价指标区分评价对象特征差异的功能也就越弱，应在指标体系筛选过程中给予删除。

本节利用变差系数实现消除指标偏态的问题。首先，依据变差系数的特性，我们对剩余的102个指标进行主观、客观区分，搜集本研究对象的客观数据，并对这些数据进行指标变差系数计算，将变差系数偏小的指标予以删除，如表4-8所示。数据主要来源于我国东部、中部、西部区域选取部分省、市、县（2013—2018年）的统计年鉴和相关专业部门统计年鉴等资料、统计公报、行政记录、政府网站等各种可搜集资料的平台。

变差计算一般式为

$$V_x = \frac{S_x}{\bar{I}_x} \times 100\%$$

其中，$\bar{I}_x = \frac{1}{n}\sum_{x=1}^{n} I_x$ 是指标的均值，$S_x = \sqrt{\frac{1}{n-1}(I_x - \bar{I}_x)}$ 是指标的标准差。本研究计划在SPSS 22.0软件中统计计算出剩余指标的变差系数，删除那些变差系数不在

---

[1] 张怡梦.中国西部生态脆弱性与政府绩效协同评估：面向西部45个城市的实证研究[J].中国软科学,2018(09):25-38.

$\bar{I}_x \pm 3S_x$ 范围内的指标。此处仅以基本公共教育领域、基本医疗卫生下的客观指标的变差系数为例详细计算演示过程（如表4-11、4-12所示）。

表4-8 指标主客观分类及指标数据来源

指标类别	维度	指标	标志	指标来源	功效
客观指标	基本公共教育	普通小学生人均公共财政教育经费	X_2	中国教育经费统计年鉴、中国教育统计年鉴、中国统计年鉴	正向
		普通中学生人均公共财政教育经费	X_3		正向
		普通小学生师比	X_4		负向
		普通初中生师比	X_5		负向
		普通小学毕业率	X_{13}		正向
		普通初中毕业率	X_{14}		正向
		人均受基础教育年限	X_{18}		正向
		中考参考率	X_{122}		正向
		小学毕业考试优秀率	X_{123}		正向
		中学毕业考试优秀率	X_{124}		正向
		小学升学率	X_{125}		正向
	基本医疗卫生	医疗卫生支出占公共财政支出比重	X_{21}	中国统计年鉴、中国卫生和计划生育统计年鉴、中国社会统计年鉴	正向
		每千人拥有卫生技术人员数	X_{22}		正向
		每千人拥有公共医疗卫生机床位数	X_{23}		正向
		孕产妇系统管理率	X_{31}		正向
		公立医院病床使用率	X_{30}		正向
		居民健康建档率	X_{34}		正向
		适龄儿童免疫规划疫苗接种率	X_{35}		正向
		人口死亡率	X_{133}		负向
		医院治疗好转率	X_{136}		正向
	基本劳动就业创业	社会就业支出占财政支出比重	X_{39}	中国统计年鉴、中国社会统计年鉴、中国劳动统计年鉴	正向
		支持创业支出占财政支出比重	X_{40}		正向
		每万人拥有职业介绍机构数	X_{43}		正向
		劳动人事争议调解成功率	X_{47}		正向
		待业人员培训率	X_{49}		正向
		创业领域"最多跑一次"服务普及率	X_{55}		正向
		劳动就业"最多跑一次"服务普及率	X_{56}		正向
		城镇登记失业率	X_{144}		正向
		劳动合同签订率	X_{146}		正向
	基本社会保险	基本生育保险财政支持增长率	X_{61}	中国统计年鉴、中国社会统计年鉴、政府网站	正向
		基本养老保险财政支持增长率	X_{63}		正向
		基本失业保险财政支持增长率	X_{64}		正向
		基本工伤保险财政支持增长率	X_{65}		正向
		基本生育保险参保率	X_{67}		正向
		基本失业保险参保率	X_{68}		正向
		基本养老保险参保率	X_{69}		正向
		基本工伤保险参保率	X_{70}		正向
		医疗保险支付率	X_{152}		正向
		失业保险替代率	X_{153}		正向
		基本养老保险支付率	X_{154}		正向

续表

指标类别	维度	指标	标志	指标来源	功效
客观指标	基本公共文化体育	文化事业经费占财政支出比重	X_{71}	中国统计年鉴、中国文化文物统计年鉴、中国社会统计年鉴	正向
		每万人拥有文化机构服务从业人员数	X_{73}		正向
		每万人拥有图书馆数	X_{74}		正向
		每万人拥有的公共体育场馆数	X_{77}		正向
		图书馆年流通人次	X_{78}		正向
		文化馆（站）年服务人次	X_{80}		正向
		图书馆服务覆盖率	X_{83}		正向
		广播、电视人口综合覆盖率	X_{85}		正向
		国民综合阅读率	X_{86}		正向
		国民体质测定达标率	X_{173}		正向
		每年公共体育设施置换率	X_{174}		正向
	基本住房保障	住房保障经费占财政支出比重	X_{88}	中国统计年鉴、中国社会统计年鉴	正向
		每户平均房贷占上年家庭总支出比率	X_{90}		负向
		住房公积金覆盖率	X_{93}		正向
		各类棚户区改造目标完成比例	X_{97}		正向
		农村基本住房保障覆盖率	X_{166}		正向
		城市基本住房保障覆盖率	X_{168}		正向
	基本社会服务	社会保障经费占财政支出比重	X_{99}	中国统计年鉴、中国社会统计年鉴、统计公报	正向
		城市最低生活保障额	X_{103}		正向
		农村最低生活保障额	X_{104}		正向
		受灾人员救助比率	X_{105}		正向
		公办养老服务机构占养老机构比例	X_{106}		正向
		每千人社会福利企业登记数	X_{108}		正向
		社区服务机构覆盖率	X_{160}		正向
		社会殡葬服务单位数	X_{161}		正向
	残疾人基本公共服务	残疾人基本服务支出占财政支出比重	X_{110}	中国统计年鉴、中国社会统计年鉴、政府网站	正向
		残疾人生活补贴额	X_{111}		正向
		残疾人法律援助工作站个数	X_{113}		正向
		残疾人托养服务比率	X_{115}		正向
		困难和重度残疾人护理补贴覆盖率	X_{116}		正向
		为残疾人提供社会服务机构个数	X_{117}		正向
		辅助性就业提升就业率	X_{180}		正向
主观指标	基本公共教育	基本医疗保险服务报销满意度	X_{127}	问卷调查、抽样调查、深度访谈、统计分析	—
		基本失业保险服务覆盖范围满意度	X_{128}		—
		学校文化满意度	X_{129}		—
	基本医疗卫生	医生服务态度的满意度	X_{137}		—
		看病方便程度的满意度	X_{138}		—
		导诊服务的满意度	X_{139}		—
		医疗费用收费合理性的满意度	X_{141}		—
	基本劳动就业创业	就业培训服务满意度	X_{148}		—
		自主创业服务满意度	X_{150}		—
		劳动人事争议调解服务满意度	X_{151}		—
	基本社会保险	基本养老保险服务满意度	X_{155}		—
		基本医疗保险服务报销满意度	X_{156}		—
		基本失业保险服务覆盖范围满意度	X_{157}		—
	基本社会服务	人均社会保障经费满意度	X_{162}		—
		最低生活保障额满意度	X_{163}		—
		老年人福利补贴经费满意度	X_{164}		—

续表

指标类别	维度	指标	标志	指标来源	功效
主观指标	基本住房保障	住房公积金覆盖率满意度	X_{169}	问卷调查、抽样调查、深度访谈、统计分析	—
		城市人均住房建筑面积满意度	X_{170}		—
		农村人均住房建筑面积满意度	X_{171}		—
		城镇棚户区住房改造满意度	X_{172}		—
	基本公共文化体育	图书馆基本公共文化服务的满意度	X_{177}		—
		体育场基本公共文化服务的满意度	X_{178}		—
		博物馆基本公共文化服务的满意度	X_{179}		—
	残疾人基本公共服务	残疾人康复服务补贴满意度	X_{184}		—
		残疾人生活补贴满意度	X_{185}		—
		无障碍环境支持满意度	X_{186}		—
		残疾人托养服务满意度	X_{187}		—

注释：此处数据主要来源于我国东部、中部、西部三个省、市、县级政府代表。以国家统计数据库、《中国社会统计年鉴（2013—2018）》《中国城市统计年鉴（2013—2018）》《中国省市经济发展年鉴（2013—2018）》《中国县域统计年鉴（县市卷）2013—2018》相关数据为主。

为行文的可读性，此处仅展示基本公共教育与医疗卫生领域指标的相关值，如表4-9、4-10所示。

表4-9 基本公共教育指标值

指标维度	指标	标志	指标均值	标准差	变差系数
基本公共教育	普通小学生人均公共财政教育经费	X_2	7734.287	963.97	0.125
	普通中学生人均公共财政教育经费	X_3	12137.38	5162.49	0.425
	普通小学师生比	X_4	17.411	2.981	0.171
	普通初中师生比	X_5	12.191	1.507	0.124
	普通小学毕业率	X_{13}	92.7	2.77	0.03
	普通初中毕业率	X_{14}	96	1.23	0.013
	人均受基础教育年限	X_{18}	5.27	0.78	0.148
	中考参考率	X_{122}	94.98	0.873	0.009
	小学毕业考试优秀率	X_{123}	65.46	5.15	0.078
	中学毕业考试优秀率	X_{124}	56.86	4.57	0.080
	小学升学率	X_{125}	98.43	0.189	0.002

注释：人均受基础教育年限=（文盲人口数量×1+接受小学教育的人口数量×6+接受初中教育的人口数量×9）/（文盲人口数量+接受小学教育的人口数量+接受初中教育的人口数量），小学（初中）毕业率=同年毕业生数除以同年招生人数。小学（初中）毕业考试优秀率数据搜集采用随机抽选东、中、西部学校（问卷调查）的方式。

表 4-10 基本医疗卫生指标值

指标维度	指标	标志	指标均值	标准差	变差系数
基本医疗卫生	医疗卫生支出占公共财政支出比重	X_{21}	31.467	4.871	0.155
	每千人拥有卫生技术人员数	X_{22}	4.64	0.278	0.06
	每千人拥有公共医疗卫生机床位数	X_{23}	4.25	0.076	0.018
	孕产妇系统管理率	X_{31}	91.76	7.961	0.087
	公立医院病床使用率	X_{30}	92.67	4.671	0.05
	居民健康建档率	X_{34}	75.49	6.4	0.085
	适龄儿童免疫规划疫苗接种率	X_{35}	93.33	3.4	0.037
	人口死亡率	X_{133}	6.74	0.42	0.062
	医院治疗好转率	X_{136}	56.65	0.14	0.003

注释:医院治疗好转率=报告期内好转人数/同期住院人数×100%。医院治疗好转率数据通过随机发放问卷,回收整理计算所得。

最终,本研究删除掉变差系数偏小的17个指标,包括"中考参考率""小学升学率""医院治疗好转率""国民综合阅读率"等。保留了56个定量指标,和29个定性指标共同构成本研究基本公共服务均等化评估最终指标体系,从而最终筛选出一套指标体系 {I},如表4-12所示,共包含定量与定性相结合的85个指标。通过本轮的指标实证筛选工作,可以有效缓解定性数据过多可能导致的主观化或客观数据偏多导致的绝对化。

表 4-11 指标变差系数

指标类别	维度	指标	标志	变差系数
客观指标	基本公共教育	普通小学生人均公共财政教育经费	X_2	0.125
		普通中学生人均公共财政教育经费	X_3	0.425
		普通小学师生比	X_4	0.171
		普通初中师生比	X_5	0.124
		普通小学毕业率	X_{13}	0.03
		普通初中毕业率	X_{14}	0.013
		人均受基础教育年限	X_{18}	0.148
		中考参考率	X_{122}	0.009**
		小学毕业考试优秀率	X_{123}	0.078
		中学毕业考试优秀率	X_{124}	0.080
		小学升学率	X_{125}	0.002**

续表

指标类别	维度	指标	标志	变差系数
客观指标	基本医疗卫生	医疗卫生支出占公共财政支出比重	X_{21}	0.155
		每千人拥有卫生技术人员数	X_{22}	0.06
		每千人拥有公共医疗卫生机床位数	X_{23}	0.018
		孕产妇系统管理率	X_{31}	0.087
		公立医院病床使用率	X_{30}	0.05
		居民健康建档率	X_{34}	0.085
		适龄儿童免疫规划疫苗接种率	X_{35}	0.037
		人口死亡率	X_{133}	0.062
		医院治疗好转率	X_{136}	0.009**
	基本劳动就业创业	社会就业支出占财政支出比重	X_{39}	0.316
		支持创业支出占财政支出比重	X_{40}	0.324
		每万人拥有职业介绍机构数	X_{43}	0.754
		劳动人事争议调解成功率	X_{47}	0.004**
		待业人员培训率	X_{49}	0.001**
		创业领域"最多跑一次"服务普及率	X_{55}	0.532
		劳动就业领域"最多跑一次"服务普及率	X_{56}	0.673
		城镇登记失业率	X_{144}	0.062
		劳动合同签订率	X_{146}	0.166
	基本社会保险	基本生育保险财政支持增长率	X_{61}	0.678
		基本养老保险财政支持增长率	X_{63}	0.865
		基本失业保险财政支持增长率	X_{64}	0.645
		基本工伤保险财政支持增长率	X_{65}	0.521
		基本生育保险参保率	X_{67}	0.724
		基本失业保险参保率	X_{68}	0.645
		基本养老保险参保率	X_{69}	0.536
		基本工伤保险参保率	X_{70}	0.664
		医疗保险支付率	X_{152}	0.256
		失业保险替代率	X_{153}	0.176
		基本养老保险支付率	X_{154}	0.547
	基本公共文化体育	文化事业经费占财政支出比重	X_{71}	0.194
		每万人拥有文化机构服务从业人员数	X_{73}	0.008**
		每万人拥有图书馆数	X_{74}	0.283
		每万人拥有的公共体育场馆数	X_{77}	0.746
		图书馆年流通人次	X_{78}	0.749
		文化馆(站)年服务人次	X_{80}	0.001**
		图书馆服务覆盖率	X_{83}	0.042
		广播、电视人口综合覆盖率	X_{85}	0.013
		国民综合阅读率	X_{86}	0.002**
		国民体质测定达标率	X_{173}	0.003**
		每年公共体育设施置换率	X_{174}	0.007**

续表

指标类别	维度	指标	标志	变差系数
客观指标	基本住房保障	住房保障经费占财政支出比重	X_{88}	0.367
		每户平均房贷占上年家庭总支出比率	X_{90}	0.006**
		住房公积金覆盖率	X_{93}	0.037**
		各类棚户区改造目标完成比例	X_{97}	0.367
		农村基本住房保障覆盖率	X_{166}	0.125
		城市基本住房保障覆盖率	X_{168}	0.423
	基本社会服务	社会保障经费占财政支出比重	X_{99}	0.242
		城市最低生活保障额	X_{103}	0.418
		农村最低生活保障额	X_{104}	0.402
		受灾人员救助比率	X_{105}	0.001**
		公办养老服务机构占养老机构比例	X_{106}	0.006**
		每千人社会福利企业登记数	X_{108}	0.874
		社区服务机构覆盖率	X_{160}	0.957
		社会殡葬服务单位数	X_{161}	0.438
	残疾人基本公共服务	残疾人基本服务支出占财政支出比重	X_{110}	0.341
		残疾人生活补贴额	X_{111}	0.211
		残疾人法律援助工作站个数	X_{113}	0.005**
		残疾人托养服务比率	X_{115}	0.532
		困难残疾和重度残疾人护理补贴覆盖率	X_{116}	0.765
		为残疾人提供社会服务机构个数	X_{117}	0.891
		辅助性就业提升就业率	X_{180}	0.0573
主观指标	基本公共教育	教室硬件设施满意度	X_{127}	—
		教师教学水平满意度	X_{128}	—
		学校文化满意度	X_{129}	—
	基本医疗卫生	医生服务态度的满意度	X_{137}	—
		看病方便程度的满意度	X_{138}	—
		导诊服务的满意度	X_{139}	—
		医疗费用收费合理性的满意度	X_{141}	—
	基本劳动就业创业	就业培训服务满意度	X_{148}	—
		自主创业服务满意度	X_{150}	—
		劳动人事争议调解服务满意度	X_{151}	—
	基本社会保险	基本养老保险服务满意度	X_{155}	—
		基本医疗保险服务报销满意度	X_{156}	—
		基本失业保险服务覆盖范围满意度	X_{157}	—
	基本社会服务	人均社会保障经费满意度	X_{162}	—
		最低生活保障满意度	X_{163}	—
		老年人福利补贴满意度	X_{164}	—
	基本住房保障	住房公积金覆盖率满意度	X_{169}	—
		城市人均住房保障满意度	X_{170}	—
		农村人均住房保障满意度	X_{171}	—
		城镇棚户区住房改造满意度	X_{172}	—
	基本公共文化体育	图书馆基本公共文化服务的满意度	X_{177}	—
		体育场基本公共文化服务的满意度	X_{178}	—
		博物馆基本公共文化服务的满意度	X_{179}	—
	残疾人基本公共服务	残疾人康复服务补贴满意度	X_{184}	—
		残疾人生活补贴满意度	X_{185}	—
		无障碍环境支持满意度	X_{186}	—
		残疾人托养服务满意度	X_{187}	—

注释：**代表变差系数过小不在范围内的指标。此过程的每一个指标数据均选取我国东部、中部、西部省级政府在2013—2018年间中的2—6年段进行计算得出。

表 4-12 变差系数筛选下的指标体系 {/}

指标类别	维度	指标	标志	变差系数
客观指标	基本公共教育	普通小学生人均公共财政教育经费	X_2	0.125
		普通中学生人均公共财政教育经费	X_3	0.425
		普通小学师生比	X_4	0.171
		普通初中师生比	X_5	0.124
		普通小学毕业率	X_{13}	0.03
		普通初中毕业率	X_{14}	0.013
		人均受基础教育年限	X_{18}	0.148
		中考参考率	X_{122}	0.009**
		小学毕业考试优秀率	X_{123}	0.078
		中学毕业考试优秀率	X_{124}	0.080
		小学升学率	X_{125}	0.002**
	基本医疗卫生	医疗卫生支出占公共财政支出比重	X_{21}	0.155
		每千人拥有卫生技术人员数	X_{22}	0.06
		每千人拥有公共医疗卫生机床位数	X_{23}	0.018
		孕产妇系统管理率	X_{31}	0.087
		公立医院病床使用率	X_{30}	0.05
		居民健康建档率	X_{34}	0.085
		适龄儿童免疫规划疫苗接种率	X_{35}	0.037
		人口死亡率	X_{133}	0.062
		医院治疗好转率	X_{136}	0.009**
	基本劳动就业创业	社会就业支出占财政支出比重	X_{39}	0.316
		支持创业支出占财政支出比重	X_{40}	0.324
		每万人拥有职业介绍机构数	X_{43}	0.754
		劳动人事争议调解成功率	X_{47}	0.004**
		待业人员培训率	X_{49}	0.001**
		创业领域"最多跑一次"服务普及率	X_{55}	0.532
		劳动就业领域"最多跑一次"服务普及率	X_{56}	0.673
		城镇登记失业率	X_{144}	0.062
		劳动合同签订率	X_{146}	0.166
	基本社会保险	基本生育保险财政支持增长率	X_{61}	0.678
		基本养老保险财政支持增长率	X_{63}	0.865
		基本失业保险财政支持增长率	X_{64}	0.645
		基本工伤保险财政支持增长率	X_{65}	0.521
		基本生育保险参保率	X_{67}	0.724
		基本失业保险参保率	X_{68}	0.645
		基本养老保险参保率	X_{69}	0.536
		基本工伤保险参保率	X_{70}	0.664
		医疗保险支付率	X_{152}	0.256
		失业保险替代率	X_{153}	0.176
		基本养老保险支付率	X_{154}	0.547

续表

指标类别	维度	指标	标志	变差系数
客观指标	基本公共文化体育	文化事业经费占财政支出比重	X_{71}	0.194
		每万人拥有文化机构服务从业人员数	X_{73}	0.008**
		每万人拥有图书馆数	X_{74}	0.283
		每万人拥有的公共体育场馆数	X_{77}	0.746
		图书馆年流通人次	X_{78}	0.749
		文化馆（站）年服务人次	X_{80}	0.001**
		图书馆服务覆盖率	X_{83}	0.042
		广播、电视人口综合覆盖率	X_{85}	0.013
		国民综合阅读率	X_{86}	0.002**
		国民体质测定达标率	X_{173}	0.003**
		每年公共体育设施置换率	X_{174}	0.007**
	基本住房保障	住房保障经费占财政支出比重	X_{88}	0.367
		每户平均房贷占上年家庭总支出比率	X_{90}	0.006**
		住房公积金覆盖率	X_{93}	0.037**
		各类棚户区改造目标完成比例	X_{97}	0.367
		农村基本住房保障覆盖率	X_{166}	0.125
		城市基本住房保障覆盖率	X_{168}	0.423
	基本社会服务	社会保障经费占财政支出比重	X_{99}	0.242
		城市最低生活保障额	X_{103}	0.418
		农村最低生活保障额	X_{104}	0.402
		受灾人员救助比率	X_{105}	0.001**
		公办养老服务机构占养老机构比例	X_{106}	0.006**
		每千人社会福利企业登记数	X_{108}	0.874
		社区服务机构覆盖率	X_{160}	0.957
		社会殡葬服务单位数	X_{161}	0.438
	残疾人基本公共服务	残疾人基本服务支出占财政支出比重	X_{110}	0.341
		残疾人生活补贴额	X_{111}	0.211
		残疾人法律援助工作站个数	X_{113}	0.005**
		残疾人托养服务比率	X_{115}	0.532
		困难残疾和重度残疾人护理补贴覆盖率	X_{116}	0.765
		为残疾人提供社会服务机构个数	X_{117}	0.891
		辅助性就业提升就业率	X_{180}	0.0573
主观指标	基本公共教育	教室硬件设施满意度	X_{127}	—
		教师教学水平满意度	X_{128}	—
		学校文化满意度	X_{129}	—
	基本医疗卫生	医生服务态度的满意度	X_{137}	—
		看病方便程度的满意度	X_{138}	—
		导诊服务的满意度	X_{139}	—
		医疗费用收费合理性的满意度	X_{141}	—
	基本劳动就业创业	就业培训服务满意度	X_{148}	—
		自主创业服务满意度	X_{150}	—
		劳动人事争议调解服务满意度	X_{151}	—

续表

指标类别	维度	指标	标志	变差系数
主观指标	基本社会保险	基本养老保险服务满意度	X_{155}	—
		基本医疗保险服务报销满意度	X_{156}	—
		基本失业保险服务覆盖范围满意度	X_{157}	—
	基本社会服务	人均社会保障经费满意度	X_{162}	—
		最低生活保障满意度	X_{163}	—
		老年人福利补贴满意度	X_{164}	—
	基本住房保障	住房公积金覆盖率满意度	X_{169}	—
		城市人均住房保障满意度	X_{170}	—
		农村人均住房保障满意度	X_{171}	—
		城镇棚户区住房改造满意度	X_{172}	—
	基本公共文化体育	图书馆基本公共文化服务的满意度	X_{177}	—
		体育场基本公共文化服务的满意度	X_{178}	—
		博物馆基本公共文化服务的满意度	X_{179}	—
	残疾人基本公共服务	残疾人康复服务补贴满意度	X_{184}	—
		残疾人生活补贴满意度	X_{185}	—
		无障碍环境支持满意度	X_{186}	—
		残疾人托养服务满意度	X_{187}	—

注释：** 代表变差系数过小不在范围内的指标。

六、效度与信度检验

基本公共服务均等化实施效度与实现程度的绩效评估结果的可信度高低以及评估内容的有效性大小往往决定了绩效评估的精准性，所以，对基本公共服务均等化实施效度与实现程度绩效评估的信度与效度的检验结果也成为衡量本研究绩效评估精确性的两项比较关键的指标凭证。[1]根据政府绩效评估相关理论的要求，为确保政府评估体系（测量工具）的指标内容与结果的合理、可信、有效，绩效评估指标最终都需要进行信度与效度的检验工作。

1. 信度检验

信度（reliability）是指测量工具反映被测量对象特征的可靠程度，信度的内容包括衡量一个调查指标的正确性和精确性，以及稳定性和一致性。Kerlinger

---

1 周恩毅，付胜伟. 浅析360度绩效考评在节约型机关建设中的应用[J]. 中国行政管理, 2011(01):20-23.

（1979）和 Mohd Majid（2005）认为信度可以衡量出工具（问卷）的可靠度、一致性与稳定性。信度的测量方法包括折半信度法、重测信度法、复本信度法及 α 信度系数法（Cronbach's α）。其中 α 信度系数法是由 Cronbach 于 1951 年提出的研究成果，因其对获取样本和问卷数据设计等相关要求都相对较低，弥补了其他信度方法的遗憾，成为社会科学研究中较常使用的信度检验方法。本研究也拟运用克龙巴赫（Cronbach）系数 α 来测量指标体系 {I} 的信度（内部），利用斯皮尔曼–布朗公式来测量 {I} 的折半信度。

内部信度的评价一般式如下：

$$\alpha = \frac{\kappa}{\kappa-1}\left(1 - \frac{\sum_{i=1}^{n} S_i^2}{S^2}\right) \tag{4-1}$$

公式（4-1）中，κ 代表 {I} 中所涵盖的评价指标的总数量，S_i^2 指评价指标体系中第 i 个评价指标的方差，S^2 指代评价指标总得分的方差，n 指代评价指标的序列。从公式中可以看出 α 系数评价是衡量表中各题项得分间的一致性，属于内在一致性系数，α 系数值的大小与可信度之间的对应关系如表 4-13 所示。

表 4-13 可信度高低与 Cronbach's α 系数对照表

可信度	Cronbach's α 系数
不可信	Cronbach's α 系数 < 0.3
勉强可信	0.3 ≤ Cronbach's α 系数 < 0.4
可信	0.4 ≤ Cronbach's α 系数 < 0.5
很可信（最常见）	0.5 ≤ Cronbach's α 系数 < 0.7
很可信（次常见）	0.7 ≤ Cronbach's α 系数 < 0.9
十分可信	0.9 ≤ Cronbach's α 系数

出自：纪江明. 我国城市公共服务公众满意度熵权指数及影响因素研究 [M]. 北京：中国社会科学出版社，2016:31-32.

本研究通过计算收回问卷指标的 α 值并与经验临界值 0.7 作比较，不合格的指标需要返回到指标池重新筛选。信度分析中学者们常用 Cronbach's α 系数的大小来衡量调查问卷信度的高低，调查问卷的信度系数如果达到 0.9 以上，则代表该调查问卷具备的信度比较好，信度系数如果在 0.8 以上，则表示调查问卷的信度程度还算不错，如果信度系数出现低于 0.5 的情况，则说明这个问卷没有什么可信度。本研究结果显示，收回的问卷中 187 个指标的 α 值分别为 0.906 和 0.907，均大于 0.7（见表 4-14），说明该调查问卷具有较好的可信度。

表 4-14 Cronbach's α 系数值

Cronbach 的 α 系数	第 1 个部分	数值	0.906
		项目个数	119
	第 2 个部分	数值	0.907
		项目个数	68
	项目总数		187
Spearman-Brown 系数	相等长度		0.985
	不相等长度		0.985
Guttman 折半信度系数			0.924

注释：来源于信度统计资料。

2. 效度检验

效度（validity）是指我们所使用的测量工具究竟在多大程度上确切测量到了我们所研究本身真正想要测量事物的特质，即我们研究测量的有效程度的大小。从统计学视角上来分析，效度也可以理解为研究测量的结果与其他某种外部测量标准（校标）之间存在的相关程度，并且呈现出其相关程度越高即测量结果也就越有效的关系。研究学者根据其研究的目标各有不同，因而效度评定的方法也各有不同。学术界常用的研究方法主要包括内容效度、聚合效度、预测效度、校标关联效度、构思效度、辨别效度等。本研究计划采用内容效度（content validity）的方法来测定研究指标体系 {I} 的效度。内容效度也有表面效度或者逻辑效度的说法，主要是指评估研究所涉及的测评指标、题项是否能够代表研究所要测量的全部内容或者研究主题，其计算公式为

$$V = \frac{m - n/2}{n/2} \tag{4-2}$$

公式 4-2 中，m 代表评判中认为某个评价指标很好地阐释了评价内容的评判

者人数，n代表评判者的总数。我们对研究内容效度的分析与评判常常采用逻辑分析与统计分析相结合的方法，逻辑分析法通常由研究者或者领域内的专家评判所选题项的指标是否可以达到我们研究预测的测量目的与标准，统计分析是研究者主要应用某一个单向的指标和总体的相关分析的方法来获取研究对象评估的实证结果，即计算出每一个指标题项的得分同题项总得分之间的相关系数，并且依据指标的相关性结果是否显著来判断指标是否有效。本研究计划将指标{I}仍然寄给上轮德尔菲法所选择的专家，让他们进行效度评判，并将收回的结果录入SPSS 24，选用Kendall's tau_b 和 Spearman's rho 两种系数检验内容效度的情况。

由表4-15可以看出，本研究的八项基本公共服务领域、两大指标体系与总体评估目标的相关系数均呈现显著状态，因此可得出本研究的指标是有效的，各项指标也均能很好地反映出基本公共服务均等化实施效度与实现程度的实际情况。本研究将效度临界值也设定为0.70，如果效度检验不合格，也需要返回到指标池重新开始各个筛选步骤。如果信度、效度不合格，重新返回"确定指标池"的步骤进行再筛选和检验（见图4-1），此项操作只需要变换单轮德尔菲法的专家范围、数据采集的范围。

表4-15　基本公共服务均等化实施效度与实现程度各领域指标相关系数

基本公共服务领域	基础教育	医疗卫生	就业创业	社会保险	社会保障	文化体育	住房保障	残疾服务
基本公共服务均等化实现程度									
Kendall's tau_b	0.785**	0.732**	0.721**	0.696**	0.710**	0.609**	0.729**	0.692**
Spearman's rho	0.769**	0.698**	0.701**	0.629**	0.697**	0.617**	0.713**	0.624**
基本公共服务均等化实施效度									
Kendall's tau_b	0.672**	0.736**	0.711**	0.635**	0.709**	0.681**	0.693**	0.722**
Spearman's rho	0.609**	0.693**	0.652**	0.644**	0.744**	0.705**	0.672**	0.683**

注：** 表示在5%的水平上显著。

第四节 指标赋权

最后，在指标筛选完成之后，还需要对指标的重要度进行区分，这就是赋权工作。本研究拟采用熵值法、D-S证据理论分别对指标体系 A、B 进行赋权，对评价指标体系 A 我们运用熵权法来赋权，而对指标体系 B，因存在若干主观指标，我们将采取 D-S 证据理论进行赋权。这两种方法的有效结合，有利于客观公正地对待每一个评估指标，为后期实证评估的可靠性打下基础。

熵值法是客观指标赋权的一种方法，该方法能够有效规避主观赋权法易受人为因素影响的问题，避免造成夸张或降低某些指标的情况，熵值法主要是根据各个评估指标之间的相关关系或是每一个评估指标的变异程度来确定指标权重，这种方法较为注重指标的离散程度，也能够客观地反应出各个评估指标的权重系数。如果某一个研究指标熵值越小，则表明该指标的变异程度就越大，并且也表示该指标能够提供的有效信息也就越多，其指标对整个研究的综合评价影响也越大，其权重也越大；反之，则带来相反效应。当存在一个指标的熵值最大，其熵权值也为零的情况下则意味着该指标不能对评估对象做出有效的评价，可以从总体的评价指标中剔除该指标题项。本节将使用熵值法对筛选好的客观指标体系 A 进行赋权，确定出可以用于实证测评的指标体系。在信息论中，熵被看作系统无序程度的度量。熵值法可以尽可能地保留原始数据信息，减少确定权重的主观性以及多指标变量间信息的重叠。

D-S 证据理论是一种主观的赋权方法，从源头上说是对概率论的多维完善和纵向推广，与概率论相比，D-S 证据理论作为处理不确定性的数据融合方法，能够更好地消弭数据之间的冲突，也正基于此，D-S 证据理论现在更多地应用在了人工智能领域和大数据背景下的检测诊断等，远远超过了概率论的应用范围。本研究依托 D-S 证据理论，一方面可以实现对主观定性评价的客观定量转化，另一方面可以融合弱化乃至消除各独立数据间的分离性，将证据距离化为各指标要素的相对权重，进而得出指标最终的权重值。

一、指标体系 A，熵权法赋权

（一）指标的无量纲化

无量纲化处理主要是为了便于分析各个指标，使得评价的结果更为准确、可信，是将各个不同单位、不同量纲的指标运用极值法、均值法、标准化法等方法消除原始量纲，从而得到较为标准化、规范化数据的操作过程。本书采用标准化方法对评价指标无量纲化，以减小极值对评价过程的影响。其中，X'_{ij} 是标准化后的指标值，$\overline{X_j}$ 是第 j 个指标的平均值，S_j 是第 j 个指标的标准差。本研究由于涉及数据量较大，为了保证数据的完整性、有效性、科学性，在此步骤中基本公共服务均等化实现程度评价指标体系 A 中 45 个定量指标数据以 2015 年为主。数据的直接来源为当年所属省市统计年鉴、统计公报、政府工作报告等（见表 4-16）。

$$X'_{ij} = \frac{X_{ij} - \overline{X_j}}{S_j} (i=1,2,3,\cdots,m, j=1,2,3,\cdots,n)$$

表 4-16 基本公共服务均等化实现程度评估指标原始数据
（经标准化处理，仅展示部分区域）

省政府	指标								
	X_1	X_2	X_3	X_4	X_5	X_6	X_7	X_8	X_9
1（江苏）	0.482	0.388	−0.718	0.956	−0.927	−1.055	0.2	−0.925	1.153
2（河南）	0.651	0.667	0.314	−1.415	−0.134	0.12	0.882	1.061	−0.634
3（甘肃）	0.197	0.327	0.833	0.707	1.06	0.935	−1.085	−0.137	−0.518
	X_{10}	X_{11}	X_{12}	X_{13}	X_{14}	X_{15}	X_{16}	X_{17}	X_{18}
1（江苏）	0.972	0.191	1.14	0.83	1.122	−0.374	−0.353	−0.903	1.064
2（河南）	0.04	0.505	−0.732	0.281	−0.32	−0.943	−1.534	−0.172	−0.157
3（甘肃）	−1.025	−0.715	−0.437	−1.11	−0.8	0.645	−0.33	1.076	−0.913
	X_{19}	X_{20}	X_{21}	X_{22}	X_{23}	X_{24}	X_{25}	X_{26}	X_{27}
1（江苏）	1.124	−0.117	−0.737	0.23	−2.62	0.492	0.051	1.091	0.142
2（河南）	−0.24	−0.883	−0.99	0.558	0.101	0.526	−0.131	0.473	0.248
3（甘肃）	−0.828	−0.836	−1.76	1.58	−0.397	−0.12	−0.572	0.069	0.577
	X_{28}	X_{29}	X_{30}	X_{31}	X_{32}	X_{33}	X_{34}	X_{35}	X_{36}
1（江苏）	−0.266	1	−0.25	0.943	0.707	0.601	−0.108	1.088	−0.693
2（河南）	0.445	−0.55	0.125	1.078	0.704	0.907	−0.942	−0.224	0.708
3（甘肃）	0.867	−1	0.45	0.942	0.708	0.832	1.049	−0.882	0.707

续表

省政府	指标								
	X_{37}	X_{38}	X_{39}	X_{40}	X_{41}	X_{42}	X_{43}	X_{44}	X_{45}
1（江苏）	−0.474	−0.034	−0.287	−0.707	0.33	1.134	−0.171	−0.132	0.706
2（河南）	−1.11	0.201	0.745	0.707	−0.121	−0.378	−0.634	0.159	0.705
3（甘肃）	0.75	0.093	0.18	0.707	0.261	−0.756	0.681	−1.73	0.71

市政府	指标								
	X_1	X_2	X_3	X_4	X_5	X_6	X_7	X_8	X_9
4（苏州）	0.241	0.853	−1.073	0.99	0.618	−0.707	0.707	0.754	0.755
5（徐州）	0.071	0.909	−0.583	0.899	−0.746	−0.708	0.708	0.065	1.155
6（商丘）	0.518	0.64	0.223	0.533	−0.71	0.707	−0.705	−0.03	0.305
7（开封）	0.18	0.899	−0.377	1.01	0.707	0.682	−0.714	−0.181	0.249
8（陇南）	−1.13	0.779	0.898	1.03	−0.712	−0.707	−0.706	−0.318	0.377
9（天水）	−0.342	1.51	0.625	0.98	−0.706	0.707	−0.705	−0.32	0.378
	X_{10}	X_{11}	X_{12}	X_{13}	X_{14}	X_{15}	X_{16}	X_{17}	X_{18}
4（苏州）	−0.707	0.918	0.707	0.712	1.245	−0.345	0.755	0.469	−0.157
5（徐州）	0.801	−0.578	−0.705	0.707	1.432	−0.579	1.131	0.624	−0.237
6（商丘）	−0.711	0.74	−0.608	0.725	−0.346	−0.807	0.305	0.116	0.125
7（开封）	0.71	1.053	0.238	−0.746	−0.451	0.624	0.249	0.631	1.067
8（陇南）	−0.708	0.798	0.706	−0.828	−0.78	0.256	0.378	0.089	−1.059
9（天水）	−0.709	0.368	−0.071	0.715	−0.69	0.546	0.334	0.671	0.786
	X_{19}	X_{20}	X_{21}	X_{22}	X_{23}	X_{24}	X_{25}	X_{26}	X_{27}
4（苏州）	−0.913	1.027	0.062	−0.485	−0.97	−0.061	1.15	0.966	0.113
5（徐州）	−0.846	−0.383	0.031	0.141	−0.752	1.135	0.923	0.984	0.146
6（商丘）	−1.038	0.644	0.069	0.377	−1.152	0.508	−1.132	0.962	0.258
7（开封）	−0.933	−0.579	−1.143	−0.274	−0.576	1.154	1.108	0.471	0.231
8（陇南）	0.129	0.577	0.609	−0.511	−1.155	0.577	1.152	−0.584	0.578
9（天水）	−1.12	1.155	−0.584	−0.337	−0.587	−0.568	−0.817	0.583	0.681
	X_{28}	X_{29}	X_{30}	X_{31}	X_{32}	X_{33}	X_{34}	X_{35}	X_{36}
4（苏州）	−0.204	0.707	0.973	0.896	0.673	0.596	−0.142	1.041	−0.598
5（徐州）	−0.367	−0.708	0.874	0.845	0.701	0.467	−0.102	0.987	−0.674
6（商丘）	0.345	−0.711	−0.534	1.065	0.689	0.965	−0.985	−0.203	0.689
7（开封）	0.472	−0.706	−0.328	0.987	0.703	0.874	−0.879	−0.187	0.705
8（陇南）	0.813	−0.69	−0.782	0.921	0.698	0.789	1.032	−0.856	0.605
9（天水）	0.765	0.709	−0.674	0.887	0.754	0.802	1.245	−0.791	0.703
	X_{37}	X_{38}	X_{39}	X_{40}	X_{41}	X_{42}	X_{43}	X_{44}	X_{45}
4（苏州）	−0.378	−0.028	−0.429	−0.609	0.256	1.467	−0.174	−0.124	0.609
5（徐州）	−0.475	−0.156	−0.216	−0.701	0.367	1.234	−0.678	−0.247	0.721
6（商丘）	−1.45	0.208	0.678	0.698	−1.208	−0.267	−0.567	0.135	0.532

续表

市政府	指标								
	X_{37}	X_{38}	X_{39}	X_{40}	X_{41}	X_{42}	X_{43}	X_{44}	X_{45}
7（开封）	−0.985	0.164	0.742	0.573	−0.987	−0.378	−0.745	0.143	0.467
8（陇南）	0.67	0.076	0.243	0.625	0.176	−0.654	0.589	−1.745	0.679
9（天水）	0.72	0.042	0.186	0.569	0.245	−0.632	0.721	−1.563	0.598

县政府	指标								
	X_1	X_2	X_3	X_4	X_5	X_6	X_7	X_8	X_9
10（睢宁）	0.267	0.768	−0.974	0.791	0.716	−0.727	0.687	0.856	0.767
11（相城）	0.098	0.873	−0.476	0.594	−0.657	−0.812	0.918	0.465	1.256
12（睢县）	0.492	0.579	0.145	0.453	−0.618	0.617	0.605	0.603	0.467
13（民权）	0.271	0.987	−0.365	1.203	0.817	0.707	−0.824	−0.486	−0.431
14（礼县）	−1.382	0.653	0.982	0.973	−0.632	−0.721	−0.709	−0.698	0.267
15（宕昌）	−0.487	1.204	0.591	0.889	−0.623	0.677	−0.905	−0.732	0.543
	X_{10}	X_{11}	X_{12}	X_{13}	X_{14}	X_{15}	X_{16}	X_{17}	X_{18}
10（睢宁）	0.707	0.823	0.637	0.624	0.985	−0.367	0.951	0.679	−0.203
11（相城）	0.706	−0.689	−0.725	−0.607	−0.432	−0.861	−1.01	0.574	−0.217
12（睢县）	0.609	0.641	−0.579	0.643	−1.046	−0.707	0.711	0.203	0.415
13（民权）	0.865	1.245	0.198	−0.796	−0.567	0.914	0.309	0.693	−1.07
14（礼县）	0.719	0.878	0.609	−0.761	−0.468	0.376	0.561	0.108	−1.213
15（宕昌）	0.708	0.254	−0.106	0.823	−0.622	0.913	0.251	0.783	0.707
	X_{19}	X_{20}	X_{21}	X_{22}	X_{23}	X_{24}	X_{25}	X_{26}	X_{27}
10（睢宁）	−0.821	0.915	0.123	−0.325	−0.707	−0.162	1.615	0.816	0.204
11（相城）	−0.526	−0.291	0.302	−0.224	−0.681	1.405	0.827	0.389	0.271
12（睢县）	−1.202	0.715	0.071	0.502	−1.042	0.618	−1.345	0.771	0.369
13（民权）	−0.891	−0.815	−1.015	−0.195	−0.912	−1.504	1.216	0.351	0.421
14（礼县）	0.117	0.602	0.781	−0.464	−1.026	0.592	1.064	−0.401	0.868
15（宕昌）	−1.423	1.305	−0.674	−0.249	−0.617	−0.708	−0.727	0.685	0.592
	X_{28}	X_{29}	X_{30}	X_{31}	X_{32}	X_{33}	X_{34}	X_{35}	X_{36}
10（睢宁）	−0.168	−0.607	1.024	0.924	0.567	0.606	−0.093	−1.213	−0.689
11（相城）	−0.295	−0.821	0.903	0.736	0.656	0.501	−0.214	0.932	−0.705
12（睢县）	0.256	−0.401	−0.457	1.234	0.719	0.891	−0.873	−0.254	0.749
13（民权）	0.366	−0.625	−0.306	0.659	0.707	0.715	−0.784	−0.219	0.707
14（礼县）	0.795	−0.72	−0.702	0.806	0.818	0.676	1.104	−0.738	0.794
15（宕昌）	0.926	−0.734	−0.709	0.797	0.678	0.724	1.416	−0.854	0.642
	X_{37}	X_{38}	X_{39}	X_{40}	X_{41}	X_{42}	X_{43}	X_{44}	X_{45}
10（睢宁）	−0.252	−0.141	−0.327	−0.589	0.124	−1.017	−0.367	−0.235	0.732
11（相城）	−0.382	−0.207	−0.335	−0.672	0.673	1.258	−0.579	−0.176	0.707
12（睢县）	−1.021	0.618	0.569	0.708	−1.532	−0.196	−0.482	0.241	0.631

续表

县政府	指标								
	X_{37}	X_{38}	X_{39}	X_{40}	X_{41}	X_{42}	X_{43}	X_{44}	X_{45}
13（民权）	−0.723	0.257	0.604	0.703	−0.891	−0.265	−0.673	0.157	0.407
14（礼县）	0.601	0.124	0.193	0.663	0.213	−0.709	0.361	−1.801	0.509
15（宕昌）	0.706	0.235	0.279	0.405	0.713	−0.673	0.704	−0.892	0.652

注：考虑到数据的获取性程度，此处的定量数据以2015年为准。在缺失值的替代值选取上，对于无法获取2015年的指标数据，我们选取其临近年份指标数据，即2014或2016年数据值作为指标研究的替代值参与统计计算，如无这两年数据或这两年数据也存在较大差异，本研究为了保证指标数据的相对可靠性，使用指标多年的平均值作为指标数据替代值。本研究中涉及的指标数据缺失值选取原理皆与此保持一致。

（二）清除负数，平移指标

在对评价指标体系 A 指标无量纲化处理之后，接下来要对指标进行平移，使其清除负数，操作流程为 $X''_{ij}=H+X'_{ij}$，其中 X''_{ij} 是平移后的指标，H 为平移指标幅度，可为任一正实数。为研究的可读性，此处仅展示研究对象省级政府下的基本公共服务均等化实现程度指标，如表4-17所示。

表4-17　平移指标

省政府	指标								
	X_1	X_2	X_3	X_4	X_5	X_6	X_7	X_8	X_9
1（江苏）	2.482	2.388	1.282	2.956	1.073	1.945	2.200	1.875	3.153
2（天津）	2.572	2.598	2.432	2.765	1.673	2.319	2.645	2.124	2.765
3（河南）	2.651	2.667	2.314	1.585	1.866	2.124	2.882	2.061	2.366
4（安徽）	2.431	2.543	2.124	1.673	1.325	2.007	2.146	2.395	1.932
5（重庆）	2.034	2.356	2.759	2.004	2.678	2.346	1.974	1.799	2.045
6（甘肃）	2.197	2.327	2.833	2.707	3.060	2.935	0.915	1.863	1.482
	X_{10}	X_{11}	X_{12}	X_{13}	X_{14}	X_{15}	X_{16}	X_{17}	X_{18}
1（江苏）	2.972	2.191	3.140	2.830	3.122	1.626	1.647	1.097	3.064
2（天津）	2.875	2.346	2.894	2.863	3.003	2.643	1.859	1.764	2.895
3（河南）	2.040	2.505	1.268	2.281	1.680	1.057	1.466	1.828	1.843
4（安徽）	2.132	1.987	1.547	1.985	2.007	1.356	1.302	1.973	1.879
5（重庆）	1.654	1.699	1.734	1.885	1.997	1.876	2.005	2.134	2.007
6（甘肃）	0.975	1.285	1.563	0.890	1.200	2.645	1.670	3.076	1.087

续表

省政府	指标								
	X_1	X_2	X_3	X_4	X_5	X_6	X_7	X_8	X_9
	X_{19}	X_{20}	X_{21}	X_{22}	X_{23}	X_{24}	X_{25}	X_{26}	X_{27}
1（江苏）	3.124	1.883	1.263	2.230	1.620	2.492	2.051	3.091	2.142
2（天津）	2.896	2.005	1.143	2.008	1.987	2.673	1.980	2.678	2.145
3（河南）	1.760	1.117	1.010	2.558	2.101	2.526	1.869	2.473	2.248
4（安徽）	1.658	1.289	1.987	2.421	2.003	1.987	1.679	2.482	1.998
5（重庆）	1.975	1.573	1.896	2.673	1.598	1.683	1.583	2.002	1.919
6（甘肃）	1.172	1.164	0.941	3.580	1.603	1.88	1.428	2.069	2.577
	X_{28}	X_{29}	X_{30}	X_{31}	X_{32}	X_{33}	X_{34}	X_{35}	X_{36}
1（江苏）	1.734	3.000	1.750	2.943	2.707	2.601	1.892	3.088	1.307
2（天津）	1.974	2.765	1.987	2.756	2.689	2.197	2.005	2.067	2.156
3（河南）	2.445	1.450	2.125	3.078	2.704	2.907	1.058	1.776	2.708
4（安徽）	1.784	1.008	2.114	2.557	2.674	2.886	2.009	1.885	2.067
5（重庆）	1.675	1.432	2.521	2.335	2.589	2.456	1.987	1.278	2.045
6（甘肃）	2.867	1.005	2.450	2.942	2.708	2.832	3.049	1.118	2.707
	X_{37}	X_{38}	X_{39}	X_{40}	X_{41}	X_{42}	X_{43}	X_{44}	X_{45}
1（江苏）	1.526	1.966	1.713	1.293	2.330	3.134	1.829	1.868	2.706
2（天津）	1.745	1.887	1.654	2.032	2.004	2.543	1.984	2.006	2.368
3（河南）	0.896	2.201	2.745	2.707	1.879	1.622	1.366	2.159	2.705
4（安徽）	0.984	2.004	1.945	2.651	2.004	1.673	1.874	1.742	2.008
5（重庆）	1.478	2.321	2.007	2.367	1.995	1.874	2.456	2.004	1.765
6（甘肃）	2.750	2.093	2.180	2.707	2.261	1.244	2.681	0.879	2.710

（三）计算指标样本比重

完成平移指标、清除负数后，需要对基本公共服务均等化实现程度指标体系 A 计算出每个指标的样本比重，操作公式如下列所示，表示第 j 个指标下的第 i 个指标样本比重。其中 X_{ij}'' 是平移后的指标，$\Sigma_{i=1}^{m} X_{ij}''$ 代表平移指标的加和。为研究的可读性，此处仅展示部分市级政府下基本公共服务均等化实现程度指标的样本比重，如表 4-18 所示。

$$P_{ij} = \frac{X_{ij}''}{\Sigma_{i=1}^{m} X_{ij}''}$$

表 4-18 评估指标样本比重

市政府	指标								
	X_1	X_2	X_3	X_4	X_5	X_6	X_7	X_8	X_9
4（苏州）	0.194	0.162	0.079	0.171	0.251	0.108	0.256	0.230	0.181
5（徐州）	0.180	0.165	0.121	0.166	0.120	0.108	0.256	0.173	0.207
6（商丘）	0.218	0.15	0.190	0.145	0.123	0.226	0.122	0.165	0.152
7（开封）	0.190	0.165	0.139	0.173	0.259	0.224	0.123	0.152	0.148
8（陇南）	0.075	0.158	0.247	0.174	0.123	0.108	0.122	0.141	0.156
9（天水）	0.144	0.2	0.224	0.171	0.124	0.226	0.122	0.140	0.156
	X_{10}	X_{11}	X_{12}	X_{13}	X_{14}	X_{15}	X_{16}	X_{17}	X_{18}
4（苏州）	0.121	0.195	0.221	0.204	0.262	0.142	0.182	0.169	0.147
5（徐州）	0.262	0.093	0.106	0.204	0.277	0.123	0.207	0.180	0.141
6（商丘）	0.121	0.179	0.114	0.205	0.133	0.102	0.152	0.145	0.177
7（开封）	0.254	0.2	0.182	0.094	0.125	0.224	0.148	0.18	0.245
8（陇南）	0.121	0.183	0.221	0.088	0.098	0.193	0.157	0.143	0.061
9（天水）	0.121	0.155	0.157	0.204	0.106	0.218	0.154	0.183	0.22
	X_{19}	X_{20}	X_{21}	X_{22}	X_{23}	X_{24}	X_{25}	X_{26}	X_{27}
4（苏州）	0.149	0.21	0.187	0.139	0.151	0.135	0.219	0.193	0.151
5（徐州）	0.159	0.120	0.190	0.196	0.183	0.204	0.203	0.194	0.153
6（商丘）	0.132	0.183	0.187	0.218	0.126	0.17	0.06	0.193	0.161
7（开封）	0.147	0.098	0.078	0.158	0.209	0.214	0.216	0.161	0.159
8（陇南）	0.293	0.18	0.236	0.137	0.124	0.175	0.219	0.092	0184
9（天水）	0.121	0.219	0.128	0.152	0.208	0.097	0.082	0.168	0.191
	X_{28}	X_{29}	X_{30}	X_{31}	X_{32}	X_{33}	X_{34}	X_{35}	X_{36}
4（苏州）	0.13	0.255	0.258	0.165	0.165	0.157	0.153	0.254	0.104
5（徐州）	0.118	0.122	0.249	0.162	0.167	0.150	0.156	0.249	0.099
6（商丘）	0.17	0.122	0.127	0.174	0.166	0.18	0.083	0.150	0.200
7（开封）	0.179	0.122	0.145	0.170	0.167	0.174	0.092	0.151	0.201
8（陇南）	0.203	0.124	0.106	0.166	0.166	0.169	0.249	0.095	0.194
9（天水）	0.2	0.256	0.115	0.164	0.17	0.17	0.267	0.101	0.201
	X_{37}	X_{38}	X_{39}	X_{40}	X_{41}	X_{42}	X_{43}	X_{44}	X_{45}
4（苏州）	0.161	0.160	0.119	0.106	0.208	0.272	0.164	0.218	0.172
5（徐州）	0.151	0.150	0.135	0.099	0.218	0.253	0.119	0.204	0.174
6（商丘）	0.054	0.180	0.203	0.205	0.073	0.236	0.129	0.248	0.162
7（开封）	0.101	0.176	0.208	0.196	0.093	0.127	0.113	0.249	0.158
8（陇南）	0.264	0.169	0.17	0.200	0.201	0.105	0.232	0.03	0.172
9（天水）	0.269	0.166	0.166	0.195	0.207	0.107	0.244	0.051	0.166

（四）判断指标离散程度

此步骤在于计算出评价指标体系 A 中第 j 项评价指标的熵值，并以此为依据进而判别出各个基本公共服务均等化实现程度评价指标的离散程度。其中，评价指标的离散程度如果越大，则指标对我国基本公共服务均等化实现程度的综合评价的影响也就越大。操作公式如下所示。为研究的可读性，此处仅展示部分县级政府层级基本公共服务均等化实现程度指标，详尽数据如表 4-19 所示。

$$h_j = -k \sum_{i=1} p_{ij} \ln p_{ij} \quad （k \text{ 为常数}, k = \frac{1}{\ln}）$$

表 4-19　评估指标的离散度

县政府	指标								
	X_1	X_2	X_3	X_4	X_5	X_6	X_7	X_8	X_9
10（睢宁）	0.245	0.267	0.124	0.198	0.267	0.345	0.367	0.178	0.341
11（相城）	0.248	0.258	0.219	0.278	0.178	0.321	0.256	0.156	0.278
12（睢县）	0.173	0.215	0.216	0.145	0.231	0.258	0.198	0.231	0.197
13（民权）	0.267	0.218	0.143	0.311	0.167	0.189	0.356	0.186	0.361
14（礼县）	0.284	0.246	0.296	0.243	0.278	0.211	0.321	0.154	0.265
15（宕昌）	0.176	0.297	0.187	0.261	0.189	0.324	0.254	0.257	0.193
	X_{10}	X_{11}	X_{12}	X_{13}	X_{14}	X_{15}	X_{16}	X_{17}	X_{18}
10（睢宁）	0.345	0.409	0.217	0.452	0.423	0.361	0.356	0.501	0.478
11（相城）	0.286	0.387	0.187	0.235	0.431	0.367	0.389	0.476	0.327
12（睢县）	0.402	0.265	0.234	0.367	0.439	0.318	0.364	0.432	0.406
13（民权）	0.386	0.451	0.321	0.256	0.341	0.269	0.176	0.157	0.256
14（礼县）	0.321	0.241	0.167	0.217	0.278	0.257	0.179	0.185	0.267
15（宕昌）	0.256	0.326	0.156	0.317	0.316	0.351	0.369	0.267	0.421
	X_{19}	X_{20}	X_{21}	X_{22}	X_{23}	X_{24}	X_{25}	X_{26}	X_{27}
10（睢宁）	0.247	0.357	0.245	0.351	0.401	0.371	0.251	0.267	0.289
11（相城）	0.169	0.351	0.251	0.325	0.367	0.321	0.362	0.187	0.245
12（睢县）	0.234	0.241	0.195	0.361	0.342	0.357	0.276	0.256	0.367
13（民权）	0.156	0.306	0.256	0.367	0.461	0.341	0.404	0.345	0.406
14（礼县）	0.271	0.278	0.351	0.351	0.271	0.289	0.356	0.364	0.391
15（宕昌）	0.209	0.196	0.308	0.405	0.284	0.306	0.321	0.276	0.242
	X_{28}	X_{29}	X_{30}	X_{31}	X_{32}	X_{33}	X_{34}	X_{35}	X_{36}
10（睢宁）	0.414	0.362	0.281	0.269	0.198	0.342	0.256	0.178	0.269
11（相城）	0.349	0.276	0.345	0.308	0.264	0.304	0.305	0.234	0.213
12（睢县）	0.231	0.176	0.357	0.421	0.346	0.267	0.265	0.371	0.178

续表

县政府	指标								
	X_{28}	X_{29}	X_{30}	X_{31}	X_{32}	X_{33}	X_{34}	X_{35}	X_{36}
13（民权）	0.256	0.258	0.267	0.263	0.278	0.371	0.178	0.209	0.192
14（礼县）	0.298	0.326	0.201	0.309	0.392	0.341	0.109	0.347	0.208
15（宕昌）	0.325	0.351	0.374	0.342	0.278	0.293	0.308	0.271	0.363
	X_{37}	X_{38}	X_{39}	X_{40}	X_{41}	X_{42}	X_{43}	X_{44}	X_{45}
10（睢宁）	0.272	0.263	0.197	0.307	0.401	0.321	0.233	0.214	0.173
11（相城）	0.204	0.241	0.176	0.209	0.345	0.291	0.241	0.239	0.176
12（睢县）	0.245	0.208	0.209	0.231	0.267	0.167	0.237	0.176	0.208
13（民权）	0.192	0.237	0.234	0.153	0.315	0.256	0.167	0.237	0.234
14（礼县）	0.298	0.103	0.127	0.186	0.267	0.261	0.106	0.261	0.271
15（宕昌）	0.235	0.205	0.305	0.241	0.354	0.306	0.205	0.253	0.305

（五）计算指标差异性系数

此步骤旨在计算基本公共服务均等化实现程度评估指标体系 A 中第 j 项评估指标的差异性系数，计算公式如下所示。其中 h_i 代表评估指标的离散度，指标的差异系数 g_j 代表指标的信息效用，价值取决于指标信息熵 h_i 与 1 之间的差值，指标的差异系数值越大，代表该评价指标越重要。为研究的可读性，此处仅展示省级政府详细数据，如表 4-20 所示。

$$g_j = 1 - h_i$$

表 4-20 评估指标的差异系数

省政府	指标								
	X_1	X_2	X_3	X_4	X_5	X_6	X_7	X_8	X_9
1（江苏）	0.468	0.374	0.345	0.432	0.379	0.368	0.341	0.422	0.342
2（天津）	0.459	0.269	0.307	0.399	0.403	0.376	0.278	0.405	0.321
3（河南）	0.454	0.278	0.258	0.381	0.392	0.406	0.256	0.341	0.267
4（安徽）	0.234	0.298	0.202	0.321	0.305	0.287	0.386	0.278	0.212
5（重庆）	0.303	0.278	0.370	0.413	0.206	0.287	0.307	0.209	0.258
6（甘肃）	0.379	0.367	0.306	0.321	0.287	0.341	0.207	0.308	0.271
	X_{10}	X_{11}	X_{12}	X_{13}	X_{14}	X_{15}	X_{16}	X_{17}	X_{18}
1（江苏）	0.246	0.345	0.412	0.391	0.258	0.482	0.249	0.392	0.253
2（天津）	0.214	0.307	0.287	0.276	0.189	0.345	0.267	0.287	0.214
3（河南）	0.367	0.476	0.345	0.356	0.286	0.432	0.342	0.483	0.356

续表

省政府	指标								
	X_{10}	X_{11}	X_{12}	X_{13}	X_{14}	X_{15}	X_{16}	X_{17}	X_{18}
4（安徽）	0.304	0.241	0.276	0.189	0.341	0.287	0.218	0.321	0.289
5（重庆）	0.236	0.378	0.198	0.256	0.198	0.237	0.298	0.234	0.276
6（甘肃）	0.408	0.328	0.381	0.374	0.267	0.356	0.289	0.301	0.198
	X_{19}	X_{20}	X_{21}	X_{22}	X_{23}	X_{24}	X_{25}	X_{26}	X_{27}
1（江苏）	0.247	0.356	0.324	0.482	0.351	0.265	0.367	0.432	0.309
2（天津）	0.213	0.346	0.287	0.346	0.289	0.235	0.350	0.391	0.203
3（河南）	0.293	0.482	0.375	0.275	0.329	0.363	0.209	0.402	0.348
4（安徽）	0.198	0.287	0.302	0.219	0.381	0.294	0.187	0.320	0.126
5（重庆）	0.209	0.189	0.346	0.321	0.387	0.146	0.241	0.309	0.189
6（甘肃）	0.242	0.341	0.367	0.264	0.365	0.176	0.309	0.278	0.342
	X_{28}	X_{29}	X_{30}	X_{31}	X_{32}	X_{33}	X_{34}	X_{35}	X_{36}
1（江苏）	0.405	0.356	0.468	0.502	0.321	0.303	0.321	0.216	0.284
2（天津）	0.421	0.432	0.381	0.380	0.278	0.209	0.216	0.340	0.276
3（河南）	0.432	0.324	0.451	0.442	0.352	0.326	0.342	0.265	0.364
4（安徽）	0.211	0.314	0.317	0.183	0.309	0.219	0.241	0.187	0.284
5（重庆）	0.283	0.194	0.289	0.247	0.287	0.183	0.281	0.284	0.318
6（甘肃）	0.367	0.278	0.352	0.362	0.376	0.287	0.325	0.263	0.385
	X_{37}	X_{38}	X_{39}	X_{40}	X_{41}	X_{42}	X_{43}	X_{44}	X_{45}
1（江苏）	0.352	0.392	0.432	0.353	0.327	0.374	0.265	0.404	0.375
2（天津）	0.245	0.215	0.194	0.153	0.254	0.241	0.391	0.217	0.309
3（河南）	0.278	0.267	0.359	0.328	0.268	0.352	0.267	0.379	0.362
4（安徽）	0.201	0.316	0.219	0.346	0.215	0.137	0.145	0.183	0.321
5（重庆）	0.235	0.189	0.177	0.224	0.321	0.332	0.227	0.188	0.329
6（甘肃）	0.261	0.371	0.274	0.302	0.353	0.356	0.264	0.365	0.466

（六）计算指标熵权

此处是在上述评价指标熵值基础上，计算出基本公共服务均等化实现程度评价指标体系 A 中每个评价指标相应的指标权重值，操作公式为 $\lambda_j = \dfrac{g_j}{\sum_{j=1}^{n} g_j}$。其中 g_j 是评价指标的差异系数，$\sum_{j=1}^{n} g_j$ 是评价指标体系 A 的指标差异系数的加和。计算结果如表 4-21 所示。

表 4-21　评估指标体系 A 权重

目标	维度	代码	权重/%	指标	代码	权重/%
基本公共服务均等化实现程度 A（投入、产出）	基本公共教育	A_1	14.68	普通小学生人均公共财政教育经费	A_{11}	2.05
				普通初中生人均公共财政教育经费	A_{12}	2.15
				普通小学师生比	A_{13}	2.20
				普通初中师生比	A_{14}	2.10
				普通小学毕业率	A_{15}	2.15
				普通初中毕业率	A_{16}	2.18
				人均受基础教育年限	A_{17}	1.85
	基本医疗卫生	A_2	15.24	医疗卫生支出占公共财政支出比重	A_{21}	2.65
				每千人拥有卫生技术人员数	A_{22}	2.10
				每千人拥有公共医疗卫生机床位数	A_{23}	2.05
				公立医院病床使用率	A_{24}	2.44
				孕产妇系统管理率	A_{25}	2.15
				居民健康建档率	A_{26}	1.90
				适龄儿童免疫规划疫苗接种率	A_{27}	1.95
	基本劳动就业创业	A_3	12.54	社会就业支出占财政支出比重	A_{31}	2.45
				支持创业支出占财政支出比重	A_{32}	2.58
				每万人拥有职业介绍机构数	A_{33}	2.64
				创业领域"最多跑一次"服务普及率	A_{34}	2.35
				劳动就业领域"最多跑一次"服务普及率	A_{35}	2.52
	基本社会保险	A_4	12.43	基本生育保险财政支持增长率	A_{41}	1.74
				基本养老保险财政支持增长率	A_{42}	1.60
				基本失业保险财政支持增长率	A_{43}	1.72
				基本工伤保险财政支持增长率	A_{44}	1.37
				基本生育保险参保率	A_{45}	1.30
				基本失业保险参保率	A_{46}	1.71
				基本养老保险参保率	A_{47}	1.85
				基本工伤保险参保率	A_{48}	1.14
	基本公共文化体育	A_5	9.34	文化事业经费占财政支出比重	A_{51}	1.45
				每万人拥有图书馆数	A_{52}	1.74
				每万人拥有的公共体育场馆数	A_{53}	1.65
				图书馆年流通人次	A_{54}	1.43
				图书馆服务覆盖率	A_{55}	1.36
				广播、电视人口综合覆盖率	A_{56}	1.71

续表

目标	维度	代码	权重/%	指标	代码	权重/%
基本公共服务均等化实现程度 A（投入、产出）	基本住房保障	A_6	13.21	住房保障经费占财政支出比重	A_{61}	3.65
				住房公积金覆盖率	A_{62}	4.95
				各类棚户区改造完成比例	A_{63}	4.61
	基本社会服务	A_7	11.32	社会保障经费占财政支出比重	A_{71}	3.28
				城市最低生活保障人数	A_{72}	2.55
				农村最低生活保障人数	A_{73}	2.76
				每千人社会福利企业登记数	A_{74}	2.73
	残疾人基本公共服务	A_8	11.24	残疾人基本服务支出占财政支出比重	A_{81}	3.04
				残疾人生活补贴额	A_{82}	2.13
				残疾人托养服务比率	A_{83}	2.09
				社会福利企业残疾人职工人数	A_{84}	2.16
				为残疾人提供社会服务机构数	A_{85}	1.82

本轮熵权法对评价指标体系 A 指标权重的计算是基于原始信息的无序状态、信息量大小及效用值得出最终每个指标的权重。本研究通过对我国东部、中部、西部省级政府（6个）、市级政府（12个）、县级政府（24个）共42个不同区域不同层级政府的评估对象的45个基本公共服务均等化实现程度评估指标值首先进行无量纲化，进而计算出样本比重值、熵值、差异性系数，最终得出熵权，详细结果如表4-21所示。

二、指标体系 B，证据理论赋权

D-S 证据理论从源头上说是对概率论的多维完善和纵向推广，与概率论相比，D-S 证据理论作为处理不确定性的数据融合方法，能够更好地消弭数据之间的冲突，也正基于此，D-S 证据理论现在更多地应用在了人工智能领域和大数据背景下的检测诊断等，远远超过了概率论的应用范围。[1] 本研究依托 D-S 证据理论，一方面可以实现对基本公共服务均等化实施效度主观定性评价的客观定量转化，另一方面可以融合弱化乃至消除各独立数据间的分离性，将证据距离化为各指标要素的相对权重，进而得出了最后的权重值。抽选全国60位专家（理论、实践）

---

1 谭旭红. 高校会计师人才培养质量评价研究 [J]. 高教论坛, 2017(04):14-18.

对如下40个指标体系进行赋权（详见附录4所示）。

（一）D-S证据理论的基本函数

D-S证据理论的实际应用更多地是坚持"问题导向"：存在问题，也必然存在对应的解；同一个问题，其解也不会是单一的。故而，对于同一问题，穷尽其所有可能的解并构筑一个完整的集合，在这个集合内各个元素之间彼此互斥；在这样的条件下，针对这一问题的任意一解都是可寻的，那么这就是一个标准的识别框架（frame of discernment），记为D。简要说识别框架D为既包含彼此互斥、又可穷尽的元素集合，有：A_n为D的一个解，n为解的总个数。[1]

在D-S证据理论中，有$2^D \to [0,1]$，如果$A \subseteq D$，则D-S证据理论的三个基础支撑函数分别记为

概率分配函数$M(A)$：$\begin{cases} M(\phi) = 0 \\ \sum_{A \subseteq D} M(A) = 1 \end{cases}$；

信任函数$\text{Bel}(A)$：$\text{Bel}(A) = \sum_{B \subseteq A} M(B)$；

似然函数$\text{Pl}(A)$：$\text{Pl}(A) = 1 - \text{Bel}(\overline{A})$。

三个基本函数中，信任函数和似然函数在对A的关注和反映中各自承担着相关任务，A为真的信任程度由$\text{Bel}(A)$承担，A为非假的程度由$\text{Pl}(A)$承担。具体展示如图4-3所示。

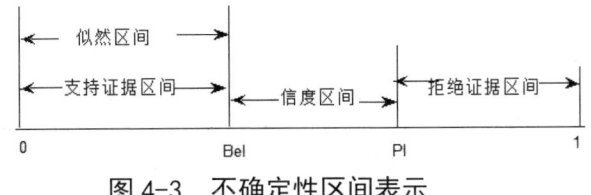

图4-3 不确定性区间表示

---

[1] 谭旭红.高校会计师人才培养质量评价研究[J].高教论坛,2017(04):14-18.

（二）D-S 证据理论的融合

本研究作为一项标准的基础学术研究，会涉及很多的一手资料，特别是相关的数据作为整个研究的支撑。调研、走访、问卷、档案等都会成为我们基础数据资料的来源，正是因为多渠道的数据源头，各数据之间的非协调性自然存在。这种数据之间的冲突，如果在处理的过程中不能实现有效地融合、弱化和消除，那么我们得到的数据结果与实际状况必然存在更大的矛盾，最终我们的研究也就失去真实数据资料的支撑，结果自然难以具有说服力。纵观国内外学者的诸多研究，不可否认，学者们所尝试建立使用的合成算法在一定程度能够消除各独立数据间的冲突性和非协调性；但问题在于，已经使用的合成算法在试图消除数据间冲突性的过程中，并未将各数据之间的相关性做充分的考虑，其结果也缺乏科学性。

本研究将要采用的 D-S 证据理论方法来获取基本公共服务均等化实施效度指标体系 B 的指标权重系数，主要利用的是 D-S 理论证据间距离函数的冲突证据融合规则，将各证据间数据的相关性特征纳入考虑的范畴，实现数据间冲突的关键性融合，这不仅有效兼顾相关性，还能够有效消弭数据间的冲突。操作公式如下。

$$c_{ij} = \frac{\sum_{k=1}^{m} m_{ki} m_{kj}}{\sqrt{\left(\sum_{k=1}^{m} m_{ki}^2\right)\left(\sum_{k=1}^{m} m_{kj}^2\right)}}$$

（三）构建相似度矩阵

$$S_{ij} = \begin{bmatrix} 1 & c_{12} & \cdots & c_{1j} & \cdots & c_{1n} \\ \vdots & \vdots & & \vdots & & \vdots \\ c_{i1} & c_{i2} & \cdots & c_{ij} & \cdots & c_{in} \\ \vdots & \vdots & & \vdots & & \vdots \\ c_{n1} & c_{n2} & \cdots & c_{nj} & \cdots & 1 \end{bmatrix}$$

（四）计算证据间的支持度

$$\text{Sup}(m_i) = \sum_{j=1, j \neq i}^{n} c_{ij}, \quad i, j = 1, 2, \cdots, n$$

（五）计算证据间的可信度

$$\text{Crd}(m_i) = \frac{\text{Sup}(m_i)}{\sum_{i=1}^{n} \text{Sup}(m_i)}, \quad i = 1, 2, \cdots, n$$

（六）冲突证据合成规则下的证据间距离函数

$$m(Y_k) = \sum_{i=1}^{n} m(Y_{ki}) \cdot \text{Crd}(m_i)$$

根据融合规则，我们在权重确定中所选定的各专家就是我们各独立的证据源，与各专家对应的打分指标因素权重则定义为独立证据的 $M(A)$，测评指标体系中的各因素定义为 Y_k。因此各因素指标合成的权重系数存在：

$$\lambda_k = m(Y_k)$$

根据上式权重系数，构建各因素指标间的权重系数矩阵：

$$\lambda_n = \begin{bmatrix} \lambda_1 \\ \lambda_2 \\ \lambda_3 \\ \lambda_n \end{bmatrix} \Rightarrow \begin{bmatrix} \mu_{11} & \mu_{12} & \mu_{13} \cdots \mu_{1n} \\ \mu_{21} & \mu_{22} & \mu_{23} \cdots \mu_{2n} \\ \mu_{31} & \mu_{32} & \mu_{33} \cdots \mu_{3n} \\ \mu_{n1} & \mu_{n2} & \mu_{n3} \cdots \mu_{nn} \end{bmatrix}$$

其中 μ_{nn} 指专家 m 对测评指标体系中第 n 个要素指标的测评结果。

在上文研究中，已确定本研究基本公共服务均等化实施效度指标体系 B 的权重系数确定方法。在这个过程中，我们同样选取 60 名专家（30 理论、30 实践）（此处选取的专家与本研究理论指标筛选的专家方法和对象相同，此处不再做叙述。调查文件详见附录4），通过对各三级指标因素根据重要程度依次赋权，进而得到基本公共服务均等化实施效度指标体系 B 的一级权重系数,如表 4-22 所示。此处为行文简洁和研究的可读性,只展示 10 位专家的赋权计算过程。

表 4-22 专家赋权及融合权重表

指标	专家权重										综合权重
	1	2	3	4	5	6	7	8	9	10	
B_{11}	0.30	0.30	0.25	0.15	0.15	0.30	0.15	0.15	0.35	0.10	0.2213
B_{12}	0.15	0.15	0.10	0.10	0.25	0.20	0.35	0.30	0.05	0.15	0.2051
B_{13}	0.15	0.05	0.30	0.45	0.20	0.15	0.10	0.25	0.15	0.20	0.1941
B_{14}	0.05	0.35	0.10	0.15	0.30	0.20	0.25	0.30	0.20	0.20	0.1931
B_{15}	0.15	0.25	0.20	0.30	0.15	0.05	0.20	0.10	0.20	0.30	0.1864
B_{21}	0.30	0.10	0.30	0.05	0.35	0.15	0.15	0.10	0.25	0.10	0.2231
B_{22}	0.25	0.35	0.15	0.15	0.25	0.25	0.25	0.15	0.10	0.15	0.2018
B_{23}	0.25	0.10	0.25	0.20	0.10	0.10	0.15	0.30	0.15	0.20	0.1760
B_{24}	0.10	0.10	0.20	0.30	0.30	0.30	0.20	0.25	0.30	0.25	0.1573
B_{25}	0.20	0.30	0.20	0.30	0.20	0.10	0.15	0.20	0.20	0.30	0.2038
B_{31}	0.25	0.30	0.25	0.30	0.25	0.05	0.15	0.25	0.15	0.20	0.2032
B_{32}	0.20	0.10	0.10	0.20	0.15	0.25	0.25	0.15	0.25	0.20	0.2101
B_{33}	0.35	0.25	0.35	0.25	0.30	0.35	0.10	0.20	0.20	0.15	0.1945
B_{34}	0.25	0.05	0.10	0.25	0.15	0.25	0.10	0.15	0.25	0.15	0.1916
B_{35}	0.15	0.20	0.10	0.20	0.35	0.15	0.25	0.15	0.15	0.50	0.2006
B_{41}	0.20	0.10	0.10	0.20	0.15	0.25	0.25	0.15	0.25	0.20	0.1858
B_{42}	0.20	0.30	0.10	0.25	0.25	0.10	0.10	0.15	0.10	0.15	0.1626
B_{43}	0.10	0.20	0.20	0.25	0.25	0.20	0.20	0.15	0.20	0.25	0.1843
B_{44}	0.20	0.15	0.20	0.20	0.20	0.25	0.20	0.20	0.20	0.20	0.1573
B_{45}	0.10	0.05	0.10	0.15	0.10	0.10	0.15	0.05	0.15	0.25	0.1321
B_{46}	0.10	0.10	0.20	0.05	0.05	0.20	0.15	0.10	0.15	0.05	0.1779
B_{51}	0.25	0.10	0.15	0.25	0.15	0.30	0.15	0.35	0.20	0.30	0.1325
B_{52}	0.10	0.30	0.25	0.10	0.20	0.20	0.15	0.15	0.30	0.10	0.2054
B_{53}	0.10	0.10	0.40	0.30	0.15	0.20	0.15	0.35	0.20	0.10	0.1635
B_{54}	0.15	0.20	0.25	0.20	0.30	0.20	0.25	0.15	0.10	0.20	0.2074
B_{55}	0.30	0.20	0.25	0.25	0.20	0.30	0.30	0.10	0.40	0.10	0.2712
B_{61}	0.35	0.15	0.45	0.20	0.20	0.15	0.20	0.25	0.35	0.10	0.2321
B_{62}	0.20	0.15	0.20	0.10	0.15	0.45	0.20	0.15	0.15	0.20	0.1476
B_{63}	0.20	0.20	0.10	0.30	0.05	0.10	0.20	0.15	0.20	0.10	0.1088
B_{64}	0.25	0.10	0.20	0.25	0.15	0.20	0.20	0.15	0.20	0.25	0.1656
B_{65}	0.15	0.15	0.15	0.05	0.15	0.15	0.05	0.10	0.10	0.35	0.1575

续表

指标	专家权重										综合权重
	1	2	3	4	5	6	7	8	9	10	
B_{66}	0.45	0.20	0.10	0.20	0.30	0.15	0.40	0.20	0.10	0.35	0.1674
B_{71}	0.35	0.25	0.20	0.40	0.20	0.25	0.35	0.40	0.30	0.25	0.3127
B_{72}	0.25	0.25	0.40	0.15	0.40	0.25	0.15	0.15	0.25	0.40	0.3021
B_{73}	0.30	0.20	0.10	0.25	0.30	0.40	0.40	0.25	0.25	0.35	0.3252
B_{81}	0.15	0.10	0.20	0.10	0.25	0.10	0.25	0.20	0.25	0.25	0.2245
B_{82}	0.35	0.10	0.25	0.20	0.30	0.30	0.15	0.20	0.35	0.15	0.1987
B_{83}	0.25	0.20	0.10	0.25	0.05	0.20	0.10	0.10	0.15	0.10	0.2371
B_{84}	0.105	0.30	0.25	0.25	0.15	0.25	0.25	0.15	0.15	0.20	0.1679
B_{85}	0.10	0.30	0.30	0.20	0.15	0.15	0.35	0.25	0.20	0.30	0.1418
B_1	0.15	0.15	0.15	0.1	0.15	0.10	0.15	0.1	0.10	0.20	0.1434
B_2	0.15	0.15	0.15	0.05	0.25	0.15	0.15	0.15	0.15	0.05	0.1602
B_3	0.10	0.20	0.15	0.25	0.05	0.15	0.10	0.15	0.15	0.20	0.1307
B_4	0.10	0.10	0.10	0.10	0.10	0.10	0.10	0.05	0.15	0.05	0.1368
B_5	0.20	0.15	0.05	0.10	0.15	0.15	0.25	0.05	0.20	0.15	0.1102
B_6	0.15	0.10	0.15	0.05	0.05	0.05	0.25	0.10	0.15	0.05	0.1602
B_7	0.20	0.15	0.10	0.15	0.10	0.15	0.10	0.15	0.15	0.10	0.1442
B_8	0.15	0.10	0.15	0.25	0.15	0.10	0.25	0.15	0.35	0.20	0.1043

在此基础上，本研究依据上述 D-S 证据理论的融合规则公式及权重系数矩阵，实现了对基本公共服务均等化实施效度评价指标体系 B 各个指标因素权重系数的融合。此处为研究的可读性仅展示 B_{11}—B_{15} 指标的赋权过程，其中 B_{11}—B_{15} 的相似度矩阵如下所示：

$$\begin{bmatrix} 1 & 0.7776 & 0.5397 & 0.5243 & 0.6616 & 0.9126 & 0.7512 & 0.6573 & 0.9703 & 0.5893 \\ 0.7776 & 1 & 0.7096 & 0.6717 & 0.9399 & 0.9739 & 0.9891 & 0.9546 & 0.8859 & 0.8042 \\ 0.5397 & 0.7096 & 1 & 0.8066 & 0.5557 & 0.7109 & 0.6198 & 0.8358 & 0.6616 & 0.5051 \\ 0.5243 & 0.6717 & 0.8066 & 1 & 0.5397 & 0.6736 & 0.6012 & 0.6967 & 0.5648 & 0.7870 \\ 0.6616 & 0.9399 & 0.5557 & 0.5379 & 1 & 0.8648 & 0.9289 & 0.8454 & 0.7843 & 0.8420 \\ 0.9126 & 0.9739 & 0.7109 & 0.6736 & 0.8648 & 1 & 0.9434 & 0.8980 & 0.9716 & 0.7540 \\ 0.7512 & 0.9891 & 0.6198 & 0.6012 & 0.9289 & 0.9434 & 1 & 0.9333 & 0.8558 & 0.7769 \\ 0.6573 & 0.9546 & 0.8358 & 0.6967 & 0.8454 & 0.8980 & 0.9333 & 1 & 0.8037 & 0.6773 \\ 0.9703 & 0.8859 & 0.6616 & 0.5648 & 0.7843 & 0.9716 & 0.8558 & 0.8037 & 1 & 0.6362 \\ 0.5893 & 0.8042 & 0.5051 & 0.7870 & 0.8420 & 0.7540 & 0.7769 & 0.6773 & 0.6362 & 1 \end{bmatrix}$$

由此得出指标证据间的支持度：

$\text{Sup}(m_1)=6.3829$，$\text{Sup}(m_2)=7.7065$，$\text{Sup}(m_3)=5.9448$，$\text{Sup}(m_4)=5.8638$，$\text{Sup}(m_5)=6.9605$，$\text{Sup}(m_6)=7.7028$，$\text{Sup}(m_7)=7.3996$，$\text{Sup}(m_8)=7.2821$，$\text{Sup}(m_9)=7.1342$，$\text{Sup}(m_{10})=6.3720$

同理得出指标证据间的可信度：

$\text{Crd}(m_1)=0.0928$，$\text{Crd}(m_2)=0.1121$，$\text{Crd}(m_3)=0.0865$，$\text{Crd}(m_4)=0.0853$，$\text{Crd}(m_5)=0.1012$，$\text{Crd}(m_6)=0.1120$，$\text{Crd}(m_7)=0.1076$，$\text{Crd}(m_8)=0.1059$，$\text{Crd}(m_9)=0.1038$，$\text{Crd}(m_{10})=0.0927$

最后根据专家对指标体系 B 各个指标权重打分，结合上述指标证据间的可信度分析得出融合指标权重：

$c_{11}=0.5m_1+0.2m_2+0.15m_3+0.1m_4+0.15m_5+0.3m_6+0.2m_7+0.15m_8+\cdots+0.1m_{60}=0.2273$

$c_{12}=0.5m_1+0.2m_2+0.15m_3+0.1m_4+0.15m_5+0.3m_6+0.2m_7+0.15m_8+\cdots+0.1m_{60}=0.1904$

$c_{13}=0.5m_1+0.2m_2+0.15m_3+0.1m_4+0.15m_5+0.3m_6+0.2m_7+0.15m_8+\cdots+0.1m_{60}=0.1882$

$c_{14}=0.5m_1+0.2m_2+0.15m_3+0.1m_4+0.15m_5+0.3m_6+0.2m_7+0.15m_8+\cdots+0.1m_{60}=0.2144$

$c_{15}=0.5m_1+0.2m_2+0.15m_3+0.1m_4+0.15m_5+0.3m_6+0.2m_7+0.15m_8+\cdots+0.1m_{60}=0.1751$

即基本公共服务均等化实施效度评价指标体系 B 中三级评价指标 B_{11}—B_{15} 的融合权重分别为 0.2213，0.2051，0.1941，0.1931，0.1864。同理，B_{21}—B_{24}、B_{31}—B_{35}、B_{41}—B_{43}、B_1—B_8 的融合权重系数依次求出，如表4-23所示。

表 4-23 评价指标体系 B 权重

目标	维度	代码	权重 /%	指标	代码	权重 /%
基本公共服务均等化实现效度 B（获得感、满意度）	基本公共教育	B_1	14.34	小学毕业考试优秀率	B_{11}	22.13
				中学毕业考试优秀率	B_{12}	20.51
				教室硬件设施满意度	B_{13}	19.41
				教师教学水平满意度	B_{14}	19.31
				学校文化满意度	B_{15}	18.64
	基本医疗卫生	B_2	15.02	人口死亡率	B_{21}	22.51
				医生服务态度满意度	B_{22}	20.98
				看病方便程度满意度	B_{23}	17.40
				导诊服务的满意度	B_{24}	18.73
				医疗收费合理性满意度	B_{25}	20.38
	基本劳动就业创业	B_3	13.07	城镇登记失业率	B_{31}	20.32
				劳动合同签订率	B_{32}	21.01
				就业培训服务满意度	B_{33}	19.45
				自主创业服务满意度	B_{34}	19.16
				劳动人事争议调解服务满意度	B_{35}	20.06
	基本社会保险	B_4	13.18	医疗保险支付率	B_{41}	18.58
				失业保险替代率	B_{42}	16.26
				基本养老保险支付率	B_{43}	18.43
				基本养老保险服务满意度	B_{44}	15.73
				基本医疗保险服务报销满意度	B_{45}	13.21
				基本失业保险服务覆盖范围满意度	B_{46}	17.79
	基本社会服务	B_5	11.52	社区服务机构覆盖率	B_{51}	13.25
				社会殡葬服务单位数	B_{52}	22.54
				人均社会保障经费满意度	B_{53}	16.35
				最低生活保障额满意度	B_{54}	20.74
				老年人福利补贴经费满意度	B_{55}	27.12
	基本住房保障	B_6	11.02	农村基本住房保障覆盖率	B_{61}	20.21
				城市基本住房保障覆盖率	B_{62}	16.76
				住房公积金覆盖率满意度	B_{63}	11.88
				城市人均住房建筑面积满意度	B_{64}	16.56
				农村人均住房建筑面积满意度	B_{65}	15.85
				城镇棚户区住房改造满意度	B_{66}	18.74
	基本公共文化体育	B_7	10.42	图书馆基本公共文化服务满意度	B_{71}	33.27
				体育场基本公共文化服务满意度	B_{72}	34.21
				基本公共文化基础设施满意度	B_{73}	32.52
	残疾人基本公共服务	B_8	11.43	辅助性就业提升就业率	B_{81}	22.45
				残疾人康复服务满意度	B_{82}	19.87
				残疾人生活补贴满意度	B_{83}	26.71
				无障碍环境支持满意度	B_{84}	16.79
				残疾人托养服务满意度	B_{85}	14.18

第五章　基本公共服务均等化实施效度与实现程度实证评估

本章要依据上一章确立的基本公共服务均等化实施效度与实现程度评估的通用评估指标体系，实证测评出当前我国各级政府基本公共服务均等化实施效度与实现程度。本研究随机抽样选出我国东、中、西部三个区域的6个省级政府、12个市级政府、24个县级政府，并对其基本公共服务均等化实施效度与实现程度进行评估。利用筛选好的指标体系对我国东、中、西部的基本公共服务均等化实施效度与实现程度进行实证评估，形成评价结果P_1、P_2、P_3、P_4…

第一节　数据收集

采取分区分层分类（三区、三层、八大类）的选点评估，从我国东、中、西三大区中各抽选2个省级政府、4个市级政府、8个县级政府分别对基本公共教育、基本社会服务、基本医疗卫生、基本社会保险、基本住房保障、基本劳动就业创业、基本公共文化体育、残疾人基本公共服务的八个方面进行实证评估研究。本轮实证区域对象研究选择如下。省级政府：东部，江苏省、天津市；中部，河南省、安徽省；西部，甘肃省、重庆市。市级政府：东部，苏州市、徐州市、津南区、南开区；中部，商丘市、开封市、宿州市、安庆市；西部，陇南市、天水市、渝中区、奉节县。县级政府：东部，睢宁县、沛县、相城区、昆山市、咸水沽镇、八里台镇、鼓楼街道、八里台街道；中部，睢县、民权、鼓楼区、兰考县、萧县、砀山县、潜山市、怀宁县；西部，礼县、宕昌县、麦积区、甘谷县、解放碑街道、大溪沟街道、兴隆镇、安坪乡。

一、定性指标数据获取

由于较难直接获取主观指标数据，本研究定性指标（主观指标）的数据获取主要来自调查问卷（详见附录3、4）。问卷中的打分规则如表5-1所示。本研究依据问卷调查的实地调研方法，调查研究的区域范围为我国东部、中部、西部各省级政府（6个）、市级政府（12个）、县级政府（24个），在我国东、中、西部省、市、县区域进行为期8个月的实地专题调查（见附录7研究"足迹"与花絮部分）。调查研究设计采用随机抽样的方法，依据第六次全国人口普查的东部、中部、西部人口密度，将东部、中部、西部问卷发放数量分成40%、35%、25%，其中：东部发放问卷共1200份，回收1100份，有效问卷1080份；中部发放问卷1050份，回收1000份，有效问卷950份；西部发放问卷750份，回收720份，有效回收问卷700份；共发放问卷3000份，回收2820份，有效总回收2730份。回收率以及问卷填答的有效率均超过90%（详见表5-2、5-3）。

表5-1 定性指标打分规则

标度	0	1	2	3	4	5
指标满意程度	不了解	很不满意	较不满意	一般满意	较为满意	很满意

在调研期间，为了充分利用时间，考虑到火车上旅客的时间也比较充裕，方便问卷填写和访问题目的交流，课题组在前往调研目的地的列车上运用随机抽样调研的方式面向车厢内的旅客以及相关人员开展了问卷调研工作。这种有效的方式对我们课题组的调研工作提供了强大的助力。我们将问卷回收并整理问卷填写人群的所属区域，其中：东部回收问卷587份，有效问卷540份；中部635份，

有效问卷 600 份；西部 358 份，有效问卷 350 份；共计问卷 1580 份，有效问卷 1490 份。调研共发放问卷 4580 份。所以，结合上述两种问卷发放形式，本研究采取定点发放和不定点发放调研问卷相结合的方法（详见表 5-2、5-3）。

我们发现，从调研问卷回收份数的省际分布来看，我国的东部、中部、西部区域的主要集中在江苏省、天津市、河南省、安徽省、甘肃省、重庆市，而且总体上来看，全国各区域发放问卷也较为均衡，这也与我们的实证选择对象相一致。

表 5-2　面向 6 省、12 市、24 县问卷定向发放及回收情况（单位：份）

全国区域	发放	回收	有效
东部	1200	1100	1080
中部	1050	1000	950
西部	750	720	700

资料来源：根据问卷回收后整理计算所得。

表 5-3　面向全国不定向问卷发放及回收情况（单位：份）

全国区域	发放	回收	有效
东部	600	587	540
中部	640	635	600
西部	400	358	350

资料来源：根据问卷回收后整理计算所得。

从表 5-4 中可以发现本研究的调查对象在我国东部、中部、西部各省份、市级、县级及性别、年龄、户口、文化程度、工作单位、政治面貌等各项内容都有所分布。且从收集回来的数据描述统计上可以看出分布比较均衡，基本覆盖各类居民，能够较普遍反映我国东、中、西部地方各级政府基本公共服务均等化实施效度的现状。问卷回收后，运用 SPSS 24 对数据进行了录入和统计分析，样本基本情况如表 5-4 所示。

表 5-4 实现效度调查样本基本情况

统计指标		比例 /%	统计指标		比例 /%
区域	东部（2省、4市、8县）	33.56	文化程度	研究生及以上	5.91
	中部（2省、4市、8县）	33.78		本科	38.94
	西部（2省、4市、8县）	32.66		大专	19.23
性别	男	50.07		中学或中专	27.36
	女	45.72		小学及以下	8.56
	不愿透露	4.21	政治面貌	中共党员（含预备）	26.45
户口	城镇居民	65.30		共青团员	24.32
	农村居民	32.90		民主党派	2.90
	其他	1.80		群众	46.33
年龄	25岁及以下	12.40	工作单位	国有企业	9.56
	26—35岁	14.20		私营企业	37.68
	36—45岁	16.30		外企	5.34
	46—55岁	17.80		事业单位	33.91
	56—65岁	20.54		政府部门	12.30
	66岁及以上	18.74		其他	1.21

资料来源：根据调查研究整理计算所得。

二、定量指标数据获取

本研究的客观指标以国家统计数据库、《中国社会统计年鉴(2013—2018)》《中国城市统计年鉴（2013—2018）》《中国省市经济发展年鉴（2013—2018）》《中国县域统计年鉴（县市卷）（2013—2018）》为主，结合当年所属省市统计年鉴、统计公报、政府工作报告、行政文件以及当地政府门户网站、各部门网站等渠道直接获取，个别在上述资料中无法找到的指标通过与当地政府相关部门电话联系或者实地采访直接获取。指标部分缺失值拟用临近年份数据或取多年平均值替代，

三、指标操作化处理

接下来是对本研究的指标体系进行操作化处理。本研究利用功效系数法确定出优、良、中、差的评分标准与界限。功效系数（函数）法是指研究者根据多目标规划原理，为每一项评价指标都确定一个满意值和不允许值，并且每一项评价指标也都以满意值为其评价指标的上限，以不允许值为其下限，进而计算获取每一项评价指标的实现满意值的程度，以此为依据确定出每个指标的得分数，再经过加权平均算法进行综合计算，从而得出我们拟定研究对象的最终评估结果。在这里需要说明的是，有些基本公共服务均等化实施效度与实现程度指标的打分有标准值可依据，而有些指标没有打分的标准值，这种情况下，我们以国家相关基本公共服务均等化指导性文件为蓝本，根据语言表达习惯来判断。

（一）计算序参量功效函数

若 $u_i(i=1,2)$ 是待评估系统的综合序参量，x_{ij}（$i=1,2,3,\cdots,m$, $j=1,2,3,\cdots,n$）是第 i 个子系统的第 j 个指标（序参量），体现出每一个研究指标所达到目标值的满意程度，即单个指标的得分情况。$x_{ij} \in [0,1]$，0 为该指标最差得分，1 为该指标最高得分，也即原始理想分值。a_{ij}, β_{ij} 是系统序参量的上、下限值，功效函数 x_{ij} 计算公式为

$$x_{ij} = \begin{cases} \dfrac{x_{ij} - \beta_{ij}}{\alpha_{ij} - \beta_{ij}} \\ \dfrac{\alpha_{ij} - x_{ij}}{\alpha_{ij} - \alpha_{ij}} \end{cases}$$

其中：$x_{ij} = \dfrac{x_{ij}-\beta_{ij}}{\alpha_{ij}-\beta_{ij}}$，$x_{ij}$ 具有正功效，$x_{ij}= \dfrac{\alpha_{ij}-x_{ij}}{\alpha_{ij}-\beta_{ij}}$，$x_{ij}$ 具有负功效。

此处为行文简洁，以基本公共教育均等化实现程度、基本医疗卫生均等化实现程度和基本公共社会服务均等化社会服务实施效度、基本社会保险服务均等化实施效度为例。表 5-5、表 5-6 展示了基本公共教育均等化实现程度和基本社会服务均等化实施效度，其他详细数据见附录 5 所示。

表 5-5 基本公共教育均等化实现程度指标分值统计表

地区		政府层级	指标	功效函数值
东部	江苏省	省级政府	普通小学生人均公共财政教育经费	0.62
			普通初中生人均公共财政教育经费	0.71
			普通小学师生比	0.65
			普通初中师生比	0.82
			普通小学毕业率	0.43
			普通初中毕业率	0.64
			人均受基础教育年限	0.83
	天津市		普通小学生人均公共财政教育经费	0.57
			普通初中生人均公共财政教育经费	0.62
			普通小学师生比	0.61
			普通初中师生比	0.58
			普通小学毕业率	0.51
			普通初中毕业率	0.59
			人均受基础教育年限	0.73
	苏州市	市级政府	普通小学生人均公共财政教育经费	0.23
			普通初中生人均公共财政教育经费	0.37
			普通小学师生比	0.51
			普通初中师生比	0.74
			普通小学毕业率	0.59
			普通初中毕业率	0.67
			人均受基础教育年限	0.83

续表

地区		政府层级	指标	功效函数值
东部	徐州市	市级政府	普通小学生人均公共财政教育经费	0.59
			普通初中生人均公共财政教育经费	0.68
			普通小学师生比	0.38
			普通初中师生比	0.43
			普通小学毕业率	0.67
			普通初中毕业率	0.71
			人均受基础教育年限	0.60
	津南区		普通小学生人均公共财政教育经费	0.57
			普通初中生人均公共财政教育经费	0.64
			普通小学师生比	0.45
			普通初中师生比	0.47
			普通小学毕业率	0.53
			普通初中毕业率	0.49
			人均受基础教育年限	0.64
	南开区		普通小学生人均公共财政教育经费	0.57
			普通初中生人均公共财政教育经费	0.61
			普通小学师生比	0.43
			普通初中师生比	0.52
			普通小学毕业率	0.58
			普通初中毕业率	0.49
			人均受基础教育年限	0.60
	睢宁县	县级政府	普通小学生人均公共财政教育经费	0.39
			普通初中生人均公共财政教育经费	0.34
			普通小学师生比	0.53
			普通初中师生比	0.50
			普通小学毕业率	0.62
			普通初中毕业率	0.78
			人均受基础教育年限	0.72
	相城区		普通小学生人均公共财政教育经费	0.51
			普通初中生人均公共财政教育经费	0.50
			普通小学师生比	0.53
			普通初中师生比	0.67
			普通小学毕业率	0.38
			普通初中毕业率	0.31
			人均受基础教育年限	0.50

续表

地区		政府层级	指标	功效函数值
东部	沛县	县级政府	普通小学生人均公共财政教育经费	0.53
			普通初中生人均公共财政教育经费	0.62
			普通小学师生比	0.48
			普通初中师生比	0.42
			普通小学毕业率	0.56
			普通初中毕业率	0.67
			人均受基础教育年限	0.53
	昆山市		普通小学生人均公共财政教育经费	0.48
			普通初中生人均公共财政教育经费	0.42
			普通小学师生比	0.51
			普通初中师生比	0.49
			普通小学毕业率	0.59
			普通初中毕业率	0.62
			人均受基础教育年限	0.56
	咸水沽镇		普通小学生人均公共财政教育经费	0.41
			普通初中生人均公共财政教育经费	0.46
			普通小学师生比	0.67
			普通初中师生比	0.63
			普通小学毕业率	0.71
			普通初中毕业率	0.65
			人均受基础教育年限	0.52
	八里台镇		普通小学生人均公共财政教育经费	0.61
			普通初中生人均公共财政教育经费	0.65
			普通小学师生比	0.52
			普通初中师生比	0.47
			普通小学毕业率	0.60
			普通初中毕业率	0.58
			人均受基础教育年限	0.61
	鼓楼街道		普通小学生人均公共财政教育经费	0.56
			普通初中生人均公共财政教育经费	0.67
			普通小学师生比	0.53
			普通初中师生比	0.49
			普通小学毕业率	0.52
			普通初中毕业率	0.49
			人均受基础教育年限	0.57

续表

地区		政府层级	指标	功效函数值
东部	八里台街道	县级政府	普通小学生人均公共财政教育经费	0.61
			普通初中生人均公共财政教育经费	0.59
			普通小学师生比	0.47
			普通初中师生比	0.53
			普通小学毕业率	0.60
			普通初中毕业率	0.52
			人均受基础教育年限	0.58
中部	河南省	省级政府	普通小学生人均公共财政教育经费	0.48
			普通初中生人均公共财政教育经费	0.59
			普通小学师生比	0.82
			普通初中师生比	0.39
			普通小学毕业率	0.48
			普通初中毕业率	0.58
			人均受基础教育年限	0.49
	安徽省		普通小学生人均公共财政教育经费	0.46
			普通初中生人均公共财政教育经费	0.53
			普通小学师生比	0.49
			普通初中师生比	0.57
			普通小学毕业率	0.43
			普通初中毕业率	0.53
			人均受基础教育年限	0.47
	商丘市	市级政府	普通小学生人均公共财政教育经费	0.52
			普通初中生人均公共财政教育经费	0.48
			普通小学师生比	0.91
			普通初中师生比	0.84
			普通小学毕业率	0.45
			普通初中毕业率	0.81
			人均受基础教育年限	0.48
	开封市		普通小学生人均公共财政教育经费	0.67
			普通初中生人均公共财政教育经费	0.58
			普通小学师生比	0.51
			普通初中师生比	0.73
			普通小学毕业率	0.82
			普通初中毕业率	0.49
			人均受基础教育年限	0.58

续表

地区		政府层级	指标	功效函数值
中部	宿州市	市级政府	普通小学生人均公共财政教育经费	0.63
			普通初中生人均公共财政教育经费	0.57
			普通小学师生比	0.49
			普通初中师生比	0.52
			普通小学毕业率	0.45
			普通初中毕业率	0.53
			人均受基础教育年限	0.58
	安庆市		普通小学生人均公共财政教育经费	0.47
			普通初中生人均公共财政教育经费	0.40
			普通小学师生比	0.52
			普通初中师生比	0.63
			普通小学毕业率	0.49
			普通初中毕业率	0.58
			人均受基础教育年限	0.42
	睢县	县级政府	普通小学生人均公共财政教育经费	0.56
			普通初中生人均公共财政教育经费	0.79
			普通小学师生比	0.68
			普通初中师生比	0.59
			普通小学毕业率	0.72
			普通初中毕业率	0.58
			人均受基础教育年限	0.80
	民权		普通小学生人均公共财政教育经费	0.63
			普通初中生人均公共财政教育经费	0.47
			普通小学师生比	0.83
			普通初中师生比	0.72
			普通小学毕业率	0.62
			普通初中毕业率	0.54
			人均受基础教育年限	0.69
	鼓楼区		普通小学生人均公共财政教育经费	0.61
			普通初中生人均公共财政教育经费	0.59
			普通小学师生比	0.62
			普通初中师生比	0.57
			普通小学毕业率	0.48
			普通初中毕业率	0.52
			人均受基础教育年限	0.48

续表

地区		政府层级	指标	功效函数值
中部	兰考县	县级政府	普通小学生人均公共财政教育经费	0.63
			普通初中生人均公共财政教育经费	0.67
			普通小学师生比	0.53
			普通初中师生比	0.49
			普通小学毕业率	0.52
			普通初中毕业率	0.48
			人均受基础教育年限	0.62
	萧县		普通小学生人均公共财政教育经费	0.56
			普通初中生人均公共财政教育经费	0.47
			普通小学师生比	0.53
			普通初中师生比	0.46
			普通小学毕业率	0.51
			普通初中毕业率	0.48
			人均受基础教育年限	0.54
	砀山县		普通小学生人均公共财政教育经费	0.41
			普通初中生人均公共财政教育经费	0.46
			普通小学师生比	0.54
			普通初中师生比	0.61
			普通小学毕业率	0.58
			普通初中毕业率	0.53
			人均受基础教育年限	0.49
	潜山县		普通小学生人均公共财政教育经费	0.48
			普通初中生人均公共财政教育经费	0.39
			普通小学师生比	0.45
			普通初中师生比	0.51
			普通小学毕业率	0.43
			普通初中毕业率	0.47
			人均受基础教育年限	0.51
	怀宁县		普通小学生人均公共财政教育经费	0.53
			普通初中生人均公共财政教育经费	0.46
			普通小学师生比	0.41
			普通初中师生比	0.52
			普通小学毕业率	0.58
			普通初中毕业率	0.47
			人均受基础教育年限	0.43

续表

地区		政府层级	指标	功效函数值
西部	甘肃省	省级政府	普通小学生人均公共财政教育经费	0.60
			普通初中生人均公共财政教育经费	0.51
			普通小学师生比	0.42
			普通初中师生比	0.57
			普通小学毕业率	0.46
			普通初中毕业率	0.52
			人均受基础教育年限	0.41
	重庆市		普通小学生人均公共财政教育经费	0.54
			普通初中生人均公共财政教育经费	0.68
			普通小学师生比	0.53
			普通初中师生比	0.49
			普通小学毕业率	0.53
			普通初中毕业率	0.50
			人均受基础教育年限	0.47
	陇南市	市级政府	普通小学生人均公共财政教育经费	0.57
			普通初中生人均公共财政教育经费	0.46
			普通小学师生比	0.60
			普通初中师生比	0.39
			普通小学毕业率	0.46
			普通初中毕业率	0.37
			人均受基础教育年限	0.41
	天水市		普通小学生人均公共财政教育经费	0.60
			普通初中生人均公共财政教育经费	0.58
			普通小学师生比	0.51
			普通初中师生比	0.45
			普通小学毕业率	0.52
			普通初中毕业率	0.63
			人均受基础教育年限	0.67
	渝中区		普通小学生人均公共财政教育经费	0.52
			普通初中生人均公共财政教育经费	0.46
			普通小学师生比	0.43
			普通初中师生比	0.48
			普通小学毕业率	0.51
			普通初中毕业率	0.57
			人均受基础教育年限	0.48

续表

地区		政府层级	指标	功效函数值
西部	奉节县	市级政府	普通小学生人均公共财政教育经费	0.45
			普通初中生人均公共财政教育经费	0.49
			普通小学师生比	0.52
			普通初中师生比	0.50
			普通小学毕业率	0.39
			普通初中毕业率	0.41
			人均受基础教育年限	0.48
	礼县	县级政府	普通小学生人均公共财政教育经费	0.45
			普通初中生人均公共财政教育经费	0.77
			普通小学师生比	0.47
			普通初中师生比	0.53
			普通小学毕业率	0.62
			普通初中毕业率	0.43
			人均受基础教育年限	0.50
	宕昌县		普通小学生人均公共财政教育经费	0.43
			普通初中生人均公共财政教育经费	0.48
			普通小学师生比	0.64
			普通初中师生比	0.58
			普通小学毕业率	0.63
			普通初中毕业率	0.47
			人均受基础教育年限	0.52
	麦积区		普通小学生人均公共财政教育经费	0.40
			普通初中生人均公共财政教育经费	0.45
			普通小学师生比	0.39
			普通初中师生比	0.42
			普通小学毕业率	0.47
			普通初中毕业率	0.56
			人均受基础教育年限	0.53
	甘谷县		普通小学生人均公共财政教育经费	0.49
			普通初中生人均公共财政教育经费	0.44
			普通小学师生比	0.56
			普通初中师生比	0.53
			普通小学毕业率	0.47
			普通初中毕业率	0.42
			人均受基础教育年限	0.52

续表

地区		政府层级	指标	功效函数值
西部	解放碑街道	县级政府	普通小学生人均公共财政教育经费	0.50
			普通初中生人均公共财政教育经费	0.47
			普通小学师生比	0.59
			普通初中师生比	0.52
			普通小学毕业率	0.48
			普通初中毕业率	0.53
			人均受基础教育年限	0.51
	大溪沟街道		普通小学生人均公共财政教育经费	0.60
			普通初中生人均公共财政教育经费	0.62
			普通小学师生比	0.42
			普通初中师生比	0.45
			普通小学毕业率	0.57
			普通初中毕业率	0.62
			人均受基础教育年限	0.50
	兴隆镇		普通小学生人均公共财政教育经费	0.61
			普通初中生人均公共财政教育经费	0.58
			普通小学师生比	0.43
			普通初中师生比	0.49
			普通小学毕业率	0.57
			普通初中毕业率	0.53
			人均受基础教育年限	0.45
	安坪乡		普通小学生人均公共财政教育经费	0.51
			普通初中生人均公共财政教育经费	0.48
			普通小学师生比	0.58
			普通初中师生比	0.62
			普通小学毕业率	0.55
			普通初中毕业率	0.53
			人均受基础教育年限	0.42

资料来源：根据《中国教育统计年鉴（2013—2018）》《中国教育经费统计年鉴（2013—2018）》《中国统计年鉴（2013—2018）》《中国人口与就业统计年鉴（2013—2018）》、国家统计数据库、《中国县域统计年鉴（县市卷）（2013—2018年）》相关数据整理计算所得。

表 5-6 基本社会服务均等化实施效度指标分值统计表

（为研究可读性，仅展示部分研究对象）

地区		政府层级	指标	功效函数值
东部	天津市	省级政府	社区服务机构覆盖率	4.0
			社会殡葬服务单位数	3.0
			人均社会保障经费满意度	4.0
			最低生活保障额满意度	3.0
			老年人福利补贴经费满意度	4.5
	津南区	市级政府	社区服务机构覆盖率	4.2
			社会殡葬服务单位数	3.7
			人均社会保障经费满意度	3.0
			最低生活保障额满意度	4.0
			老年人福利补贴经费满意度	2.9
	南开区		社区服务机构覆盖率	4.0
			社会殡葬服务单位数	3.0
			人均社会保障经费满意度	3.2
			最低生活保障额满意度	3.0
			老年人福利补贴经费满意度	4.0
	咸水沽	县级政府	社区服务机构覆盖率	4.6
			社会殡葬服务单位数	3.1
			人均社会保障经费满意度	3.2
			最低生活保障额满意度	4.0
			老年人福利补贴经费满意度	4.1
	八里台		社区服务机构覆盖率	4.0
			社会殡葬服务单位数	3.0
			人均社会保障经费满意度	4.0
			最低生活保障额满意度	3.2
			老年人福利补贴经费满意度	3.1

续表

地区		政府层级	指标	功效函数值
中部	安徽省	省级政府	社区服务机构覆盖率	3.0
			社会殡葬服务单位数	4.0
			人均社会保障经费满意度	3.0
			最低生活保障额满意度	3.0
			老年人福利补贴经费满意度	3.0
	宿州市	市级政府	社区服务机构覆盖率	3.4
			社会殡葬服务单位数	3.5
			人均社会保障经费满意度	4.0
			最低生活保障额满意度	3.0
			老年人福利补贴经费满意度	3.2
	安庆市		社区服务机构覆盖率	4.1
			社会殡葬服务单位数	3.2
			人均社会保障经费满意度	2.8
			最低生活保障额满意度	3.4
			老年人福利补贴经费满意度	3.5
	萧县	县级政府	社区服务机构覆盖率	3.8
			社会殡葬服务单位数	3.7
			人均社会保障经费满意度	3.0
			最低生活保障额满意度	4.2
			老年人福利补贴经费满意度	4.3
	怀宁		社区服务机构覆盖率	3.0
			社会殡葬服务单位数	3.0
			人均社会保障经费满意度	2.7
			最低生活保障额满意度	3.6
			老年人福利补贴经费满意度	3.7
西部	重庆市	省级政府	社区服务机构覆盖率	3.4
			社会殡葬服务单位数	4.1
			人均社会保障经费满意度	3.8
			最低生活保障额满意度	3.1
			老年人福利补贴经费满意度	2.5

续表

地区	政府层级	指标	功效函数值
西部			
	渝中区 市级政府	社区服务机构覆盖率	2.6
		社会殡葬服务单位数	2.5
		人均社会保障经费满意度	2.5
		最低生活保障额满意度	3.0
		老年人福利补贴经费满意度	3.2
	奉节县	社区服务机构覆盖率	3.6
		社会殡葬服务单位数	2.6
		人均社会保障经费满意度	3.1
		最低生活保障额满意度	3.0
		老年人福利补贴经费满意度	2.5
	兴隆镇 县级政府	社区服务机构覆盖率	2.1
		社会殡葬服务单位数	2.0
		人均社会保障经费满意度	2.0
		最低生活保障额满意度	2.5
		老年人福利补贴经费满意度	3.0
	安坪乡	社区服务机构覆盖率	3.2
		社会殡葬服务单位数	3.0
		人均社会保障经费满意度	2.6
		最低生活保障额满意度	2.5
		老年人福利补贴经费满意度	2.0

资料来源：根据《中国统计年鉴（2013—2018）》《中国人口与就业统计年鉴（2013—2018）》、国家统计数据库，天津市、河南省、重庆市地方社会保障和就业支出、《中国社会统计年鉴（2013—2018）》《中国城市统计年鉴（2013—2018）》《中国省市经济发展年鉴（2013—2018）》相关数据和调研问卷回收整理计算所得。

（二）计算综合序参量

在计算指标的功效系数之后，接下来需要对指标计算其综合序参量，综合序参量即为指标综合得分，计算公式如下所示。

$$u_i = \sum_{j=1}^{n} \lambda_{ij} x_{ij}$$

其中 x_{ij} 是各个指标序参量得分，λ_{ij} 是相应指标权重。如表5-7所示（此处为研究可读性，仅详细展示基本医疗卫生公共服务均等化实现程度、基本社会保险公共服务均等化实施效度指标综合得分情况）。

表 5-7 基本医疗卫生均等化实现程度指标综合得分统计表
（为可读性仅展示部分研究对象）

地区		政府层级	指标	指标综合得分
东部	江苏省	省级政府	医疗卫生支出占公共财政支出比重	1.51
			每千人拥有卫生技术人员数	1.45
			每千人拥有公共医疗卫生机床位数	1.46
			公立医院病床使用率	1.51
			孕产妇系统管理率	0.97
			居民健康建档率	1.06
			适龄儿童免疫规划疫苗接种率	1.17
	苏州市	市级政府	医疗卫生支出占公共财政支出比重	2.12
			每千人拥有卫生技术人员数	1.34
			每千人拥有公共医疗卫生机床位数	0.84
			公立医院病床使用率	0.68
			孕产妇系统管理率	0.8
			居民健康建档率	0.87
			适龄儿童免疫规划疫苗接种率	1.19
	徐州市		医疗卫生支出占公共财政支出比重	0.66
			每千人拥有卫生技术人员数	0.86
			每千人拥有公共医疗卫生机床位数	0.57
			公立医院病床使用率	0.9
			孕产妇系统管理率	0.73
			居民健康建档率	0.68
			适龄儿童免疫规划疫苗接种率	0.94
	睢宁县	县级政府	医疗卫生支出占公共财政支出比重	1.38
			每千人拥有卫生技术人员数	0.65
			每千人拥有公共医疗卫生机床位数	0.55
			公立医院病床使用率	0.46
			孕产妇系统管理率	0.8
			居民健康建档率	0.82
			适龄儿童免疫规划疫苗接种率	0.37
	相城区		医疗卫生支出占公共财政支出比重	0.98
			每千人拥有卫生技术人员数	0.88
			每千人拥有公共医疗卫生机床位数	0.62
			公立医院病床使用率	1.29
			孕产妇系统管理率	0.67
			居民健康建档率	1.56
			适龄儿童免疫规划疫苗接种率	0.99

续表

地区		政府层级	指标	指标综合得分
中部	河南省	省级政府	医疗卫生支出占公共财政支出比重	1.67
			每千人拥有卫生技术人员数	0.97
			每千人拥有公共医疗卫生机构床位数	1.29
			公立医院病床使用率	1.76
			孕产妇系统管理率	0.67
			居民健康建档率	1.58
			适龄儿童免疫规划疫苗接种率	0.96
	商丘市	市级政府	医疗卫生支出占公共财政支出比重	1.19
			每千人拥有卫生技术人员数	0.65
			每千人拥有公共医疗卫生机构床位数	0.86
			公立医院病床使用率	0.83
			孕产妇系统管理率	0.88
			居民健康建档率	1.2
			适龄儿童免疫规划疫苗接种率	1.4
	开封市		医疗卫生支出占公共财政支出比重	2.2
			每千人拥有卫生技术人员数	1.11
			每千人拥有公共医疗卫生机构床位数	0.41
			公立医院病床使用率	0.88
			孕产妇系统管理率	1.76
			居民健康建档率	0.72
			适龄儿童免疫规划疫苗接种率	0.82
	睢县	县级政府	医疗卫生支出占公共财政支出比重	1.19
			每千人拥有卫生技术人员数	1.05
			每千人拥有公共医疗卫生机构床位数	0.7
			公立医院病床使用率	1.78
			孕产妇系统管理率	0.58
			居民健康建档率	0.38
			适龄儿童免疫规划疫苗接种率	0.74
	民权		医疗卫生支出占公共财政支出比重	0.61
			每千人拥有卫生技术人员数	0.86
			每千人拥有公共医疗卫生机构床位数	0.78
			公立医院病床使用率	0.63
			孕产妇系统管理率	1.12
			居民健康建档率	0.53
			适龄儿童免疫规划疫苗接种率	0.82

续表

地区		政府层级	指标	指标综合得分
西部	甘肃省	省级政府	医疗卫生支出占公共财政支出比重	0.98
			每千人拥有卫生技术人员数	0.95
			每千人拥有公共医疗卫生机床位数	0.53
			公立医院病床使用率	0.73
			孕产妇系统管理率	0.73
			居民健康建档率	1.58
			适龄儿童免疫规划疫苗接种率	0.53
	陇南市	市级政府	医疗卫生支出占公共财政支出比重	1.64
			每千人拥有卫生技术人员数	0.65
			每千人拥有公共医疗卫生机床位数	1.33
			公立医院病床使用率	0.93
			孕产妇系统管理率	0.49
			居民健康建档率	1.75
			适龄儿童免疫规划疫苗接种率	1.05
	天水市		医疗卫生支出占公共财政支出比重	0.82
			每千人拥有卫生技术人员数	0.84
			每千人拥有公共医疗卫生机床位数	0.59
			公立医院病床使用率	1.46
			孕产妇系统管理率	0.67
			居民健康建档率	0.53
			适龄儿童免疫规划疫苗接种率	0.94
	礼县	县级政府	医疗卫生支出占公共财政支出比重	0.82
			每千人拥有卫生技术人员数	0.53
			每千人拥有公共医疗卫生机床位数	1.68
			公立医院病床使用率	1.1
			孕产妇系统管理率	0.6
			居民健康建档率	0.59
			适龄儿童免疫规划疫苗接种率	0.96
	宕昌县		医疗卫生支出占公共财政支出比重	0.82
			每千人拥有卫生技术人员数	0.44
			每千人拥有公共医疗卫生机床位数	0.8
			公立医院病床使用率	1.17
			孕产妇系统管理率	1.08
			居民健康建档率	1.27
			适龄儿童免疫规划疫苗接种率	1.01

资料来源：根据《中国统计年鉴（2018）》《中国卫生和计划生育统计年鉴（2018）》《中国社会统计年鉴（2013—2018）》，各省、市、县卫计委网站、《中国县域统计年鉴（县市卷）（2013—2018）》相关数据整理计算所得。

表 5-8 基本社会保险均等化实施效度指标综合得分统计表（仅展示部分研究对象结果）

地区		政府层级	指标	指标综合得分
东部	江苏省	省级政府	医疗保险支付率	87.33
			失业保险替代率	48.78
			基本养老保险支付率	70.03
			基本养老保险服务满意度	75.5
			基本医疗保险服务报销满意度	34.35
			基本失业保险服务覆盖范围满意度	64.04
	苏州市	市级政府	医疗保险支付率	65.03
			失业保险替代率	48.78
			基本养老保险支付率	79.25
			基本养老保险服务满意度	66.07
			基本医疗保险服务报销满意度	52.84
			基本失业保险服务覆盖范围满意度	67.6
	徐州市		医疗保险支付率	74.32
			失业保险替代率	65.04
			基本养老保险支付率	58.98
			基本养老保险服务满意度	47.19
			基本医疗保险服务报销满意度	38.31
			基本失业保险服务覆盖范围满意度	60.49
	睢宁县	县级政府	医疗保险支付率	59.46
			失业保险替代率	48.78
			基本养老保险支付率	62.66
			基本养老保险服务满意度	50.34
			基本医疗保险服务报销满意度	40.95
			基本失业保险服务覆盖范围满意度	72.94
	相城区		医疗保险支付率	74.32
			失业保险替代率	61.79
			基本养老保险支付率	62.66
			基本养老保险服务满意度	64.49
			基本医疗保险服务报销满意度	50.2
			基本失业保险服务覆盖范围满意度	55.15

续表

地区		政府层级	指标	指标综合得分
中部	河南省	省级政府	医疗保险支付率	63.17
			失业保险替代率	66.67
			基本养老保险支付率	53.45
			基本养老保险服务满意度	53.48
			基本医疗保险服务报销满意度	42.27
			基本失业保险服务覆盖范围满意度	53.37
	商丘市	市级政府	医疗保险支付率	66.89
			失业保险替代率	52.03
			基本养老保险支付率	55.29
			基本养老保险服务满意度	47.19
			基本医疗保险服务报销满意度	38.31
			基本失业保险服务覆盖范围满意度	49.81
	开封市		医疗保险支付率	57.6
			失业保险替代率	52.03
			基本养老保险支付率	55.29
			基本养老保险服务满意度	53.48
			基本医疗保险服务报销满意度	54.16
			基本失业保险服务覆盖范围满意度	56.93
	睢县	县级政府	医疗保险支付率	55.74
			失业保险替代率	52.03
			基本养老保险支付率	55.29
			基本养老保险服务满意度	45.62
			基本医疗保险服务报销满意度	35.67
			基本失业保险服务覆盖范围满意度	48.03
	民权		医疗保险支付率	48.31
			失业保险替代率	48.78
			基本养老保险支付率	58.98
			基本养老保险服务满意度	50.34
			基本医疗保险服务报销满意度	39.63
			基本失业保险服务覆盖范围满意度	72.94

续表

地区		政府层级	指标	指标综合得分
西部	甘肃省	省级政府	医疗保险支付率	55.74
			失业保险替代率	58.54
			基本养老保险支付率	57.13
			基本养老保险服务满意度	45.62
			基本医疗保险服务报销满意度	36.99
			基本失业保险服务覆盖范围满意度	56.93
	陇南市	市级政府	医疗保险支付率	59.46
			失业保险替代率	48.78
			基本养老保险支付率	55.29
			基本养老保险服务满意度	45.62
			基本医疗保险服务报销满意度	42.27
			基本失业保险服务覆盖范围满意度	53.37
	天水市		医疗保险支付率	53.88
			失业保险替代率	56.91
			基本养老保险支付率	57.13
			基本养老保险服务满意度	45.62
			基本医疗保险服务报销满意度	31.7
			基本失业保险服务覆盖范围满意度	44.48
	礼县	县级政府	医疗保险支付率	53.88
			失业保险替代率	50.41
			基本养老保险支付率	55.29
			基本养老保险服务满意度	53.48
			基本医疗保险服务报销满意度	40.95
			基本失业保险服务覆盖范围满意度	53.37
	宕昌县		医疗保险支付率	52.02
			失业保险替代率	42.28
			基本养老保险支付率	58.98
			基本养老保险服务满意度	39.33
			基本医疗保险服务报销满意度	40.95
			基本失业保险服务覆盖范围满意度	48.03

资料来源：根据《中国统计年鉴（2013—2018）》《中国民政统计年鉴》《中国教育经费统计年鉴（2013—2018）》《中国人口与就业统计年鉴》《中国残疾人事业统计年鉴》、国家统计数据库，江苏省、河南省、甘肃省地方社会保障和就业支出，《中国社会统计年鉴（2013—2018）》《中国城市统计年鉴（2013—2018）》《中国省市经济发展年鉴（2013—2018）》相关数据整理计算所得。

第二节 实证结果分析

本研究所选数据均来自于2013—2018年间的《中国教育经费统计年鉴》《中国统计年鉴》《中国民政统计年鉴》《中国人口与就业统计年鉴》《中国残疾人事业统计年鉴》《中国教育统计年鉴》《中国城市统计年鉴》《中国省市经济发展年鉴》《中国县域统计年鉴（县市卷）》、中国残疾人联合会官网、行政记录、问卷调查、政府服务网等。本研究采用功效系数法对各区域各层级政府的指标进行测评，结果如表5-4、5-5、5-6、5-7所示。

一、描述性统计

为行文的简洁性和叙述的可读性，此处仅展示部分研究区域对象的基础教育均等化实现程度、医疗卫生均等化实现程度、社会保障均等化实施效度、社会保险均等化实施效度。各层级政府基本公共服务均等化实施效度与实现程度指标总分值分布直方图如图5-1、5-2、5-3、5-4所示（详细见附录5所示）。

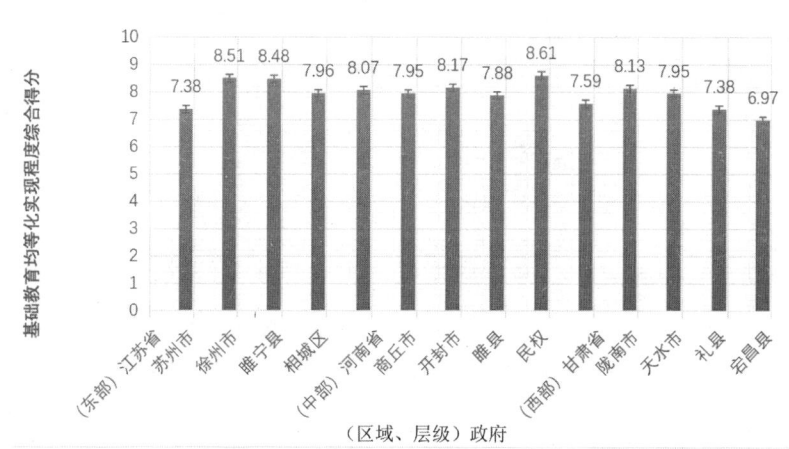

图5-1 基础教育（区域、层级）政府均等化实现程度

注：综合得分＝指标权重 × 标准化后的指标值。

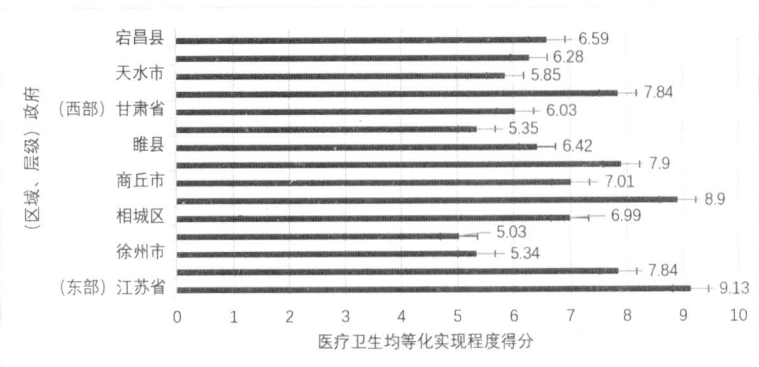

图 5-2 医疗卫生均等化实现程度

注：综合得分 = 指标权重 × 标准化后的指标值。

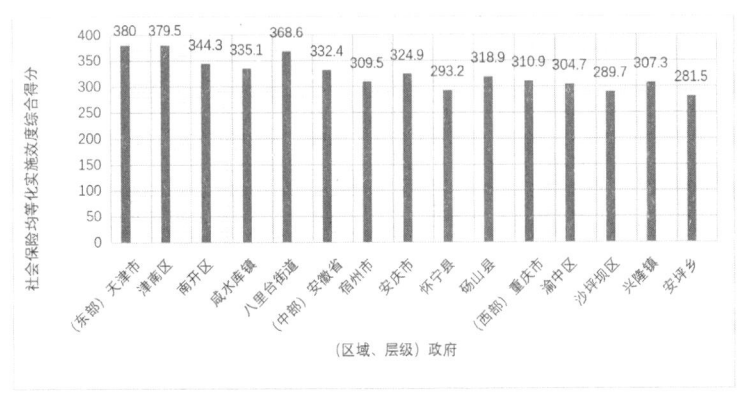

图 5-3 社会保险均等化实施效度

注：综合得分 = 指标权重 × 回收问卷的指标打分值。

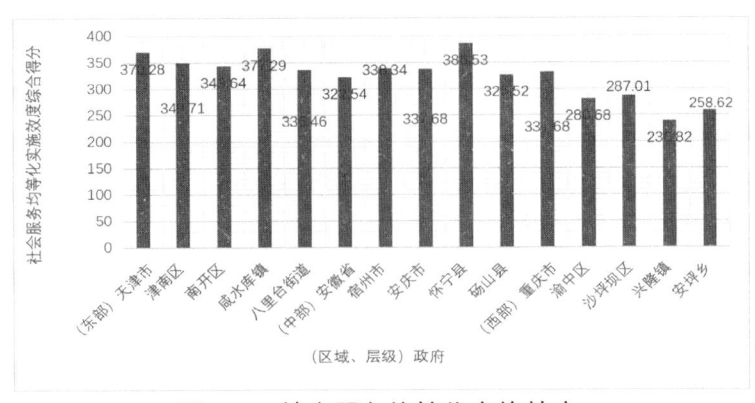

图 5-4 社会服务均等化实施效度

注：综合得分 = 指标权重 × 回收问卷的指标打分值。

从上述部分区域不同层级政府下基本公共服务均等化实施效度与实现程度指标总分值分布直方图来看，图5-2、5-3显示在基本公共教育服务均等化实现程度和基本公共医疗服务均等化实现程度上，东部区域省级政府的得分值大于中部区域，中部区域大于西部区域，但二者之间的差值的大小也存在异质性，比如基础教育上，东部相比中部高出0.87个得分值，而中部比西部高出0.48个得分值，可以看出东部与西部的差异在拉大，而中部与西部之间的差异在缩小。在图5-4、5-5中，在基本公共社会服务均等化实施效度和基本公共保险服务均等化实施效度上，东部区域省级政府的得分值大于中部区域，西部区域大于中部区域，比如社会服务均等化实施效度上东部省级政府综合分值370.2，中部322.5，西部331.6，可以看出在实施效度上中部与西部之间存在一定的逆转性。

结合描述性统计和实证结果分析，整体而言，我国基本公共服务均等化实施效度与实现程度在东部、中部、西部的省级、市级、县级区域呈现出各自的差异。在实现程度上，整体上呈现出东部的基本公共服务均等化实现程度高于中部、中部略高于西部的格局。在基本公共服务均等化实施效度上，通过调研分析发现结果呈现逆转性，表现出西部的略高于中部、东部高于中部的区域格局。而在不同层级政府上也表现出各自的差异性，大致呈现出省级政府高于市级政府、市级政府高于县级政府，然而在基本公共服务的某些领域，比如在社会住房保障和公共文化体育服务领域上，也呈现出了市级政府较为优越的结果。同时也可发现在同一省份下的不同市级、县级之间的差距在不断拉大，存在同区域下不均衡现象。

二、基本公共服务均等化实现程度与实施效度状况对比分析

为了本书叙述的可读性，此处仅展示基本公共教育均等化、医疗卫生均等化实施效度与实现程度指标综合分值比较，将本研究的42个区域调研对象（6个省级政府、12个市级政府、24个县级政府）进行综合得分排名比较，如表5-9、5-10所示。为更清晰地展示实证结果，图5-7、5-8仅以基本公共教育和医疗卫生为例，展示来自42个不同区域不同层级政府的基本公共服务均等化实施效度与实现程度的比较图示。详细见附录5所示。

表 5-9 基本公共教育服务均等化实现程度与实施效度指标分值统计表

地区		基本公共教育服务均等化实现程度得分	排名	基本公共教育服务均等化实施效度得分	排名
东部	省级政府				
	江苏省	142.5	2	292.5	1
	天津市	138.4	3	279.6	2
	市级政府				
	苏州市	145.0	1	269.6	5
	徐州市	116.1	15	272.5	3
	津南区	124.7	8	260.4	9
	南开区	130.9	4	238.8	21
	县级政府				
	睢宁县	124.5	9	268.2	6
	沛县	116.9	14	263.9	8
	相城区	112.6	19	266.5	7
	昆山市	129.5	5	270.9	4
	咸水沽镇	110.6	23	250.5	11
	八里台镇	117.8	13	249.9	12
	鼓楼街道	109.4	26	233.8	28
	八里台街道	114.9	18	244.9	15
中部	省级政府				
	河南省	125.8	7	241.0	19
	安徽省	128.4	6	249.6	13
	市级政府				
	商丘市	111.4	20	192.1	40
	开封市	116.0	16	243.8	16
	宿州市	120.1	10	233.9	27
	安庆市	108.5	27	241.8	18
	县级政府				
	睢县	95.0	41	236.6	24
	民权	119.2	12	186.4	42
	鼓楼区	115.4	17	221.7	34
	兰考县	110.3	25	231.5	29
	萧县	105.8	28	219.4	35
	砀山县	103.3	31	209.6	38
	潜山市	110.4	24	214.7	37
	怀宁县	99.3	37	225.3	33

续表

地区		基本公共教育服务均等化实现程度得分	排名	基本公共教育服务均等化实施效度得分	排名
西部	\multicolumn{5}{c}{省级政府}				
	甘肃省	102.2	34	248.1	14
	重庆市	110.9	22	257.4	10
	\multicolumn{5}{c}{市级政府}				
	陇南市	112.2	21	187.9	41
	天水市	95.1	40	242.5	17
	渝中区	101.4	35	239.7	20
	沙坪坝区	103.5	30	238.5	22
	\multicolumn{5}{c}{县级政府}				
	礼县	119.5	11	215.1	36
	宕昌县	89.0	42	193.6	39
	麦积区	102.6	33	238.3	23
	甘谷县	99.6	36	228.4	32
	解放碑街道	102.8	32	235.9	25
	大溪沟街道	105.3	29	229.8	30
	兴隆镇	97.4	38	235.2	26
	安坪乡	96.8	39	229.3	31

资料来源：根据笔者调查研究整理并统计计算所得。实现程度（实施效度）得分＝程度（效度）权重×指标综合得分。

表5-10　基本医疗卫生服务均等化实现程度与实施效度指标分值统计表

地区		基本医疗卫生服务均等化实现程度得分	排名	基本医疗卫生服务均等化实施效度得分	排名
东部	\multicolumn{5}{c}{省级政府}				
	江苏省	139.1	2	268.9	7
	天津市	140.5	1	274.3	4
	\multicolumn{5}{c}{市级政府}				
	苏州市	119.5	8	286.9	1
	徐州市	96.6	32	274.9	3
	津南区	101.5	21	256.9	15
	南开区	109.4	13	267.4	9
	\multicolumn{5}{c}{县级政府}				
	睢宁县	124.5	4	268.2	8
	沛县	116.9	7	263.9	12
	相城区	110.4	12	253.9	17
	昆山市	115.8	10	260.5	13
	咸水沽镇	106.4	16	249.4	20
	八里台镇	100.7	24	234.8	26
	鼓楼街道	108.5	14	229.6	30
	八里台街道	103.2	17	249.1	22

续表

地区		基本医疗卫生服务均等化实现程度得分	排名	基本医疗卫生服务均等化实施效度得分	排名
中部	\multicolumn{5}{} 省级政府				
中部	河南省	135.6	3	283.9	2
中部	安徽省	123.6	6	260.2	14
中部	市级政府				
中部	商丘市	106.8	15	250.8	19
中部	开封市	120.4	9	195.3	41
中部	宿州市	100.4	25	208.9	38
中部	安庆市	98.6	29	212.7	35
中部	县级政府				
中部	睢县	97.8	31	247.8	23
中部	民权	81.5	42	190.8	42
中部	鼓楼区	99.8	26	224.9	32
中部	兰考县	101.7	20	230.1	27
中部	萧县	94.6	35	226.8	29
中部	砀山县	99.5	27	210.5	37
中部	潜山市	101.3	22	220.3	33
中部	怀宁县	103.1	18	212.4	36
西部	省级政府				
西部	甘肃省	112.6	11	249.3	21
西部	重庆市	122.7	5	269.4	6
西部	市级政府				
西部	陇南市	91.9	38	198.3	39
西部	天水市	89.2	40	225.3	31
西部	渝中区	99.3	28	273.9	5
西部	沙坪坝区	101.9	19	267.1	10
西部	县级政府				
西部	礼县	95.7	33	255.3	16
西部	宕昌县	92.8	36	196.8	40
西部	麦积区	90.4	39	229.4	28
西部	甘谷县	87.9	41	219.9	34
西部	解放碑街道	100.9	23	238.5	24
西部	大溪沟街道	98.1	30	263.1	11
西部	兴隆镇	95.3	34	251.0	18
西部	安坪乡	92.1	37	237.4	25

资料来源：根据笔者调查研究统计计算整理所得。实现程度（实施效度）得分＝程度（效度）权重×指标综合得分。

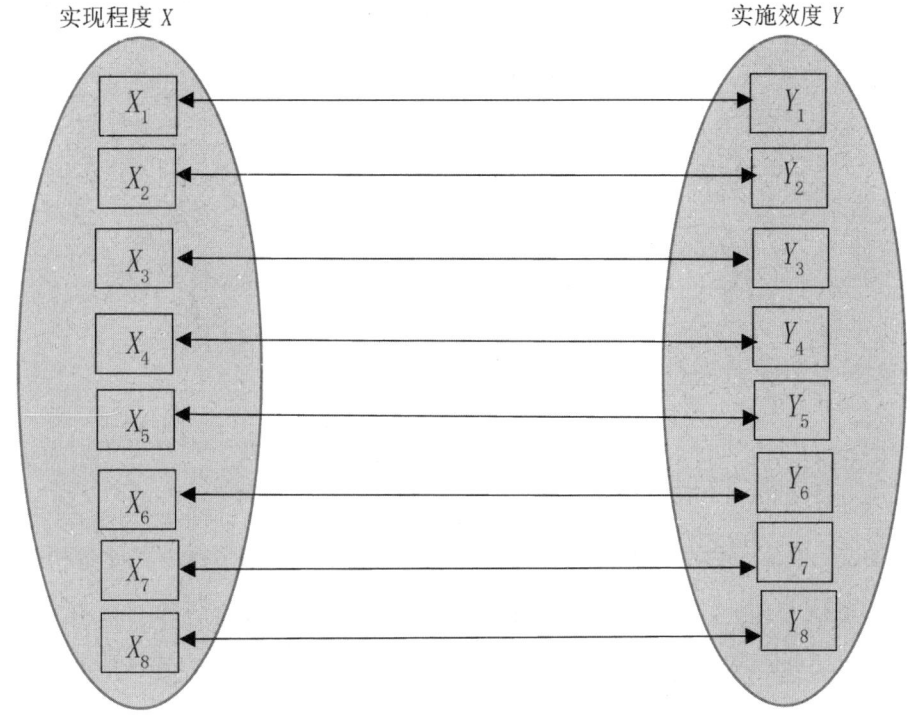

图 5-5　实现程度与实施效度映射图

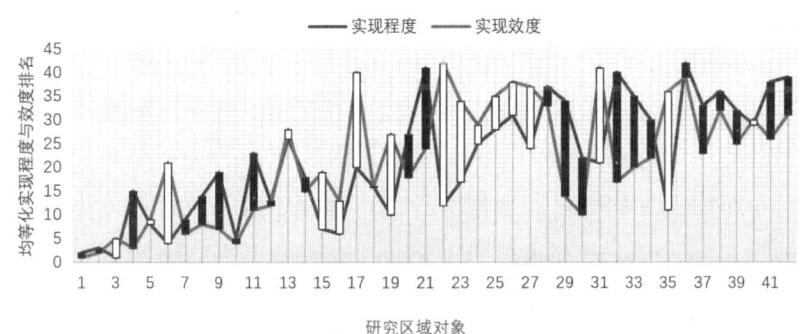

图 5-6　基本公共教育均等化实现程度与实施效度部分区域对比分析图

（注：横轴1—42分别代表东部江苏省、天津市、苏州市、徐州市、津南区、南开区、睢宁县、沛县、相城区、昆山市、咸水沽镇、八里台镇、鼓楼街道、八里台街道，中部河南省、安徽省、商丘市、开封市、宿州市、安庆市、睢县、民权、鼓楼区、兰考县、萧县、砀山县、潜山市、怀宁县，西部甘肃省、重庆市、陇南

市、天水市、渝中区、奉节县、礼县、宕昌县、麦积区、甘谷县、解放碑街道、大溪沟街道、兴隆镇、安坪乡）

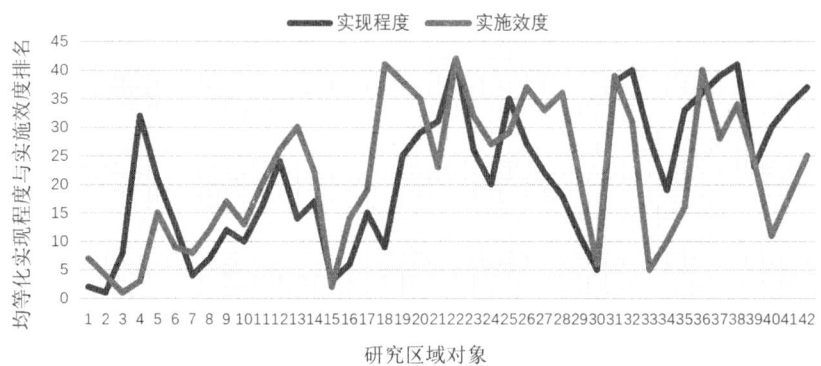

图 5-7 基本公共医疗卫生均等化实现程度与实施效度部分区域对比分析图
（注：横轴 1—42 分别代表东部江苏省、天津市、苏州市、徐州市、津南区、南开区、睢宁县、沛县、相城区、昆山市、咸水沽镇、八里台镇、鼓楼街道、八里台街道，中部河南省、安徽省、商丘市、开封市、宿州市、安庆市、睢县、民权、鼓楼区、兰考县、萧县、砀山县、潜山市、怀宁县，西部甘肃省、重庆市、陇南市、天水市、渝中区、奉节县、礼县、宕昌县、麦积区、甘谷县、解放碑街道、大溪沟街道、兴隆镇、安坪乡）

此处本研究应用倒推的逻辑方法去验证学理上应 $X=Y$、$X_1=Y_1$，但在实际操作中发现并非是一一呼应关系的问题。如图 5-6 中 X_1 指基本公共教育均等化实现程度，X_2 指医疗卫生均等化实现程度等，Y_1 指基本公共教育均等化实施效度，Y_2 指医疗卫生均等化实施效度，以此类推。借助集合学映射关系分析，二者理论上是一一对应的关系，相互呼应的关系，而在我们实地调查和查阅资料中发现，在基本公共服务均等化实现程度上呈现东部大于中部、中部大于西部的区域格局，而在基本公共服务均等化实施效度上呈现西部大于中部、东部大于中部的区域格局。二者的关系也并非我们理想中的那样水涨船高、一荣俱荣的关系，而呈现出了高的均等化实现程度并不一定是高的均等化实施效度这种并非完全对等的关系，表明我国基本公共服务均等化实施效度与实现程度二者是有差别的，基本公共服务均等化有良好实现结果却不一定有良好的实施效果。如图 5-7、5-8 所示，在公共基础教育上，西部区域的省级政府重庆市实现程度在 42 个研究对象中排名第 22 位，但在实施效度的排名中远高于中部区域的省级政府，排名第 10 位；与此类似，在医疗卫生上，东部县级政府沛县实现程度排名第 7 位，但在实施效度上排名第 12 位。（详见附录 6）

第六章　基本公共服务均等化评估影响因素侦测

本研究以评估我国基本公共服务均等化实施效度与实现程度为目标，本质上在于找到提升我国基本公共服务实施效度与实现程度的办法。然而，解决措施必须要有的放矢、对症下药，否则虽然努力良多，但效果却未必佳。为了有针对性地解决问题，我们拟采用恰当的回归模型做实证检验分析。目前，在实践界与学术界实用的各类社会科学统计模型中，传统线性模型（OLS）的基本假设是遵从正态、线性、方差齐性以及独立性，而且"独立性"和"方差齐性"这两个假设对于多层次以及嵌套式的数据结构往往也都是站不住脚的，这就给参数估计带来实现上的多重难度。不过，在这些难题中HLM（多层线性回归模型）都能很好地规避并解决上述的问题，可以有效地侦测出来具有嵌套结构的非独立数据，这使得各层面的变化都能够得到合理的评估，而且还能有效地连接个体层面数据和宏观区域数据，廓清个人效应与组效应。这些特征符合本研究的探究目的，因此本研究拟采用多层线性回归模型（HLM）来实证测评哪些因素在显著地影响着我国各级政府、各区域间基本公共服务均等化的实施效度与实现程度。

本章拟通过上几章国内外文献阅览和理论梳理，进一步提出假设、构建模型，并以实证的调研数据检验影响基本公共服务均等化实现的因素，并在下一章中，有针对性地提出对策建议。将上一章评估获得的实证数据 P_1、P_2、P_3、P_4 等作为因变量，将地域、政府层级、人员素质、财政水平、转移支付（财政收支比）等作为影响因素，这些影响因素的选择与我们的前期理论基础和实证结果相匹配，进而利用HLM模型来实证检测我国基本公共服务均等化实施效度与实现程度的影响因素。选取时间跨度为2013—2018年，应用STATA 10.0软件开展对我国基本公共服务均等化实施效度与实现程度影响因素的统计分析，揭示影响基本公共服务均等化实施效度与实现程度的内在机理和基本路径。

第一节　影响因素预判

依据上文基本公共服务均等化实施效度结果发现、基本公共服务均等化实现程度结果发现以及基本公共服务均等化实施效度与实现程度结合对比分析，本节将研究区域对象的政府层级、财政水平（人均 GDP）、转移支付比、人员结构等作为自变量，将基本公共服务均等化实施效度与实现程度的综合得分 P_1、P_2、P_3、P_4 等作为因变量，构建基本公共服务均等化实施效度与实现程度的影响因素模型。其中影响因素也因研究对象的不同，分为了基本公共服务均等化实施效度影响因素和基本公共服务均等化实现程度影响因素。在本研究中将研究对象的政府层级、区域的财政水平（人均 GDP）、转移支付比当作基本公共服务均等化实现程度的影响因素，将其调研受访人员的统计特征（年龄、户籍类型、单位性质）当作基本公共服务均等化实施效度的影响因素。这些影响因素并非随意选取，而是与本研究前期有关基本公共服务均等化实施效度与实现程度评估的理论基础（财政分权理论、新公共服务理论、福利经济学理论、新时代中国特色社会主义思想、马克思主义经典学说以及当前各类政策思想的理论概化等理论思想）和基本公共服务均等化实施效度与实现程度的实证评估结果相匹配。因此，在上述影响因素厘清的基础上本研究将构建其综合模型如下所示。

$$P_{ij}=\beta_0+\beta_{1j}\times \text{LEVE}_{ij}+\beta_{1j}\times \text{GDP}_{ij}+\beta_{1j}\times \text{TRAT}_{ij}+\beta_{1j}\times \text{POL}_{ij}$$
$$+\beta_{2j}\times \text{GE}_{ij}+\beta_{3j}\times \text{CENS}_{ij}+\beta_{4j}\times \text{EDU}_{ij}$$
$$+\beta_{5j}\times \text{UNIT}_{ij}+r_{ij}$$

在模型中，i 指代研究的区域对象，j 指来源数据的年份，P_{ij} 指研究区域对象内某一年的基本公共服务均等化实施效度或基本公共服务均等化实现程度的结果，LEVE 代表研究区域对象的政府层级，POL 是调研受访人员的政治面貌，EDU 是调研受访人员的教育背景，AGE、CENS、UNIT 分别指调研受访人员的人口统计学特征（年龄、户籍类型、单位性质），β_0 指截距，r_{ij} 指随机扰动项，β_1、β_2、β_3、β_4 等是本研究重点关注的基本公共服务均等化实施效度与实现程度的影响系数。

第二节 影响关系假设

根据上文的分析，本节提出如下研究假设。

假设1：从政府层级上来看，越高级别的政府的基本公共服务均等化水平越高。省级政府的基本公共服务均等化水平高于市级政府，而这二者的基本公共服务均等化实现程度水平均高于县级政府。

在假设检验中，本研究将"政府层级（LEVE）"以虚拟变量来处理，并引入两个哑变量 L_1、L_2：当 L_1 为 1，其他为 0 时，代表省级政府；L_2 为 1，其他为 0 时，代表市级政府；都为 0 时，代表县级政府。

假设2：在区域经济变量方面，本研究选取区域人均GDP，假设人均GDP越高，其基本公共服务均等化实现程度就越高。

假设3：转移支付比重（TRAT）变量方面，假设我国东部、中部、西部各个层级政府转移支付占GDP比重越高，其基本公共服务均等化实现程度水平越高。

假设4：受访人员结构因素变量上（如政治面貌POL、学历EDU、年龄AGE、单位性质UNIT、户籍CENS等），假设其对基本公共服务均等化实施效度有显著的正向或负向影响。

假设4a：在变量实证检验中，本研究将政治面貌（POL）变量依照如下方式赋值：群众 =1，民主党派 =2，共青团员 =3，中共党员（含预备）=4。并引入三个哑变量 D_1、D_2、D_3：当 D_1 为 1，其他为 0 时，代表群众；D_2 为 1，其他为 0 时，代表民主党派；D_3 为 1，其他为 0 时，代表共青团员；都为 0 时代表中共党员（含预备）。假设二者之间存在显著的正向影响。

假设4b：在变量实证检验中，此处将年龄（AGE）变量按照如下方式赋值：25 岁及以下 =1，26—35 岁 =2，36—45 岁 =3，46—55 岁 =4，56-65 岁 =5，66

岁及以上 =6。引入 5 个哑变量 A_1，A_2，A_3，A_4，A_5。假设二者之间存在显著的负向影响。

假设 4c：在变量实证检验中，将户籍（CENS）变量按照如下方式赋值：农业户口 =1，非农业户口 =2，其他 =3。引入 2 个哑变量 C_1，C_2。假设二者之间存在显著的正向影响。

假设 4d：在变量实证检验中，将学历（EDU）变量按照如下方式赋值：小学及以下 =1，中学或中专 =2，大专 =3，本科 =4，研究生及以上 =5。引入 4 个哑变量 E_1，E_2，E_3，E_4。假设二者之间存在显著的正向影响。

假设 4e：在变量实证检验中，将单位性质（UNIT）变量按照如下方式赋值：外企 =1；私营企业 =2；国有企业 =3；事业单位 =4；政府部门 =5；其他 =6。并引入 5 个哑变量 U_1，U_2，U_3，U_4，U_5。假设二者之间存在显著的正向影响。

从图 6-1 中可以看出，本研究将影响基本公共服务均等化实现程度的政府层级、区域经济、转移支付等作为影响变量，并提出相关预设：政府层级越高，基本公共服务均等化实现程度越高；区域经济（人均 GDP）越高，均等化实现程度越高；转移支付比重越高，均等化实现程度越高。影响基本公共服务均等化实施效度的受访人口统计学特征，年龄、工作单位、户籍类型等作为影响变量，提出相关假设预设：党员政治面貌大于团员，团员高于民主党派，民主党派高于群众基本公共服务均等化实施效度；受访人员教育程度越高，基本公共服务均等化实

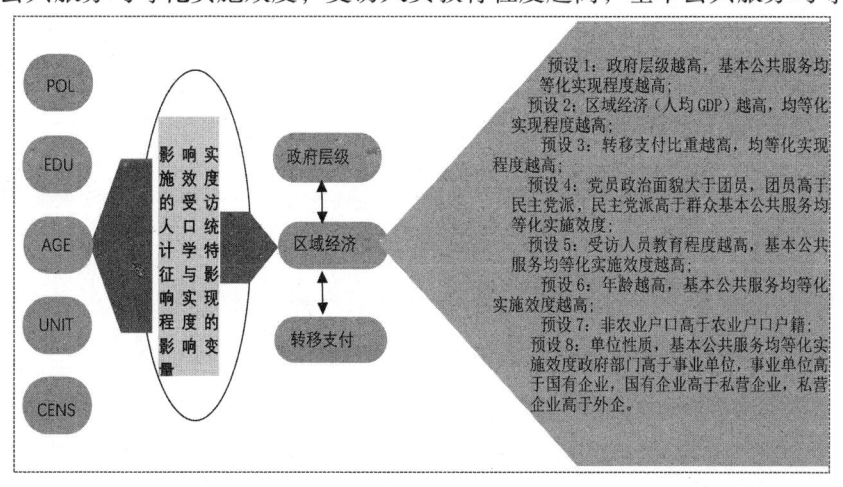

图 6-1　影响因素模型图

施效度越高；年龄越高，基本公共服务均等化实施效度越高；非农业户口高于农业户口户籍；单位性质，基本公共服务均等化实施效度政府部门高于事业单位，事业单位高于国有企业，国有企业高于私营企业，私营企业高于外企。

第三节　影响因素测量

厘清本研究因变量：本研究将基本公共服务均等化实现程度与实施效度的综合评价得分 P_1，P_2，P_3，P_4 等作为其影响因素的因变量。

廓清本研究自变量：本研究将影响基本公共服务均等化实现程度的政府层级、区域经济、转移支付等作为其影响因素的自变量；将调研受访人员的结构特征（政治面貌 POL、学历 EDU、年龄 AGE、单位性质 UNIT、户籍 CENS）作为基本公共服务均等化实施效度影响因素的自变量。

界定本研究控制因素：在基本公共服务均等化的实现过程中，除了上述几个方面因素在影响基本公共服务均等化实施效度与实现程度水平之外，区域文化、区域地理环境等也在影响着基本公共服务均等化的实现水平，但由于这些因素具有相当程度的"内生性"特征，它们随着基本公共服务"自然而然"地产生，在研究中，我们将其作为控制变量来处理，这并不意味着它们不影响基本公共服务均等化实施效度与实现程度的水平。[1] 本研究对于影响因素的测量如表 6-1 所示。

表 6-1　变量识别及其操作化

变量	指标	测量
因变量	基本公共服务均等化实施效度与实现程度	实证评估综合得分
自变量	政府层级、地域经济、转移支付比重、受访人员结构（人口统计特征）	设置分类变量、赋值

资料来源：作者自绘。

---

[1] 韩清颖, 孙涛. 政府购买公共服务有效性及其影响因素研究：基于 153 个政府购买公共服务案例的探索 [J]. 公共管理学报, 2019(05):200-211.

第四节　影响因素数据获取

本研究所使用的影响因素数据分别来自与影响因素相关的统计年鉴和研究调研的"调查表"再经后期收集整理计算。

在基本公共服务均等化实施效度影响因素数据获取上，主要依据调查问卷的方式，其中调查地区和区域样本抽取人数见表 5-2、5-3，同时本研究结合公众电话调查的方式获取数据，最终回收有效样本量共 2730 个（调研受访市民人口统计特征见表 5-4）。

在基本公共服务均等化实现程度影响因素数据的获取上，人均 GDP、人均财政支出、地区转移支付所占财政比重等数据来自 2013—2018 年间的《中国教育统计年鉴》《中国教育经费统计年鉴》《中国民政统计年鉴》《中国人口与就业统计年鉴》《中国统计年鉴》《中国省市经济发展年鉴》《中国县域统计年鉴（县市卷）》《中国残疾人事业统计年鉴》《中国城市统计年鉴》、中国残疾人联合会官网、行政记录、问卷调查、政府服务网等相关数据整理计算所得。其描述性统计详见表 6-2。

第五节　影响因素模型与实证检验

一、描述统计结果

基本公共服务均等化实施效度与实现程度影响因素各变量的描述统计如表 6-2 所示。

表 6-2　变量描述性统计

变量	最大值	最小值	平均值	标准差	样本量
政府层级	1	0	0.4383	0.4951	42
区域经济	92 595.4	6268	49 632.8	36 758.5	42
转移支付比重	57.67	42.8	44.4	36.3	42
政治面貌	860	520	645	538	2730

续表

变量	最大值	最小值	平均值	标准差	样本量
年龄	578	421	467	213	2730
户籍	690	378	401	335	2730
学历	489	270	320	286	2730
单位性质	670	310	432	327	2730

注释：数据来源于研究区域对象于2013—2018年《中国统计年鉴》《中国民政统计年鉴》《中国人口与就业统计年鉴》《中国省市经济发展年鉴》《中国县域统计年鉴（县市卷）》相关数据计算整理所得。

从表6-2中可以看出，在基本公共服务均等化实现程度影响因素的政府层级变量（LEVE）方面，本研究是当作虚拟变量来处理，并引入两个哑变量L_1，L_2，当L_1为1，其他为0时，代表省级政府，L_2为1，其他为0时，代表市级政府，都为0时代表县级政府，本研究区域对象的政府层级分别是省级政府、市级政府、县级政府，因此最大值是1，最小值0。其研究样本量42代表本研究的42个不同区域和不同层级的对象（东部：江苏省、天津市、苏州市、徐州市、津南区、南开区、睢宁县、沛县、相城区、昆山市、咸水沽镇、八里台镇、鼓楼街道、八里台街道。中部：河南省、安徽省、商丘市、开封市、宿州市、安庆市、睢县、民权、鼓楼区、兰考县、萧县、砀山县、潜山市、怀宁县。西部：甘肃省、重庆市、陇南市、天水市、渝中区、奉节县、礼县、宕昌县、麦积区、甘谷县、解放碑街道、大溪沟街道、兴隆镇、安坪乡），其他基本公共服务均等化实现程度变量以此类推。在基本公共服务均等化实施效度影响因素的政治面貌变量方面，本研究将政治面貌变量依照如下方式赋值，群众=1，民主党派=2，共青团员=3，中共党员（含预备）=4，并在2730个受访调研对象中回收整理计算所得，其中得到加和的最大值（860）代表的是群众，最小值（520）代表的民主党派，其他基本公共服务均等化实施效度变量以此类推。

二、影响因素的相关性检验

从影响因素的相关性检验结果来看（见表6-3），在基本公共服务均等化实现程度影响因素的自变量中，政府层级变量与区域经济变量呈现负向关关系且在1%水平上显著，在政府转移性支出比重上呈现正相关关系且在5%水平上显著，基本公共服务均等化实施效度影响因素中，与自变量受访者政治面貌呈现正相关且在5%水平上显著，且与其他变量并无显著的相关关系；从表6-3中也可以看出，变量之间的相关性均小于0.5，即表明多重共线性的可能性很小，说明这些变量均适用于回归检验，这也为下一步的变量间的回归检验操作提供了理论和实践上的支撑。

表 6-3　变量的相关性检验

变量	1	2	3	4	5	6	7	8
政府层级	1	−0.25**	0.24*	0.23*	0.12	0.07	0.18	0.13
区域经济	−0.25**	1	−0.12**	−0.20**	0.28	0.31	0.08	0.14
转移支付比	0.24*	−0.12**	1	−0.16**	0.11	0.05	0.21	0.06
政治面貌	0.23*	−0.20**	−0.16**	1	0.24	0.31	0.16	0.08
年龄	0.12	0.28	0.11	0.24	1	0.35	−0.33**	0.21
户籍	0.07	0.31	0.05	0.31	0.35	1	0.26	0.17
学历	0.18	0.08	0.21	0.16	−0.33**	0.26	1	0.12
单位性质	0.13	0.14	0.06	0.08	0.21	0.17	0.12	1

注：* 表示 $p<0.05$，** 表示 $p<0.01$；检验为双尾模式，相关系数值为 Pearson 相关系数。

三、影响因素的实证检验

本研究为确保研究变量之间的稳健性和有效避免出现多重共线性，采用稳健性标准误差（regression with robust standard errors）方法对 HLM 模型进行回归检验分析。在研究进行回归检验之前，首先要检验基本公共服务均等化实施效度与实现程度影响因素自变量的多重共线性 VIF 值，本研究采用向后逐步选择方法，根据进入模型各变量的似然比统计量的概率值必须小于10%的统计原则，通过逐步筛选回归不显著变量，发现本研究影响因素自变量的方差膨胀因子（VIF）都在2左右，即都小于10，这就表明各变量之间不存在多重共线性的问题。进而本书在研究假设和前文文献研究的基础上构建了四个分析模型并利用STATA 10.0统计软件的probit处理回归结果。回归结果见表6-4。

表6-4 回归分析结果

	变量	Model1	Model2	Model3	Model4
自变量	LEVE L_1	0.146***	0.155***	0.171***	0.165***
	LEVE L_2	0.141***	0.122***	0.134***	0.121***
	LEVE				
	GDP	0.064***	0.146***	0.205***	0.109***
	TRAT	−0.095***	−0.075***	−0.132***	−0.131***
	POL D_1		0.125	0.168***	0.098
	POL D_2		0.212	0.102	0.128
	POL				
	AGE A_1		0.094	0.124	0.224
	AGE A_2		0.133	0.094	0.213
	AGE A_3		0.017	0.087	0.206
	AGE A_4		0.232	0.192	0.174
	AGE A_5		0.206	0.104	0.161
	AGE				
	EDU E_1			0.103***	0.145***
	EDU E_2			0.201***	0.191***
	EDU E_3			0.092***	0.135***
	EDU E_4			0.206***	0.095***
	EDU				
	UNIT U_1			0.073***	0.241***
	UNIT U_2			0.212***	0.237***
	UNIT U_3			0.123***	0.301***
	UNIT U_4			0.117***	0.262***
	UNIT U_5			0.213***	0.321***
	UNIT				
	CENS C_1			0.123***	0.163***
	CENS C_2			0.179***	0.207***
	CENS				
	N	15	15	15	2730

续表

变量	Model1	Model2	Model3	Model4
F 值	4.106	7.69	14.21	29.34
R^2	0.083	0.125	0.254	0.465
ΔR^2	–	–	0.126	0.156

注：* 表示 $p<0.05$，** 表示 $p<0.01$，*** 表示 $p<0.001$。

四、影响因素结果

从表 6-4 中可以看出，在模型 1 中，将预设中 8 个自变量不加控制地引入回归模型后，回归模型只在 0.05 的水平上显著且仅能解释因变量的 8% 的方差（$R^2=0.083$，$F=4.106$）。从回归分析中可以发现在不断引入自变量区域经济、受访结构等之后，模型在 0.01 的水平上显著并且其解释力也不断增大，模型 4 显示统计显著且能够解释变量的 36% 的方差（$R^2=0.368$，$F=22.45$）。在这 4 个模型中自变量显著性一致且其回归系数也较为一致，这些都表明本研究有着比较好的稳健性（robustness）。模型中显示，在自变量中，政府层级与基本公共服务均等化实现程度显著正相关，区域经济在 0.01 的显著性水平上与基本公共服务均等化实现程度呈现正相关，政府转移性支出比重在 0.05 的显著性水平上与基本公共服务均等化实现程度呈现负相关，受访对象的单位性质在 0.05 的显著水平上与基本公共服务均等化实施效度呈现正相关，户籍在 0.05 的显著水平上与基本公共服务均等化实施效度呈现正相关，教育程度在 0.05 的显著水平上与基本公共服务均等化实施效度呈现正相关，而在年龄和政治面貌上没有显示出统计的相关性。

其中，在政府层级中的省级政府回归系数为正（0.165），在 0.001 水平上显著，政府层级中市级政府和县级政府回归系数为正（0.121），在 0.001 水平上显著，表明省级政府基本公共服务均等化实现程度较市级政府高出 16%，市级政府基本公共服务均等化实现程度较县级政府高出 12%，因此假设 1 获得支持；区域经济回归系数为正（0.109），在 0.001 水平上显著，说明区域经济与基本公共服务均等化实现程度呈现正相关，因此假设 2 获得支持；政府转移支出比重回归系数为负（0.131），在0.001水平上显著，说明区域政府转移支出比重与基本公共服务均等化实现程度呈现负相关，因此假设3未获得支持；受访对象的政治面貌与基本公共服务均等化实施效度未呈现统计的相关性，因此假设4未获得支持；受访对象的年龄与基本公共服务均等化实施效度未呈现统计的相关性，因此假设5未获得支持；受访对象的教育回归系数为正（0.145），在0.001水平上显著，说明受访对象的教育程度与基本公共服务均等化实施效度呈现正相关，因此假设6获得支持；受访对象的单位类型回归系数为正（0.241），在0.001水平上显著，说明受访对象的单位类型与基本公共服务均等化实施效度呈现正相关，因此假设7获得支持；受访对象的户籍回归系数为正（0.163），在0.001水平上显著，说明受访对象的户籍与基本公共服务均等化实施效度呈现正相关，受访人员中农业户口的基本公共服务均等化实施效度要高于非农业户口的16%，而农业户口和非农业户口的基本公共服务均等化实施效度要高于其他户籍类型的20%，因此假设8获得支持。

第七章　基本公共服务均等化实施效度与实现程度研究发现及改进路径

按照本研究上几章的理论总结与实证测评结果发现（基本公共服务均等化实施效度评估结果、基本公共服务均等化实现程度评估结果、基本公共服务均等化实施效度与实现程度结合对比结果以及影响因素统计检验结果的甄别），本章主要总结本研究的研究发现和聚焦如何改进我国基本公共服务均等化实施效度与实现程度的薄弱环节，从实现路径的角度做进一步的分析与研究，提出提升我国基本公共服务均等化实施效度与实现程度的实现路径建议。

第一节　基本公共服务均等化实施效度与实现程度研究发现

一、基本公共服务均等化实施效度评估结果

本研究依据理论筛选和实证筛选相结合的方法构建出一套适用于我国基本公共服务均等化实施效度与实现程度评估的通用指标体系。应用符合我国基本国情的公共服务均等化实施效度评估的评价指标体系 B，对我国不同区域（东部、中部、西部）不同层级政府（省级、市级、县级）的42个区域对象开展实证测评，通过实证评估分析发现，在基本公共服务均等化实施效度上，结果呈现逆转性，表现为西部的略高于中部、东部高于中部的区域格局。在基本公共教育、基本医疗卫生领域，东部的效度要远远高于中部，高出30~40个分值，而西部比中部略高出10~20个得分值；在基本公共社会服务均等化实施效度和基本公共保险服务均等化实施效度上，也展现出东部区域省级政府的得分值大于中部区域、西部区域

大于中部区域，如社会服务均等化实施效度上省级政府综合分值东部为370.2，中部为322.5，西部为331.6；综上而言，可以看出在实施效度上中部与西部之间存在一定的反向性（详细结果见附录6）。

上述我国基本公共服务均等化实施效度实证评价结果也体现了对前期本研究以人为本、注重人民的获得感和满意度、新时代中国特色社会主义中"潜"绩与"显"绩的思想、新公共服务理论中重视人的价值思想以及对当前各类政策思想理论概化等理论的回应。

二、基本公共服务均等化实现程度评估结果

同理，运用我国基本公共服务均等化实现程度评估的评价指标体系 A 对我国不同区域（东部、中部、西部）不同层级政府（省级、市级、县级）的42个区域对象开展实证测评。通过实证评估分析发现，整体上我国基本公共服务均等化实现程度呈现出梯度现状，表现为东部的基本公共服务均等化实现程度高于中部、中部略高于西部，即东部与中部的均等化之间的差距要高于中部与西部，中部与西部均等化的差距在逐渐减小。并在不同层级政府上也表现出各自的差异性，大致呈现出省级政府高于市级政府、市级政府高于县级政府，然而在基本公共服务的某些领域，比如在社会住房保障和公共文化体育服务领域上，也呈现出了市级政府较为优越的结果。同时也可发现在同一省份下的不同市级、县级之间的差距在不断拉大，存在同区域下不均衡现象。具体体现如下。

在基本公共教育服务均等化实现程度和基本公共医疗服务均等化实现程度上，省级政府的得分值东部区域大于中部区域，中部区域大于西部区域。但二者之间的差值的大小也存在异质性，比如基础教育上，东部相比中部高出0.87个分值，而中部比西部高出0.48个分值，可以看出东部与西部的差异在拉大，而中部与西部之间的差异在缩小。同时基本公共服务均等化实现程度在同一领域内的不同层级上也表现出省级政府得分值大于市级政府、市级政府得分值大于县级政府。比如残疾人基本公共服务均等化实现程度上，以中部区域为例，省级政府

普遍比市级政府高出15到20个得分值，市级政府比县级政府高出10到20个分值。如上所述的我国基本公共服务均等化实现程度的实证评价结果也展现出了对前文所述新时代中国特色社会主义思想潜绩与显绩的思想、新公共服务理论和对当前各类政策思想理论概化的理论回应。

三、基本公共服务均等化实施效度与实现程度结合对比结果

在基本公共服务均等化实施效度与实现程度评估结果的基础上，本研究结合比较分析法对二者的结果进行对比，发现二者理论上本是一一对应、相互呼应的关系，而在我们实地调查和查阅资料时发现，在基本公共服务均等化实现程度上呈现东部得分值大于中部、中部得分值大于西部的区域格局，而在基本公共服务均等化实施效度上呈现西部得分值大于中部、东部得分值大于中部的区域格局。二者的关系也并非我们理想中的那样水涨船高、一荣俱荣，而呈现出了高的均等化实现程度并不一定是高的均等化实施效度这种并非完全对等的关系，表明我国基本公共服务均等化实施效度与实现程度二者是有差别的，基本公共服务均等化有良好实现结果却不一定有良好的实施效果。具体表现如在公共基础教育上，西部区域的省级政府重庆市实现程度在42个研究对象中排名第22位，但在实施效度的排名中远高于中部区域的省级政府，排名第10位；与此类似，在医疗卫生上，东部县级政府沛县实现程度排名第7位，但在实施效度上排名第12位（详细见附录6）。

四、影响因素侦测结果

针对上述实证发现，本研究运用HLM模型对其进行影响因素侦测，依据财政分权理论、福利经济学理论、新时代中国特色社会主义思想和实证检验，分别将区域经济、财政体制、层级政府作为影响我国基本公共服务均等化实现程度的因变量，将调研所涉及的人口统计学特征等方面作为基本公共服务均等化实施效

度的因变量。通过影响因素研究发现经济发展水平的高低在一定程度上决定了不同区域、地区基本公共服务均等化水平的高低，是决定各地区基本公共服务水平的重要因素；财政转移支付的比例对于缓解不同层级政府之间的财政实力差距和保障基本公共服务实现水平具有一定的效果，但这与提高基本公共服务均等化实施效度与实现程度方面还有很大的差距；调查人员的学历、户籍等也影响着基本公共服务均等化的实现水平的高低。具体表现如下。

基本公共服务均等化实现程度影响因素检验方面：在回归模型中政府层级中的省级政府回归系数为正（0.165），在 0.001 水平上显著，政府层级中市级政府和县级政府回归系数为正（0.121），在 0.001 水平上显著，表明省级政府基本公共服务均等化实现程度较市级政府高出 16%，市级政府基本公共服务均等化实现程度较县级政府高出 12%；区域经济回归系数为正（0.109），并在 0.001 水平上显著，说明区域经济与基本公共服务均等化实现程度呈现正相关；政府转移支出比重回归系数为负（0.131），在 0.001 水平上显著，说明区域政府转移支出比重与基本公共服务均等化实现程度呈现负相关。在基本公共服务均等化实施效度影响因素检验方面：受访对象的政治面貌与基本公共服务均等化实施效度未呈现统计的相关性；受访对象的年龄与基本公共服务均等化实施效度未呈现统计的相关性；受访对象的教育回归系数为正（0.145），在 0.001 水平上显著，说明受访对象的教育程度与基本公共服务均等化实施效度呈现正相关；受访对象的单位类型回归系数为正（0.241），在 0.001 水平上显著，说明受访对象的单位类型与基本公共服务均等化实施效度呈现正相关；受访对象的户籍回归系数为正（0.163），在 0.001 水平上显著，说明受访对象的户籍与基本公共服务均等化实施效度呈现正相关，受访人员中农业户口的基本公共服务均等化实施效度要高于非农业户口的 16%，而农业户口和非农业户口的基本公共服务均等化实施效度要高于其他户籍类型的 20%。

如上所述的影响因素实证检验结果也体现了对前期本研究马克思主义理论、新时代中国特色社会主义思想、福利经济学理论、当前各类政策思想理论概化的理论回应。这也为后期有针对性地提出改进建议奠定了基础。

第二节 基本公共服务均等化实施效度与实现程度未来改进路径

本节聚焦如何补齐补好我国基本公共服务均等化实施效度与实现程度的薄弱环节，从实现路径的角度做进一步的分析与研究，提出提升我国总体及区域化的基本公共服务均等化实施效度与实现程度的实现路径建议。这既符合基本公共服务均等化的发展实际，也与目前的理论发展趋势相对应、相一致，在坚持公平性、公正性的原则上，实现"客观实际、理论动态、优化建议"的一个整体闭环，也体现出研究政策与社会发展的有机统一。[1] 主要总结出以下几点针对性对策来提升我国基本公共服务均等化实施效度与实现程度。未来我国需要从以人民为中心、"总—分—总"式解构基本公共服务绩效评估、厘清不同层级政府的基本公共服务均等化责任等方面入手解决理论研究与政策实践问题。[2]

一、优化产业布局，促进经济增长、社会发展

按照阿马蒂亚·森能力发展说的社会公平理论和罗纳德.M.德沃金的"资源平等说"的正义理论来说，自然禀赋和社会情况不能成为决定个人或团队命运的主导因素，应由个人或团队能力的平等来决定社会产品或服务的分配，而不受其他非必要因素的影响。而本研究的实证结果并不太支持这种预设，因此要通过优化区域产业布局、促进经济增长保障社会产品和服务的平等分配。改革开放以来，我国采取了一系列措施来促进经济发展、社会进步，全国的经济实力和人民生活水平也取得了有目共睹的成绩，也进一步凸显了"经济是基础"的马克思主义经典理论的科学之光。经济的发展无论对一个国家还是对一个地区的重要性不言而喻，保障国家主权独立、领土完整需要强大的军事实力为后盾，提升国民的生活

---

1 张艳红.新时代发展不平衡不充分的成因、表现及应对策略[J].党政干部学刊,2020(01):25-31.

2 黄莹.我国基本公共服务均等化问题研究[J].经济纵横,2012(7):64-66.

水平、保证人民安居乐业需要一系列硬件设施为基础，无论是军事实力还是硬件设施建设等都离不开经济的支持。但是，由于区域地理位置和历史发展原因等诸多因素的限制，第一、第二产业在我国国民经济中仍占据较大比重，以服务业、金融业、旅游业等为代表的第三产业发展整体不足；另一方面，我国区域间的经济呈现明显的失衡，东部好于中、西部，南方好于北方，沿海好于内陆，即便是同一个省份中也存在明显的内部失衡。[1] 经济发展的不均衡性导致基本公共服务均等化的实施效度与实现程度存在客观的失衡性。[2] 所以，为进一步提升基本公共服务均等化的实施效度与实现程度，要为其提供坚实的经济基础与良好的物质保障。由于受制于历史和发展的客观实际，区域经济之间存在必然的发展水平和质量的差异，在这一背景之下如何更好实施区域产业经济的统筹规划与整体布局则需要考虑诸多因素，地理区位、资源禀赋、人才吸引力、产业集中度、交通通达性等都应纳入区域产业发展规划与未来实施的影响因素。所以，做好区域经济的差异性分析应当作为优化产业布局的"先手棋"，并在进行新的产业布局规划时作为优先考虑的主导因素，将其作为实现区域联动发展、共同富裕的"主力军"。[3]

厘清区域产业结构，绘制清晰的区域产业地图，以此助推区域经济的高质量发展，既要扩展区域间的产业维度，又要提升区域空间维度。在区域的产业维度方面，要进一步挖掘区域间经济差距产生的根源，特别要区分是产业内部的固有差距还是异质性的"后天"差距；[4] 因此，合理布局区域产业分布、着力缩小区域经济差距、提升区域经济硬实力一方面要做好农业、工业、服务业三大产业之间的差距控制，另一方面要把握具体产业内部的结构性差距。在区域产业的空间维度方面，不同产业的地理空间分布既是区域产业布局的物理现状，也是区域产业发展的着力点，其中区域经济带、经济走廊等发挥了良好的产业凝聚作用，省

---

1 高国力. 深入实施区域协调发展战略 [N]. 经济日报, 2017-10-03(7).

2 陈旭. 坚定信心决心加快构建"一核一带一区"区域发展新格局 [N]. 中国社会科学报, 2019-12-18(008).

3 缪小林, 张蓉, 于洋航. 基本公共服务均等化治理：从"缩小地区间财力差距"到"提升人民群众获得感" [J]. 中国行政管理, 2020(02):67-71.

4 丁宁. 中国特色城乡关系：从二元结构到城乡融合的发展研究 [D]. 长春：吉林大学, 2019.

际的"高铁连廊""高速环带"等加速了区域产业的空间延伸;所以,优化产业布局的重大战略在产业上要明确各自特性,在发展上要打通"梗阻"。在这个过程中,既要将保持产业结构调整与优化作为区域产业效率提升的关键途径,也需要遵从区域发展的空间布局要求,为新一轮区域经济产业布局搭建"新的领导班子",通过优化区域产业发展的指挥系统构建多层次产业发展的空间组织,稳定有序地将产业生产力输送至不同的空间区域,进一步推进以城乡协调为核心的区域均衡发展模式,贯彻区域协调发展的战略部署。[1]同时,还需要明确在不同区域间优化产业布局的核心理念,以增强产业核心竞争力为重点提升市场资源的配置效率,以优化产业内在结构为关键提升不同产业间的协同联动,将一切工作的落脚点引向合理布局产业生产力、缩小区域间的经济差距,以经济效率最高、经济利益最大化为国内经济的全面发展、区域均衡发展提供必要引擎,为基本公共服务均等化实施效度与实现程度的提升提供必要支持。[2]

二、厘清我国各级政府的责任差异,破除"整体主义"弊病

与西方诸多管理层级较少的国家不同,我国作为一个幅员辽阔的大国,自古就采用从中央到地方的多级科层制,每一个层级政府所担负的基本公共服务供给的使命与责任并不相同,但在之前的基本公共服务供给侧改革,我们对不同层级政府的基本公共服务责任往往以"整体思维"来把握,忽视了彼此之间的差异。未来我们需要细化、厘清不同层级政府在基本公共服务均等化实现上的不同责任,然后以此作为各级政府基本公共服务均等化绩效实现的前提条件,毕竟绩效评价的一个重要职能就是判断不同政府的履职责任,若不进行正确性的区分,则会评估某级政府并不应该肩负的责任,这种评价结果就脱离了现实,误解、错判了特

---

[1] 陈旭. 坚定信心决心加快构建"一核一带一区"区域发展新格局[N]. 中国社会科学报, 2019-12-18(008).

[2] 吴晔. 促进中国城镇化的财政政策研究[D]. 武汉:武汉大学, 2014.

定政府的工作成效。[1] 这也符合公共选择理论中的"特殊利益集团"的核心观点。

同时，基本公共服务均等化绩效评估涉及各项具体环节，既有绩效目标的定位、分解，也有绩效指标的确定与赋权，还有绩效评估的操作实施、绩效结果的报告、绩效问责、绩效奖励等环节。科学的评价工作，并不是将所有环节统一放在年底"整体推动"，而是需要在年初确定绩效目标、分解绩效目标，同时确定绩效指标及其权重，并通知各个可能被评估的对象与单位，然后每个月、每季度展开阶段性绩效评估工作，在年底展开总体绩效评估工作，并根据绩效结果展开激励与问责工作。[2] 与此相同，基本公共服务绩效评估还可以按照内容对象进行细分，比如展开对基本教育公共服务、基本卫生公共服务、基本文化公共服务的绩效评估工作。另外，还可以开发针对新型、特殊基本公共服务的绩效评估工作，比如针对70岁以上独居老人的送餐、家庭医疗养护服务等展开绩效评估，针对"互联网+"和人工智能（AI）提高"一网通办""进一扇门，办所有事"的基本政府服务项目展开绩效评估。总之，不能以整体性、笼统性思维耽搁了基本公共服务的操作性工作，毕竟任何实践操作都是分步骤、分环节、分项目进行的。[3]

三、坚持以民为本，强化地方政府基本公共服务职能

从基本公共服务均等化实施效度和实现程度的国内外相关研究和理论基础上来看，我们往往从联合国个人权利学说、阿玛蒂亚·森的"权利—富裕"学说强调人的重要性。实际上，马克思主义才是真正以人民为中心的学说，习近平总书记早就多次强调，我们的各项工作应当而且必须坚持"以人民为中心"的发展思想，而且必须将"以人民为中心"既要口头上"喊"、思想上"信"，更要实践

---

[1] "整体主义"难解政府服务绩效之困：国内外"政府服务绩效评价"研究差异的文献解释[J]. 经济管理, 2013(2):186-198.

[2] 吉富星, 鲍曙光. 中国式财政分权、转移支付体系与基本公共服务均等化[J]. 中国软科学, 2019(12):170-177.

[3] 艾丽. 中国公共服务均等化研究[D]. 武汉：武汉大学, 2012.

中"行"，尤其要在经济社会发展的各个环节中体现我们的这一指导思想与执政精髓。因此，基本公共服务均等化的实施效度与实现程度的测评，必须强调人民为中心。在指标选择过程中，要倾听群众的呼声；在绩效评估实施过程中，要更加注重公民的实际体验，适当引入人民代表作为评估主体，尤其要注重人民群众对基本公共服务均等化的满意度；在绩效评估数据获得过程中，要向人民群众公开征集数据，保证数据质量。[1]同时，这也遵从新公共服务理论的核心要义，服从公民才是国家真正的"掌舵人"，进而转变政府职能，增加政府服务理念。[2]这些与我国各级政府也纷纷号召着力建立服务型政府的主张相一致。在公共服务理念层面上，大到政府行政的理念，小至公共服务的供给理念，都应在履行各类政府行政与社会管理职能时，真正主张公正、公平、民主价值观，这不仅可以促进政府提高公信力，也可得到公民认可。这揭示出基本公共服务重心在"基本"与"公共"，落脚在"服务"，核心在"民本"。[3]

在基本公共服务均等化实施效度和实现程度绩效评估过程中，我们重点考察基本公共服务的实施效度和实现程度。从前几章的国内外研究文献综述来看，作为对现实映射、反映的学术研究，在对基本公共服务绩效的测评中主要关注了转移支付等财政投入因素，关注了如何通过PPP模式的盘活与引入，带动民间资本参与基本公共服务供给的问题，也从另外的一个层面密切关注并分析了基本公共服务项目中财政资金的支出使用情况。这些关注点主要着眼于硬性投入因素，但却对投入之后形成的"均等化"实现程度与实施效度重视不够，偏离了"均等化"是以人民群众基本权利为中心的均衡发展的目标。未来需要针对这种现状做出改进，测评基本公共服务均等化过程中要坚持以人为本服务的目标导向。[4]

---

1 李海青.深刻把握习近平新时代中国特色社会主义思想的基本特征[N].湖北日报,2017-11-29(014).
2 曹洪滔.论习近平关于新时代社会主要矛盾转化重要论述的唯物史观机理[J].理论视野,2019(11):54-59.
3 吴昊,陈娟.基本公共服务均等化的实现路径新探[J].云南社会科学,2017(02):64-69.
4 贺小林,马西恒.基本公共服务均等化的财政保障机制与模式探索：经济新常态下浦东改革的实证分析[J].上海行政学院学报,2016,17(05):27-35.

目前我国基本公共服务供给不均,尤其是在教育、医疗、住房等领域,这些既是民生的重点,也是民生的短板,这不仅归结于生产力发展水平,还要归因于行政管理体制,尤其是政府职能定位方面。在我国市场经济体制基本确立的情况下,行政管理体制的滞后性要在一定程度上已经成为全面深化改革的"肠梗阻",也是接下来的重点攻坚环节。要优化政府职能,明确政府间基本公共服务的权责。政府职能充分体现国家对政治、经济和社会公共事务进行管理时所承担的职责,这不仅体现着国家公共行政活动的基本内容与方向,也反映出国家公共行政的内在要求。[1] 新的历史条件下,政府职能涉及的范围要更加广泛和精准,政府需要履行政治、经济职能,也需要履行文化和社会保障的职能。在社会主义市场经济条件下,政府职能也在不断地发生转变与调整,主要表现在由直接到间接、微观至宏观、命令到协调、治理到善治、监督到服务的不断转变。[2] 自党的十八大胜利召开,习近平同志成为党中央新的领导核心并将以人为中心的发展思想再次精准地提升到"执政核心指导思想"的重要位置,并以国家安全观为依托,聚焦"人民群众对美好生活的向往"等主要社会矛盾,围绕人民群众最关心最直接最切实的利益问题,将党和政府工作的出发点和落脚点再一次"钉"在了"增进人民福祉、促进人的全面发展"之上,将"全民教育、综合医疗、就业服务、社会保障"等各项民生实事纳入综合统筹的事项中,持续提升人民生活水平。所以,在坚持"以经济建设为中心"的导向下,各级各地政府既应将发展作为"硬任务"来抓,把促发展当成为政府的重要职能和职责,让"发展为了人民、发展成果由人民共享"成为一切工作的行为指引,更需要将文化职能、社会保障职能等落到实处,全面贯彻以民为本、以人为本的执政理念,让"实现好、维护好、发展好最广大人民根本利益"成为执政兴国的"压舱石"。既在"学有所教、劳有所得、病有所医、老有所养、住有所居"上持续取得新进展,又在"幼有善育、学有优教、

---

1 刘琼莲,刘志敏.社会满意度视域的基本公共服务国家标准:关于《国家基本公共服务体系"十二五"规划》的解读[J].中共天津市委党校学报,2013,15(01):59-65.

2 李凡,岳彩新.我国省级基本公共服务均等化水平的测度[J].统计与决策,2014(11):89-92.

劳有厚得、病有良医、老有颐养、住有宜居、弱有众扶"上实现更大新突破。[1]

因此，基于发展性的社会理念，未来我国各级政府应致力于以公民的生存和发展作为基本公共服务均等化的目标，通过全面落实"以人民为中心"的思想，进一步强化政府基本公共服务职能，消除附加在公民身上的身份、阶层等差别，构建赋予每位公民基本公共服务均等化的公共服务体系。

四、借力"互联网+大数据"，推动基本公共服务供给大数据化

科技随着社会的进步在不断地大步前进，尤其在互联网高速发展的当下，"互联网+大数据"成为人们生活、工作绕不开的一个"智能工具"，自然也成为政府公共服务的重要组成部分。所以，伴随海量公共服务数据资源以及公民个人行为等信息资源的积累，在互联网不断纵深发展、大数据应用领域不断扩展的当下，政府培育"互联网+"背景下的大数据思维就显得格外重要。在精准定位政府工作职能的基础上，强化地方政府的基本公共服务职能，通过对公众各类公共服务需求的数字化转译为公共管理部门精准掌握社会公共服务的需求倾向、精细核算供给相关公共服务的运行成本，为精细配置公共服务供给资源提供了更大支撑，这些操作都离不开大数据的运用。[2]

在社会主义新时代背景下，各级政府应以简政放权为契机，充分利用大数据工具全方位履行基本公共服务职能，积极建设人民满意的服务型政府。重塑大数据时代政府的公共服务意识，这与传统的时代不同，各级政府应该从深层次的思想层面意识并感知到"海量信息的巨大能量"，需要继续秉承优良的政府公共服务精神，也需要顺应新时期电子化的潮流，将开放共享的大数据意识注入行动理念中，为全面提高政府基本公共服务质量和水平助力。政府部门要秉持以人为本的核心理念，通过大数据等现代信息技术将公众的切实需求作为公共服务管理的出发点，聚焦民生，密切关注和认真回应公众的需求，向公众提供更加便捷、高效、

---

1 孔薇.中国基本公共服务供给区域差异研究[D].长春：吉林大学,2019.
2 张劲松.标准化："互联网+政务服务"的顶层制度设计[J].中国行政管理,2016(07):8.

智能的公共服务。树立正确理解、认识大数据的价值理念。要对"互联网+"时代的大数据本身及数据背后的关联逻辑有充分的了解,认识大数据作为一种媒介能够为政府行政带来的新突破,了解大数据作为一种潮流技术能够在公共服务供给中的新作为,同时全面地掌握作为新时期政府基本公共服务创新的重要工具的操作范式。[1]另外,在任何一个时代"所有的政府信息"本就是一个"公开的秘密","互联网+"带来的大数据时代更是如此,政府主导的"公共服务数据"要回归公共物品的本质,而不能再被视为政府内部独有的特殊物品。所以,在"法无授权不可为"的当下,破除数据私有理念理应成为各政府部门迎接大数据时代的第一步,并顺势打破横亘在政府与政府之间、政府与社会之间、政府与市场之间的数据壁垒,积极主动地开放共享数据资源,要尊重数据,让数据说话,通过共享的方式,明确数据融合的价值,实现"1+1＞2"的效果,在提升基本公共服务均等化实施效度与实现程度的过程中让数据发挥其自身的价值和作用。[2]

从大数据价值理念和意识走向实践,应更好夯实以基本公共服务均等化为重点实践项目。利用大数据助力政府基本公共服务均等化的推进,在基本公共服务专业政府人员之外也需要吸纳更多拥有大数据技能的人才,运用好大数据资源,推进基本公共服务供给的创新。破解人才短板,应及时"外引",为当下基本公共服务均等化的大数据应用提供智力支持,着眼长远,注重"内培",为扎实基本公共服务均等化的数据"篱笆"做好人才规划。其中,要尤其重视基层数据采集人才的队伍建设,确保公共服务数据的完整、真实、可靠。作为新鲜事物,也不能全面铺开推广的档口,可继续发挥大数据综合试验区先行先试的优势,积极发挥大数据综合试验区在提升基本公共服务均等化过程中的先锋带头作用,积极试点,稳步推进。所以,"互联网+"时代的政府大数据共享是政府积极转变职能、强化基本公共服务职能的内在驱动,相关部门应优化数字化资源的公共服务平台

---

1 贾智莲,孔春梅.公共服务供给机制创新研究:兼评事业单位改革[J].中国行政管理,2009(04):77-81.
2 张贤明,薛洪生.当代中国基本公共服务体系建构的基本思路[J].学习与探索,2012(05):34-38.

建设，利用大数据推进数据共享，提升政府的基本公共服务均等化的实施效率，从而提升政府公共服务的水平，更好满足群众的办事服务需求。[1]

五、构建运转有效的基本公共服务社会参与机制

按照新公共服务理论来说，政府的职能是服务，而不应该是"掌舵"。政府的角色是要协助公民广泛表达并满足共同需求，并不是力图"掌舵"社会发展的新方向，行政人员也不再只是公共服务的直接供给主体。但本研究的实证结果并不太支持这种预设，因此要积极构建我国运转有效的基本公共服务社会参与机制。在计划经济时代，我国公共部门提供的公共服务建立在计划经济基础上，政府权力比较集中，政府垄断了属于基本公共服务范畴内的各类公共物品和公共服务方面的供给，但由于政府包揽繁多的社会事务，机构设置过于膨胀，这就导致了政府行政效率低下，也造成了资源浪费严重的情况。基本公共服务均等化的实现并不是单纯依靠政府或单凭市场主体就能够独立完成的，如果任凭政府部门的公共服务供给或是私营部门具有竞争性的供给公共服务，则都会导致政府失灵和市场失灵的恶果。为居住在不同地区的社会成员供给平等的基本公共服务是政府的基本职能。由于政府掌握着大量的公共资源，决定着政策导向与制度安排，其主体责任具有不可替代性，但这并不意味着政府可以用全能的态度做好所有事情，塑造成"全能政府"的形象。[2]

在基本公共服务均等化的进程中，单一的政府供给并不能解决非均等化的所有问题，而引入多元主体参与供给制度，才是供给组织解决长期公共服务供给问题的有效途径。[3]新时代公共服务供给制度的显著特征就是治理主体的多元化布

---

[1] 范柏乃,金洁.公共服务供给对公共服务感知绩效的影响机理：政府形象的中介作用与公众参与的调节效应[J].管理世界,2016,(10):50-61.

[2] 叶继红,汪宇.新时代背景下公共服务供给侧改革路径探析：以苏州市为例[J].行政论坛,2018,25(03):56-61.

[3] 孙建军.我国基本公共服务均等化供给政策研究[D].杭州：浙江大学,2011.

局，这种布局方式比以往单一制主体模式下政府管理模式要优越，因其重视其他营利与非营利组织等多种社会权利主体同政府共同参与公共服务的运营与管理。多元主体的公共服务供给参与模式，不但在效率和形式上都具有无法比拟的优势，而且能够适应数量繁杂、种类多样的公共服务需求。同时，多元供给参与主体模式还可以依据确切的公共服务供给所处的政治、经济、市场、社会环境的比较优势，进而对公共服务供给的不同主体布置合理的分工角色。其中，过去大包大揽式的公共服务供给模式已不适应公众多元化的需求，作为基本公共服务供给主体的政府既要简政放权，为社会力量赋能，同时也要在优化政府公共服务职能上下功夫，通过厘清政府、市场的关系，形成社会主体力量与政府公共管理部门合作协同、互为监督的运作机制，结合政府"看得见的手"和市场"看不见的手"的管理工具，使其共同发力促进政府基本公共服务水平的提升与均等化的实现。[1]

在具体实践上，建立以政府为主体，多元化的公共服务供给体系，就需要打破原有的政府部门在提供公共服务上的垄断机制，让渡部分原属于政府职能范畴的职能给私营部门和第三方组织，充分发挥社会不同组织在基本公共服务供给中的积极作用。政府也要拿出壮士断腕的魄力切实深化公共服务供给改革，将某些具备公益性、服务性和社会性的基本公共服务项目委托给具备相关资质的社会第三方组织，通过税费减免、优化审批流程、政府采购等政策优惠，鼓励和引导其他非营利性社会组织广泛、积极地参与基本公共服务的供给；降低民间资本的准入"门槛"，在政策与法规制定上适当从简，在财政与税收运行上更加灵活，从"全生命周期"为民间资本、社会力量参与供给基本公共服务提供足够支出并开展典型正面宣传；也可转变各类基本公共服务的供给模式，通过购买服务、采取特许投标制、对消费者提供适当财政补贴等方式实现。[2]政府依托政策引导、规则制定、法律监督等措施，在公共服务领域内执行市场准入，吸引社会资金共同参与公共服务的供给，从而形成政府、市场、社会之间相互协作的新格局。同时，为维护

---

1 蓝志勇，胡税根.中国政府绩效评估：理论与实践[J].政治学研究,2008(3)：106-115.
2 胡志平.公共服务高质量供给与"中等收入陷阱"跨越[J].学习与探索,2019(6)：69-71.

和保障公众享有基本公共服务基本权利、增强对公众需求的有效回应、提升基本公共服务均等化供给政策与政策执行的公众满意度，就要为公众参与基本公共服务均等化的政策制定与实施提供公众主体意识、法律保障等必要条件。所以，应以培养公众的主体意识、提高公众的权利意识、落实公众的责任意识为主要目标，通过内容丰富、方式灵活、形象生动的方式开展针对性宣传与培训，让参与基本公共服务均等化政策制定、推动基本公共服务均等化政策落地成为公众内在的行动自觉；深化公开听证制度改革，确保社会各阶层的广泛参与，完善民意调查制度，积极为公众开辟多种参与渠道，运用好网络等新兴表达渠道，在公众参与基本公共服务、开展公共事务上形成行之有效的联动机制，通过制度化、系统化的发声通道为社会群体提供可控、稳定的利益表达渠道；同时，以法律规章等形式为公众参与基本公共服务和公共事务事项提供程序规约和法治保障。[1]

在推进基本公共服务均等化多元化供给政策实施过程中，从政府责任的角度上来说，需要政府扮演委托者同时也要承担"托底"之责者，不能够只是将公共服务各类公共项目包括PPP项目和责任都委托出去，对外包和购买性的公共服务项目还要加强责任监控，做好全过程的绩效评估工作，以免出现"临时工顶包""桥脆脆""验后就倒"的现象。因此，要秉持项目外包但责任不外包的基本原则，同时也要坚持以人民为中心、以人民满意度为基本公共服务实施效度与实现程度的评估尺寸，尤其要确保公民有充分的参与权并深入到基本公共服务均等化实施效度与实现程度的评估中，做到及时回应公众需求。[2] 改善现有的评估方式，引入社会实践界、学术界多种组织和公众的评估主体，进而构建公共服务供给与评估双重社会公众参与机制，有效地推进我国政府公共服务项目的改革。

---

[1] 杨磊.我国财政转移支付制度立法改革研究[J].公共财政研究,2019(06):74-83.
[2] 刘武,朱晓楠.服务接受者满意度指数模型：服务型政府绩效评估的新方法及其应用[J].公共管理研究,2006(1):114-128.

六、完善基本公共服务均等化的公共财政体制

按照奥茨的财政分权理论和施蒂格勒最优分权模式菜单来说，国家借助政府通过税收和财政支出优化调整结构用以提供公共服务，并在基本公共服务覆盖范围上实现共享化、实现程度上达到均等化。但本研究的实证结果并不太支持这种预设，因此要进一步完善我国基本公共服务均等化的公共财政体制。

面向公众的基本公共服务均等化，于各级地方政府而言既是工作目标也是工作责任，而能否真正实现和落实基本公共服务均等化还依赖于政府的公共财政体制的设计，财政的均衡性是实现基本公共服务均等化的基础保障和推动力量。公共财政在不同层面和程度影响着基本公共服务均等化的实施效度与实现程度，尤其是财政的公共性在诸多因素中成为有效供给公共服务的主要前提之一，也是基本公共服务均等化实现的前提，其供给的充足性在一定程度上决定了基本公共服务提升的水平。同时，公共财政的制度化设计也影响着基本公共服务均等化推进的路径。[1]然而，公共财政体制的缺陷既是基本公共服务非均等化的失衡表现，也在一定程度上成为基本公共服务非均等化的主要诱因，由于现行税收体系及财政转移支付制度的缺陷，事实上根本无法逆转各地政府既存的财税能力差距，甚至还会进一步拉大各地的公共财政支持能力，进一步加剧基本公共服务的不均等问题。因此完善基本公共服务均等化的公共财政体制，建立以公共服务为导向的财政体制，也成为了实现我国未来基本公共服务均等化的重要路径。本研究在相关国内研究文献、理论的阅读和实证分析的基础上，对我国基本公共服务均等化财政体制改革主要从以下几点提出策略。

（一）合理配置政府间事权与支出责任

科学界定各层级政府之间的事权与支出责任的关系，是建立规范财政制度的

---

[1] 彭亚星.我国基本公共服务财政支出绩效研究[D].北京：中共中央党校,2019.

前提，也是明确财政支出责任划分、处理中央与地方关系的制度基础。[1] 事权与支出责任相适应，也是我国实现区域基本公共服务均等化的前提和基础。党的十八大以后，我国各级政府紧紧围绕推进国家治理体系和治理能力现代化的政策号召，廓清中央和地方之间的事权与支出责任，确保中央与地方各负其责、各安其位、上下协同的整体格局，成为政府治理整体效能的最大化举措。因此如何探索出地方财政事权与财权相匹配的财政模式成为政府管理事务中的重点。[2] 在市场经济体制下，我国政府最主要的事权就是提供基本公共服务、明晰支出责任，厘清中央、地方、基层政府在基本公共服务管理方面的具体职责和要务。[3]

决定各级政府事权划分的依据是受益对象和规模，一般情况下，全国性的公共物品或公共服务是由中央政府提供的，地方性的则由当地政府提供。如果公共服务或产品的受益范围为全体国民，这种情况下支出责任应属于中央财政；受益对象如果是全省，则应划归省级财政支出。对于一些共同的事务，要共同承担，但是，有些公共产品的外部性受益范围会出现信息不对称、繁杂性和不确定性，因此，需要对基本公共服务领域内的项目进行逐项分析。例如：受益范围的正外部性在全国范围内，需要的管理信息也比较简单，这种情况适应中央政府承担，财政支出可以是直接供给或者拨款管理，比如波及范围广的新冠传染性疾病，其影响范围较大，可以直接由中央承担管理费用并委托地方政府落实，进行专项转移支付；受益范围的正外部性在局部，但由于所需信息比较复杂，则由地方政府或者基层政府承担，比如平常的公共卫生管理支出和信息比较复杂，这种情况只能由地方政府承担，中央政府会通过后期转移支付来保障基本公共服务的均等化；受益范围的正外部性在全国，但其所需管理信息很复杂，这种情况要由中央、地方共同负责，这类的基本公共服务也是最为复杂的。

在支出责任方面，中央政府负责政策的顶层设计、制定基本公共服务发展规

---

1 黄建洪. 进一步细化政府职责体系 [J]. 国家治理, 2019(48):30-31.
2 许光建, 戴李元. 财政支出结构优化及长效机制构建 [J]. 人民论坛, 2011(08):15-18.
3 曾明, 华磊, 刘耀彬. 地方财政自给与转移支付的公共服务均等化效应：基于中国31个省级行政区的面板门槛分析 [J]. 财贸研究, 2014(3):82-91.

划和标准等职责,在基本公共服务均等化方面,在确保区域基本公共服务均等化的基础上,给地方政府、基层政府发挥的空间,这也顺应了我国原本区域差异较大的现实问题,进而调动地方政府管理的积极性。[1] 政府间财政支出责任划分要更加严格遵守法定原则,分级负担、有效区分行政层级之间的权责,对下补足匹配确保基层有足够的财政给付能力,对上配套匹配保障上级单位有充分的决策信息支持,整体谋划与分步实施等则在方向上保持一致,行动上符合实际,根据不同类型的基本公共服务事权的横向划分,厘清承担执行责任的政府层级,针对省级以下的政府对经济社会事务管理的责权,明确划分出财政支出的责任框架。构建与事权相匹配的分级财税体制,按照支出责任,中央和地方政府共同建立起合理、稳定的投入机制。比如执行责任是由地方政府在中央宏观政策的指导下落实实施,监督责任归为高层级政府,中央政府承担监督地方政府基本公共服务均等化目标完成程度以及制定考核的标准,省级政府则负责实施基本公共服务均等化的具体监督考核。[2] 同时,也要以省级以下单位为重点不断推进分税制的改革与落地,为地方政府主导的投资和融资平台提供法规,设置"隔离阈值",在稳定地方财政收入、提升地方财税能级上下功夫,并建立地方政府的主体税种,完善地方税制体系,从而确保地方政府履行相应职责。

(二)优化公共支出结构

自党的十八大以来,围绕推进基本公共服务均等化的实现,我国在完善公共财政体系、深化公共财政改革上做出了不少探索与尝试,尤其以优化公共财政支出结构为重点,这使实现基本公共服务均等化的目标有了更大保障。[3] 但是,与基本公共服务均等化需要的公共财政资金供给相比,经济管理、科教文体以及公

---

[1] 谢芬,肖育才.财政分权、地方政府行为与基本公共服务均等化[J].财政研究,2013(11):2-6.

[2] 许安拓.调结构惠民生:优化财政支出的导向[J].人民论坛,2011(08):8-11.

[3] 倪红日,张亮.基本公共服务均等化与财政管理体制改革研究[J].管理世界,2012(9):7-18.

共行政等在公共财政支出结构中占比仍然较大，面向公共领域的基本公共服务及社会保障支出占比总体偏低，同时东、西部地区之间，南部沿海与东北地区之间的基本公共服务的供给水平与服务能力仍然有不小差距。[1]所以，为满足人民群众对高质量美好生活的向往、提高基本公共服务均等化的实施效度与实现程度，要加快转变财政支出方向，优化财政支出结构。

而优化财政支出结构的导向也应顺应当前我国中长期进程中的国民经济与社会发展的规划目标和政府职能的转变而配置。具体来说，一方面通过进一步界定公共财政资金的服务范围和支出领域优化财政支出结构，以明确的刚性制度为防止财政支出的"越位"提供保障。按照法定职责纠正财政支出的"宽泛化"，依据市场经济体制发展的需要廓清公共财政的权责范围与合理支出领域，将政府财政支出从应由市场自由决定的领域和范畴内撤退，还自由于市场并进一步推进社会主义市场经济体制的完善，实现经济体制的根本性转变。因此，涉及经济事务、公共行政等财政支出应酌情压减幅度，将更多财政投向民生领域和公共服务供给领域；并且根据社会经济发展实际情况，因地制宜地制定并采取适当政策扶持涉及国计民生的支柱产业，以其产业的优化升级带动经济的整体发展；在行政事业单位体制改革的时代背景下，既要精简财政经费支出的项目与范围，也要从严把控好财政经费支出的程序，将行政单位人员编制、权责事项等向民生服务、均衡基本公共服务资源倾斜，对公益性事业单位采取有别于"准公益"和"经营类"性质单位的公共财政保障机制，即对不同性质的单位采取不同的公共财政保障机制；还需要加速推进国企的市场化进程，理顺市场关系，规范财政补贴性支出。[2]

以纠正财政支出的"越位"为基础，另一方面要强化对民生项目的投入力度，围绕公共医疗、卫生防疫、社会救济、义务教育、养老及住房保障、就业服务、生育保险等各类基本公共服务，筑牢民生安全网；围绕道路交通、管道燃气、电缆线路等社会公共基础设施建设，编制公共安全网；针对中小微企业的长远发展

---

[1] 李斌,李拓,朱业.公共服务均等化、民生财政支出与城市化：基于中国286个城市面板数据的动态空间计量检验[J].中国软科学,2015(6):79-90.

[2] 谭娅.对我国专项转移支付改革的研究[D].北京：财政部财政科学研究所,2014.

提供专项财政资金支持，发挥其税收强基、就业增"源"的重要作用，为基本公共服务均等化和惠民生注入更好推力。[1] 同时，以重点民生领域为主要支出调整方向，不断增加公共财政在教育方面的投入力度，扩大教育支出规模，在保障高等教育公共财政支出的基础上，更要着重关注基础教育、职业教育的多元支出，扭转教育支出的层级失衡趋势；[2] 并且，依托财政转移支付、专项债券支出等，在城乡和区域之间寻找公共财政支出的最大平衡点。总之，以健全的教育经费支出保障机制和财政倾斜政策，厚植公平教育的土壤，以教育公平促进民生公平。此外，我们要时刻谨记虽然我们在社会保障支出方面已经初步建立包含失业保险、基本医疗保险、工伤保险、农村五保供养制度等较为健全的社会保障体系，但仍然面临一系列客观实际问题，仍需要：不断扩充社保资金来源，破解资金不足难题；扩展社保支出的名目，破解范围狭窄的弊端；提升社保支出的成效，破解水平失衡的窘境。

（三）完善财政转移支付制度

政府公共财政转移支付，不单纯为实现收缴财政资金的均衡转移，其目标呈现明显的多元化，通过财政转移支付可为经济薄弱地区弥补地方财政收支的差额确保财政收支的总体稳定，针对天然资源禀赋的不同实现以资源禀赋为基础的区域资源优化配置，按照民生服务相关要求确保国家基本公共服务最低标准在全国范围内按照同步实施的要求保障到位，以政府间的纵向指导、横向支持等机制实现公共财政资源的二次分配，并最终以有限的财政资源促进区域经济的稳健增长和经济结构的优化升级，为基本公共服务均等化的实现提供调控和指导。[3] 因此，财政转移支付的聚焦点仍旧是着力破解区域间基本公共服务非均等、不均衡的问

---

[1] 沈荣华.各级政府公共服务职责划分的指导原则和改革方向[J].中国行政管理,2007(1):9-14.

[2] 蔡春红.完善财政转移支付制度的政策建议：兼论推进基本公共服务均等化和主体功能区建设的关系[J].中国行政管理,2008(4):78-81.

[3] 胡洪曙.促进基本公共服务均等化的中央财政转移支付机制优化研究[M].北京：经济科学出版社,2016

题，这对科学、高效、合理的转移支付制度提出了更高的要求。[1] 按照"法制先行"的原则应着力实施财政转移支付的法治化建设，为理清各级政府间的事权、财权提供法律和法规的明文保障；同时，以相对完善的法律和法规为财政转移支付的政策目标和基本原则锚定基本点，对转移支付资金的纵向"下达"与横向"到达"等各种来源予以明确。此外，针对我国现行转移支付管理制度的不完善、短板等，为避免人为因素干扰财政转移支付的规范性，聚焦财政转移支付的"立项、拨付、管理与监督"等核心关节，尽快制定、完善《预算法》《财政转移支付法》等法律法规，并清晰明确在中央财政"大蛋糕"体量一定的情况下如何精准核算转移的标准分配，理清区域间转移支付的总体规模和程序，同时就转移支付的周期性管理与运行机制、监督考核责任提出指导原则与操作提示。[2]

　　明确转移支付制度的制定，不仅要依据政府间事权划分清晰、职责定位准确，而且也要注重以法治机制，为财政转移支付的绩效评定、以财政支付为依托的基本公共服务均等化测评提供坚实的支撑。建立健全财政转移支付的监督与绩效评估机制，主要是对使用了财政转移支付资金的公共服务项目、基本公共服务项目所产生的经济效益和社会效益进行实效测评，其间要注意：把握好财政转移支付应弥补专项的财政资金缺口，不得被挪用、滥用和弥补转移性支持的财政赤字；财政转移支付的重点在于保障"兜底性"基本公共服务的实现，均等化的基本公共服务不是一刀切的平均主义和同等化；使用财政转移支付要防止政府的"有形之手"伸得过长而影响了市场经济规律作用的发挥，要尊重市场在资源配置中的基础性作用。[3] 同时，健全完善的财政转移支付监督机制，既要在资金配置规划方面有规范科学的"前置审批"，也要在资金支付使用的过程中落实"事后评估考核"。以人大监督坐镇"中军"、财政内部监督与外部审计监督分列"左右翼"，构建"一体两翼"的强大资金运行监督体系，让包括财政转移支付资金在

1　杨磊.我国财政转移支付制度立法改革研究[J].公共财政研究,2019(06):74-83.
2　吴强,徐李璐邑.我国区际基础教育服务差距与均等化的转移支付研究[J].中国软科学,2017(08):175-183.
3　朱光磊.全面深化改革进程中的中国新治理观[J].中国社会科学报,2017(4):27-39.

内的各项公共资源在"阳光下运行",为高标准地使用财政转移支付、高效率地推进基本公共服务均等化提供多层次的制度体系保障。其中,就分类操作来说,对于一般性基本公共服务均等化拨款主要考评资金使用的社会效果,而对于专项基本公共服务均等化拨款则主要考评专项资金的运用方向和使用的经济效率及社会效益。在落实绩效评价体系建设的配套设施方面,利用"评估主体、评估方法、评估结果与应用"搭建完整的全过程绩效链条评价体系。[1]同时,也要加强信息的透明度,让评价行为有据可依,有迹可查,通过定向的绩效评审、实效测评引领监督检查信息的披露和通报,以强力问责保障公正价值理念与高效行政原则的落地。

---

[1] 倪红日,张亮.基本公共服务均等化与财政管理体制改革研究[J].管理世界,2012(9):7-18.

结　语

行文至此，本研究基本告一段落。总结而言，本书在本研究领域存在一些方面的创新点，但也有诸多不足。

第一节　本书的主要创新

一、理论创新

本研究力图以马克思主义理论作为指导基础，整合管理学、政治学、经济学、法学、社会学等学科与基本公共服务均等化有所关联的理论命题，并结合中国传统智慧、习近平新时代中国特色社会主义思想，初步建构基本公共服务均等化实现的系统理论体系；故而这个新的理论体系具有中国社会主义特色，实现了理论上的整合创新。

二、评价指标创新

本研究试图构建并筛选出一套测评中国基本公共服务均等化实施效度与实现程度的通用指标，该指标体系以《"十三五"推进基本公共服务均等化规划》为核心基础和主要依据，这就确保研究的出发点和落脚点在官方框定的基本公共服务的范畴之内，并将指标按照"投入—产出—效度"的类别对基本公共服务均等化进行实证测评，兼顾基本公共服务均等化实施效度与实现程度的评估导向。

三、影响因素创新

本研究在实证测评取得结果的基础上,采用 HLM 检验的方法对影响因素开展侦测。有效地侦测出具有嵌套结构的非独立数据,一方面以此确保能合理评估相关层面出现的实时变化,另一方面确保以个体为核心的"点"数据与以区域为中心的"面"数据之间无缝有效连接,区分出其中的个人效应与组织效应,最终来实证测评哪些因素在显著地影响着我国各级政府、各区域间基本公共服务均等化实施效度与实现程度,进而可以根据各影响因素的重要性不同而有针对性地改善路径。

第二节　本书的主要不足与展望

基本公共服务均等化虽在我国具有一定的研究基础,但基本公共服务均等化实现程度与实施效度的研究仍属于一个相对新鲜的事物,也是一个比较复杂的论题,所涉及的内容几乎包含了政府履职的行政活动,其内容体系也远远超出了本研究的范畴。如在我国现行制度架构下如何解决基本公共服务均等化"职责同构"与"职责异构"问题,以廓清不同层级、不同区域政府在基本公共服务均等化方面的异同职责?基本公共服务均等化实施效度与实现程度的测评需要依托什么样的组织架构体系?基本公共服务均等化是否需要统一的绩效标杆,如果需要,如何设置相关的纵横标杆?以测评结果为依据,如何开展基本公共服务均等化标准化目标和推进过程中的问责?这些都是横亘在本研究面前的问题,因研究的能力和精力有限,目前本书对这些问题的研究也只是初涉,并没深入。也由于研究能力和精力的有限,本研究在实证部分只是选取了若干省级政府、市级政府、县级政府作为研究对象,并没有对我国东部、中部、西部全部省级政府、市级政府、基层政府逐一开展研究,造成了研究数据的不够完善,这也有待未来研究的继续思考和完善。

参考文献

巴比,2018.社会研究方法[M].11版.北京:华夏出版社.

白晨,顾昕,2020.找回"中间层":省级支出责任与医疗救助均等化[J].中国行政管理(01):121-127.

薄贵利,2012.论建设服务型政府的战略意义[J].人民论坛(14):16-18.

布坎南,1993.民主财政论[M].北京:商务印书馆.

财政部条法司第二党小组,2019.中央对地方转移支付结构优化研究[J].中国财政(13):44-46.

蔡春红,2008.完善财政转移支付制度的政策建议:兼论推进基本公共服务均等化和主体功能区建设的关系[J].中国行政管理(4):78-81.

蔡立辉,2009.分层次,多元化,竞争式提供医疗卫生服务的公共管理改革及分析[J].政治学研究(6):69-82.

曹爱军,2015.政府转型、公共服务与"民生财政"[J].财政研究(12):12-17.

曹俐,雷岁江,2019.上海财政政策支持和促进基层社会治理体系创新研究[J].科学发展(12):101-108.

曾红颖,2012.我国基本公共服务均等化标准体系及转移支付效果评价[J].经济研究,47(6):20-32.

曾明,华磊,刘耀彬,2014.地方财政自给与转移支付的公共服务均等化效应:基于中国31个省级行政区的面板门槛分析[J].财贸研究(3):82-91.

陈昌盛,蔡跃洲,2007.中国政府公共服务:基本价值取向与综合绩效评估[J].财政研究(6):20-24.

陈昌盛,蔡跃洲,2007.中国政府公共服务:体制变迁与地区综合评估[M].北京:中国社会科学出版社.

陈海威,2007.中国基本公共服务体系研究[J].科学社会主义(3):98-100.

陈雷,2019.地方财政事权与支出责任相适应的法治化研究[D].上海:华东政法大学.

陈丽,姚岚,舒展,2012.中国基本公共卫生服务均等化现状、问题及对策[J].中国公共卫生,28(2):206-209.

陈强,尤建新,鲍悦华,2006.基于市民生活满意度的城市发展质量评价[J].公共管理学报(2):49-52.

陈秋红,2019.乡村振兴背景下农村基本公共服务的改善:基于农民需求的视角[J].改革(06):92-101.

陈旭,2019.坚定信心决心加快构建"一核一带一区"区域发展新格局[N].中国社会科学报,12-18(008).

陈真亮,2019."最多跑一次"改革背景下环境基本公共服务的均等化与法治化:基于杭州创新实践与专业评估的分析[J].浙江树人大学学报(人文社会科学),19(06):36-43.

陈振明,2011.社会研究方法[M].北京:中国人民大学出版社.

陈振明,李德国,2011.基本公共服务的均等化与有效供给:基于福建省的思考[J].中国行政管理(01):47-52.

陈志勇,辛冲冲,韩韵格,2019.地区间基本公共服务供给水平与均等化状况研究[J].预算管理与会计(12):33-42.

程晖,2019.公共服务领域"补强提" 经济"木桶容量"再扩容[N].中国经济导报,02-21(001).

程岚,文雨辰,2018.不同城镇化视角下基本公共服务均等化的测度和影响因素研究[J].经济与管理评论,34(06):106-115.

迟福林,2019.建立基本公共服务体系的建言[J].中国金融(16):13-15.

迟福林,方栓喜,匡贤明,等,2008.加快推进基本公共服务均等化(12条建议)[J].经济研究参考(3):19-25.

党秀云,彭晓祎,2018.我国基本公共服务供给中的中央与地方事权关系探析[J].行政论坛,25(02):50-55.

邓国胜,李一凌,2006.公众网上评议政府：有效性及改进策略[J].统计与决策(20):54-56.

丁宁,2019.中国特色城乡关系：从二元结构到城乡融合的发展研究[D].长春：吉林大学.

丁琼,孙美霖,2015.概率权数功效系数评价模型改进及实证[J].统计与决策(4):93-95.

丁元竹,2008.促进我国基本公共服务均等化的对策[J].宏观经济管理(3):24-26.

丁元竹,2009.界定基本公共服务及其绩效[J].国家行政学院学报(2):18-21.

丁元竹,2017.治理现代化呼唤政府治理理论创新[J].国家行政学院学报(3):37-42.

樊继达,2019.以新发展理念引领城乡基本公共服务均等化[J].中国党政干部论坛(05):34-37.

樊丽明,2012.城乡基本公共服务均等化研究[M].北京：经济科学出版社.

范柏乃,傅衍,卞晓龙,2015.基本公共服务均等化测度及空间格局分析：以浙江省为例[J].华东经济管理,29(01):141-147+174.

范柏乃,金洁,2016.公共服务供给对公共服务感知绩效的影响机理：政府形象的中介作用与公众参与的调节效应[J].管理世界(10):50-61.

范逢春,2016.新中国成立以来基本公共服务均等化政策的回顾与反思：基于文本分析的视角[J].上海行政学院学报,17(01):46-57.

范逢春,2019.新中国70年社会建设：实践历程、基本经验与未来展望[J].国家治理(31):9-17.

高红,2017.论基本公共服务清单制度：公共价值管理的视角[J].求实(07):43-53.

龚锋, 卢洪友, 2009. 公共支出结构、偏好匹配与财政分权 [J]. 管理世界 (1):10-21.

龚浩, 任致伟, 2019. 新中国 70 年财政体制改革的基本历程、逻辑主线与核心问题 [J]. 改革 (05):19-28.

古贝, 2008. 第四代评估 [M]. 北京: 中国人民大学出版社.

郭小聪, 代凯, 2013. 国内近五年基本公共服务均等化研究: 综述与评估 [J]. 中国人民大学学报, 27(1):145-154.

郭小聪, 刘述良, 2010. 中国基本公共服务均等化: 困境与出路 [J]. 中山大学学报 (社会科学版), 50(5):150-158.

国家统计局, 2018. 中国统计年鉴 [M] 北京: 中国统计出版社.

海南省财政厅, 2018. 建设基本公共服务均等化先行区 [J]. 中国财政 (08):34-39.

行金玲, 闫文艳, 2012. 功效系数法与模糊评价法相结合的研发人员绩效考核研究 [J]. 科技管理研究, 32(18):54-58.

胡鞍钢, 王洪川, 周绍杰, 2013. 国家"十一五"时期公共服务发展评估 [J]. 中国行政管理 (4):20-24.

胡税根, 李倩, 2015. 我国公共文化服务政策发展研究 [J]. 华中师范大学学报 (人文社会科学版), 54(02):43-53.

胡税根, 陶铸钧, 2018. 中国公共文化服务的发展逻辑研究 [J]. 华中师范大学学报 (人文社会科学版), 57(05):80-87.

胡志平, 2019. 公共服务高质量供给与"中等收入陷阱"跨越 [J]. 学习与探索 (6):69-71.

胡志平, 2019. 国家基本公共服务制度体系助推经济高质量发展 [N]. 中国社会科学报, 12-27(005).

胡志平, 2019. 中国农村公共服务供给变迁的政治经济学: 发展阶段与政府行为框架 [J]. 学术月刊, 51(06):53-63.

黄建洪, 2014. 西方社会建设思想: 演进逻辑及其"脱域"价值 [J]. 国外社会科学 (04):4-14.

黄庆华, 2019. 抓大城乡促融合化不断增强发展整体性 [N]. 重庆日报, 09-17(018).

黄新华, 李松霖, 2019. 论深化公共服务供给侧结构性改革 [J]. 中国高校社会科学 (02):51-58+158.

黄莹, 2012. 我国基本公共服务均等化问题研究 [J]. 经济纵横 (7):64-66.

霍萱, 林闽钢, 2019. 政府基本社会服务供给现状与影响因素研究 [J]. 社会工作与管理, 19(05):93-102.

吉富星, 鲍曙光, 2019. 中国式财政分权、转移支付体系与基本公共服务均等化 [J]. 中国软科学 (12):170-177.

贾康, 2018. 基于政府变革的国强民富的未来展望：评《政府支出责任转型的研究：基于基本公共服务均等化的背景》[J]. 税收经济研究, 23(02):93-95.

姜晓萍, 2018. 中国基本公共服务改革 40 年 [N]. 中国社会科学报, 04-17(006).

姜晓萍, 2018. 美好生活需要基本公共服务质量保障 [N]. 四川日报, 03-13(007).

姜晓萍, 陈朝兵, 2013. 我国基本公共服务体系的共同趋势与地区差异：基于国家和地方基本公共服务十二五规划的比较 [J]. 上海行政学院学报, 14(6):4-16.

姜晓萍, 苏楠, 2014. 国内公共服务体系研究的知识图谱 [J]. 上海行政学院学报, 15(03):47-58.

姜晓萍, 田昭, 2016. 基本公共服务均等化：知识图谱与研究热点述评 [M]. 北京：中国人民大学出版社.

姜晓萍, 吴菁, 2012. 国内外基本公共服务均等化研究述评 [J]. 上海行政学院学报, 13(05):4-16.

蒋欣佳, 2019. 论转移支付对我国政府间财力的均等化效用：基于对财政失衡的测度 [J]. 金融经济 (24):34-36.

蒋瑛, 2011. 公共服务均等化的中国实践 [J]. 行政论坛, 18(05):53-57.

孔薇, 2019. 中国基本公共服务供给区域差异研究 [D]. 长春：吉林大学.

蓝志勇, 胡税根, 2008. 中国政府绩效评估：理论与实践 [J]. 政治学研究 (3):106-115.

李斌, 李拓, 朱业, 2015. 公共服务均等化、民生财政支出与城市化：基于中国 286 个城市面板数据的动态空间计量检验 [J]. 中国软科学 (6):79-90.

李凡,岳彩新,2014.我国省级基本公共服务均等化水平的测度[J].统计与决策(11):89-92.

李小云,2019.构建实现"两不愁三保障"目标长效机制[N].中国社会科学报,08-08(001).

梁波,2018.加快推进基本公共服务均等化的改革举措[J].理论探讨(04):34-40.

梁城城,2019.我国城乡低保区域性差距及收入分配效果研究[D].北京：中国财政科学研究院.

廖文剑,2011.西方发达国家基本公共服务均等化路径选择的经验与启示[J].中国行政管理(3):97-100.

刘德浩,2017.区域基本公共服务均等化发展水平的实证研究[J].统计与决策(5):104-108.

刘德吉,2009.国内外公共服务均等化问题研究综述[J].上海行政学院学报(6):100-108.

刘琼莲,2010.试论基本公共服务均等化及其系统[J].江汉论坛(08):46-50.

刘琼莲,2014.后工业化规划治理中的社会管理创新与基本公共服务均等化研究[J].学海(3):123-129.

刘尚希,2008.基本公共服务如何实现均等化[N].光明日报,04-15(010).

刘彤,张等文,2012.多中心供给:后农业税时代农村基本公共服务的有效供给模式[J].学习与探索(05):39-43.

刘武,朱晓楠,2006.服务接受者满意度指数模型:服务型政府绩效评估的新方法及其应用[J].公共管理研究(1):114-128.

刘晔,2018.加快建立以民生福祉为中心的现代财政制度[J].厦门大学学报(哲学社会科学版)(03):15-22.

刘银喜,赵子昕,赵淼,2019.标准化、均等化、精细化:公共服务整体性模式及运行机理[J].中国行政管理(08):134-138.

刘银喜,朱国伟,王翔,2018.流动公共服务:基本范畴、供给类型与运行实态[J].中国行政管理(12):96-101.

刘志昌,2014.基本公共服务均等化的变迁及其逻辑:一个解释框架[J].社会主义研究(03):119-124.

娄兆锋,曹冬英,2015.公共服务导向中基本公共服务与非基本公共服务之研究[J].中国行政管理(3):102-106.

楼继伟,2019.努力推动新时代财政理论创新[J].财政研究(12):8-16+3.

卢洪友,2012.基本公共服务均等化:理论及其制度路径[N].中国社会科学报,09-05(B04).

吕丹,叶萌,杨琼,2014.新型城镇化质量评价指标体系综述与重构[J].财经问题研究(9):72-78.

吕炜,张妍彦,2019.城市内部公共服务均等化及微观影响的实证测度[J].数量经济技术经济研究,36(11):101-120.

马井彪,2018.加强城乡公共服务均等化的法治保障[J].党政论坛(10):42-44.

马亮,杨媛,2017.城市公共服务绩效的外部评估:两个案例的比较研究[J].行政论坛,24(4):94-101.

马忠华,许航敏,2019.财政治理现代化视域下的财政转移支付制度优化[J].地方财政研究(12):36-42.

麦伟杰,2019.基本公共服务均等化的基本思想和推进过程[J].现代管理科学(04):91-93.

南方日报评论员,2019.以户籍松绑厚植人口优势[N].南方日报,12-27(A04).

倪红日,张亮,2012.基本公共服务均等化与财政管理体制改革研究[J].管理世界(9):7-18.

宁超,郭小聪,2019.何以实现城乡公共服务的"精准化"供给?:基于广州市精神卫生服务的个案研究[J].暨南学报(哲学社会科学版),41(11):63-74.

欧晓理,2019.我国基本公共服务体系建设的现状、问题和思考[J].社会治理(07):12-15.

彭亚星,2019.我国基本公共服务财政支出绩效研究[D].北京:中共中央党校.

乔耀章,2011."公共服务均等化"不只是政府的责任[J].理论参考(01):28-29.

秦尚伟,2014.胡锦涛伦理思想研究[D].武汉:武汉大学.

任晓刚,2019.以信息化建设助推国家治理现代化[N].学习时报,08-12(005).

森,2002.以自由看待发展[M].中国人民大学出版社.

尚虎平,2008.我国地方政府绩效评估悖论:高绩效下的政治安全隐患[J].管理世界(4):69-79.

尚虎平,2013."整体主义"难解政府服务绩效之困:国内外"政府服务绩效评价"研究差异的文献解释[J].经济管理(2):186-198.

尚虎平,2017.我国政府绩效评估的总体性问题与应对策略[J].政治学研究(4):60-70.

尚虎平,陈星宇,2013.我国城市公共服务提供绩效评价:面向L市的探索性研究[J].武汉大学学报(哲学社会科学版)(1):70-78.

尚虎平,韩清颖,2019.我国政府独特绩效产生的原因及其价值:面向2007~2017年间我国172个政府独特绩效案例的探索[J].政治学研究(03):81-93.

尚虎平,张婵娟,2019.国内外基本公共服务均等化绩效评估研究的逻辑起点与演进趋势:基于WOS、CNKI数据共现知识图谱的可视化分析[J].理论探讨(06):156-164.

尚虎平,赵盼盼,2014.我国政府服务绩效的尝试性评价:一个面向省级城市政府的网络实地体验评估[J].公共管理学报,11(1):114-126.

社会学与社会政策研究所课题组,2018.全面实现公共服务现代化[N].中国社会科学报,12-25(004).

沈荣华,2007.各级政府公共服务职责划分的指导原则和改革方向[J].中国行政管理(1):9-14.

盛明科,2009.服务型政府绩效评估体系的基本框架与构建方法[J].中国行政管理(4):25-27.

石培琴,2014.我国区域基本公共服务均等化研究[D].北京:财政部财政科学研究所.

石绍宾,2009.基本公共服务均等化的内涵及路径选择[J].税务与经济(04):29-34.

斯密,2006.国富论[M].西安:陕西师范大学出版社:311-359.

苏明,刘军民,贾晓俊,2011.中国基本公共服务均等化与减贫的理论和政策研究[J].财政研究(8):15-25.

孙建军,2011.我国基本公共服务均等化供给政策研究[D].杭州:浙江大学.

孙晓莉,宋雄伟,雷强,2018.改革开放40年来我国基本公共服务发展研究[J].理论探索(05):5-14.

孙旭宁,2014.基本公共服务均等化法治体系建构与民生底线保障[J].中国行政管理(8):101-104.

孙友祥,柯文昌,2009.城乡基本公共服务均等化:价值、困境与路径[J].中国行政管理(7):45-47.

汤金金,孙荣,2018.公共服务供给机制创新的路径选择:从惯性治理到动态治理[J].社会治理(10):80-86.

汤善鹏,钟连勇,2019.共享发展理念与地方社会法立法的关系与创新[J].南京社会科学(08):107-111.

唐娟莉,2016.河南省区域基本公共服务均等化水平测度[J].统计与决策(07):58-61.

唐任伍,刘文宇,2018.新时代深化政府效率研究的力作:评《基本公共服务均等化视角下我国省级政府技术效率研究》[J].经济经纬,35(03):165.

唐任伍,唐天伟,2011.区域间地方政府运行效率测度:2000~2009[J].改革(7):149-153.

唐天伟,孙丽华,张剑娜,2013.我国省级政府基本公共服务均等化测度分析:2003—2012[J].经济管理,35(11):170-177.

唐铁汉,2008.建设服务型政府与基本公共服务均等化[J].国家行政学院学报(2):8-12.

汪利锬,2014.地方政府公共服务支出均等化测度与改革路径:来自1995—2012年省级面板数据的估计[J].公共管理学报,11(4):29-37.

王德娟,2018.省以下事权与财政支出责任划分研究[D].北京：中央财经大学.

王敬尧,叶成,2014.基本公共服务均等化的评估指标分析[J].武汉大学学报(哲学社会科学版),67(04):103-110.

王杉,2018.以共享经济推进公共服务均等化[N].经济参考报,04-04(007).

王伟同,2011.公共服务绩效优化与民生改善机制研究:模型构建与经验分析[M].东北财经大学出版社.

王新民,南锐,2011.基本公共服务均等化水平评价体系构建及应用:基于我国31个省域的实证研究[J].软科学,25(7):21-26.

王阳,2019.基本劳动就业创业服务建设与促进就业[J].中国软科学(03):69-85.

魏福成,胡洪曙,2015.我国基本公共服务均等化:评价指标与实证研究[J].中南财经政法大学学报(05):26-36.

魏娜,刘昌乾,2015.政府购买公共服务的边界及实现机制研究[J].中国行政管理(1):73-76.

温永林,2018.供给侧改革倒逼地方政府职能转变：理论逻辑与路径选择[J].安徽行政学院学报(03):37-43.

吴建南,张萌,黄加伟,2007.基于ACSI的公众满意度测评模型与指标体系研究[J].广州大学学报(社会科学版)(1):13-17.

吴军民,李丹妃,徐志毅,2019.居住空间、生计禀赋与"弱有所扶"政策均等化效应[J].中国行政管理(10):105-111.

吴强,刘静,2015.区际基本公共服务均等化的财政转移支付图解量化研究[J].北京工商大学学报(社会科学版),30(03):84-94.

吴强,徐李璐邑,2017.我国区际基础教育服务差距与均等化的转移支付研究[J].中国软科学(08):175-183.

吴翌琳,谷彬,2013.中国基本公共服务均等化统计监测研究[J].管理现代化(03):1-3.

吴云青,2019.加快便利共享持续改善民生[N].南京日报,12-10(A05).

武力超,林子辰,关悦,2014.我国地区公共服务均等化的测度及影响因素研究[J].

数量经济技术经济研究,31(8):72-86.

项继权,2008.基本公共服务均等化:政策目标与制度保障[J].华中师范大学学报(人文社会科学版)(1):2-9.

项继权,2009.我国基本公共服务均等化的战略选择[J].社会主义研究(1):54-60.

肖建华,李雅丽,2019.地方基本公共服务均等化的时空分异与空间效应研究[J].财政科学(11):126-138.

谢星全,2018.基本公共服务质量:多维建构与分层评价[J].上海行政学院学报,19(04):14-26.

谢贞发,2019.基本公共服务均等化建设中的财政体制改革研究:综述与展望[J].南京社会科学(05):27-33.

邢伟,2015."十三五"时期健全基本公共服务体系的总体思路[J].宏观经济管理(2):25-27.

邢伟,2019.以标准化促公共服务均等化[N].经济日报,02-20(007).

徐家良,2006.政府评价论[M].北京:中国社会科学出版社.

徐迅,2018.基本公共服务均等化评价指标建模和方法研究[D].武汉:武汉大学.

许光建,许坤,卢倩倩,2019.我国基本公共服务均等化研究:起源、进展与述评[J].扬州大学学报(人文社会科学版),23(02):41-49.

杨磊,2019.我国财政转移支付制度立法改革研究[J].公共财政研究(06):74-83.

杨仁忠,朱巧英,2019.马克思民生思想视域下基本公共服务建设的路径分析[J].河南师范大学学报(哲学社会科学版),46(06):52-57.

殷有超,2018.我国基本公共服务均等化[J].特区经济(06):116-119.

尹福禄,2018.基于综合评价的基本公共服务均等化研究综述[J].公共财政研究(05):90-96+74.

郁建兴,2011.中国的公共服务体系:发展历程、社会政策与体制机制[J].学术月刊(3):5-17.

詹国彬,王雁红,2017.公共服务合同外包的理论、实践与反思[M].北京:社会科学文献出版社.

詹敏,廖志高,徐玖平,2016.线性无量纲化方法比较研究[J].统计与信息论坛,31(12):17-22.

张富泉,周良荣,夏新斌,2019.分税制支出端改革与财政转移支付均衡指数研究[J].中国软科学(10):173-183.

张晖,2018.国家治理现代化视域下的城乡基本公共服务均等化[J].马克思主义理论学科研究,4(06):105-112.

张劲松,2016.标准化:"互联网+政务服务"的顶层制度设计[J].中国行政管理(07):8.

张立荣,姜庆志,2013.国内外服务型政府和公共服务体系建设研究述评[J].政治学研究(1):104-115.

张丽敏,2019.70年:公共服务推动民生事业全面进步[N].中国经济时报,10-01(T11).

张铃枣,2019.社会主要矛盾转化视域下的社会政策路径[N].中国社会科学报,09-23(008).

张平,孙伟仁,赵德海,2019.新发展理念视域下现代服务产业新体系的建设路径分析[J].理论探讨(03):179-184.

张同同,2019.习近平共享发展理论及其实践路径研究[D].济南:中共山东省委党校.

张万宽,杨永恒,王有强,2010.公私伙伴关系绩效的关键影响因素:基于若干转型国家的经验研究[J].公共管理学报(3):103-112.

张薇,2019.我国基本公共服务均等化的发展历程和建设策略[J].哈尔滨工业大学学报(社会科学版),21(06):123-129.

张贤明,2017.基本公共服务均等化研究[M].北京:经济科学出版社.

张贤明,高光辉,2012.公正、共享与尊严:基本公共服务均等化的价值定位[J].吉林大学社会科学学报,52(04):5-12+159.

张贤明,邵薪运,2010.改革发展成果共享与政府责任[J].政治学研究(06):37-47.

张欣然,刘晔,2012.基本公共服务均等化研究综述[J].经济研究参考(52):79-88.

赵崇爱,2019.公共服务均等化的实现路径:以神木医改为例[J].宏观经济管理(12):66-70.

赵玲,2019.共享发展视域中农村基本公共服务均等化研究[J].马克思主义与现实(04):159-165.

赵宇,2013.中国各省区农村基层医疗服务水平综合评价:基于因子分析方法[J].财政研究(4):28-33.

中共中央文献研究室,2016.习近平总书记重要讲话文章选编[M].北京:中央文献出版社,党建读物出版社.

周莉,黄河清,蒲勇健,2006.基于功效系数法的经营者相对业绩评价研究[J].软科学(1):40-44.

周莹,2015.中国基本公共服务均等化现状及其发展[J].毛泽东邓小平理论研究(6):53-57.

周志忍,2011.我国政府绩效评估需要思考的几个问题[J].行政管理改革(4):37-41.

朱德云,刘玉安,2012.我国基本公共服务均等化的制约因素探析[J].山东社会科学(12):179-182.

朱光,鲍曙光,2019.转移支付与地方政府公共支出偏向:基于面板门槛效应的分析[J].运筹与管理,28(12):153-161.

朱光磊,2017.全面深化改革进程中的中国新治理观[J].中国社会科学报(4):27-39.

朱光磊,张志红,2005."职责同构"批判[J].北京大学学报(哲学社会科学版)(1):101-112.

朱侃,郭小聪,2019.地方政府公共服务创新实践的发展与生成逻辑[J].北京理工大学学报(社会科学版),21(06):63-72.

ANDERSEN S C,2008. The impact of public management reforms on student performance in Danish schools[J].Public Administration,86(2):541-558.

AWASTHI A, CHAUHAN S S, OMRANI H, et al.,2011. A hybrid approach based on SERVQUAL and fuzzy TOPSIS for evaluating transportation service quality[J]. Computers& Industrial Engineering,61(3):637–646.

BERNSTEIN D J,2001. Local government measurement use to focus on performance and results[J].Evaluation and Program Planning,24(1):95–101.

BOYNE G, DAY P, WALKER R,2002. The evaluation of public service inspection: Atheoretical framework[J].Urban Studies,39(7):1197–1212.

BOYNE G, GOULD-WILLIAMS J, LAW J, et al.,2002. Plans, performance information and accountability: the case of best value[J].Public Administration,80(4):691–710.

BROWN T,2007. Coercion versus choice: Citizen evaluations of public service quality across methods of consumption[J].Public Administration Review,67(3):559–572.

BUETTNER T,2006. The incentive effect of fiscal equalization transfers on tax policy[J].Journal of Public Economics,90(3):477–497.

CANNADI J, DOLLERY B,2005. An evaluation of private sector provision of public infrastructure in Australian local government[J].Australian Journal of Public Administration,64(3):112–118.

FISZBEIN A,2005. Citizens, politicians, and providers: The Latin American experience with service delivery reform[M].Washington D. C. :World Bank Publications.

FRANKE T, BAGDASARYAN S, FURMAN W,2009. A multivariate analysis of training, education, and readiness for public child welfare practice[J].Children and Youth Services Review,31(12):1330–1336.

GAKIDOU E, LOZANO R, GONZLEZ E, et al.,2006. Assessing the effect of the 2001–2006 Mexican health reform: an interim report card[J]. The Lancet, 368(9550):1920–1935.

GALERA A N, RODR. GUEZ D O, LÓPEZ HERNNDEZ A M,2008. Identifying barriers to the application of standardized performance indicators in local government[J].Public management review,10(2):241–262.

GRIMA S, SPITERI J,JAKOVLJEVIC M, et al.,2018. High Out-of-Pocket Health Spending in Countries With a Mediterranean Connection[J]. Frontiers in Public Health,6: 145.

HALKOS G E, TZEREMES N G,2011. A conditional nonparametric analysis for measuring the efficiency of regional public healthcare delivery: An application to Greek prefectures[J].Health policy,103(1):73-82.

HAN Z L,LI B,ZHANG K L,2015. Evaluation and spatial analysis of the equalization of basic public service in urban and rural areas in China[J].Geographical Research,34(11):2035-2048.

HE L,SHAO C Z,DAI S B,et al,2019. Analysis of Financial Support for Equalization of Basic Public Services: A Methodology[C]//Proceedings of the 4th International Conference on Humanities Science, Management and Education Technology (HSMET 2019).

HEINRICSH C J, FOURNIER E,2004. Dimensions of publicness and performance in substance abuse treatment organizations[J].Journal of Policy Analysis and Management,23(1):49-70.

HOLLAND B A,2016. Factors and strategies that influence faculty involvement in public service[J].Journal of Higher Education Outreach and Engagement,20(1):63-72.

JANE A, DOLLERY B,2006. Public sector reform in Australia: an evaluation of the corporatisation of Sydney Water, 1995 to 2002[J].Australian Journal of Public Administration,65(4):54-67.

JULIANI F, DE OLIVEIRA O J,2016. State of research on public service management: Identifying scientific gaps from a bibliometric study[J].International Journal of Information Management,36(6):1033-1041.

KELLY J M, SWINDELL D,2002. Service quality variation across urban space: First steps toward a model of citizen satisfaction[J].Journal of urban affairs,24(3):271-288.

KETTNET P M, MORONEY R M, MARTIN L L,2012. Designing and managing programs: An effectiveness-based approach[M].London:Sage Publications.

KONG G, JIANG L, YIN X, et al.,2018. Combining principal component analysis and the evidential reasoning approach for healthcare quality assessment[J]. Annals of Operations Research, 271(02): 679-699.

LAKE D A, BAUM M A,2001. The Invisible Hand of Democracy: Political Control and the Provision of Public Services[J]. Comparative Political Studies, 34(6):587-621.

LAMBROPOULOU E,2004. Citizens' safety, business trust and Greek police[J]. International Review of Administrative Sciences,2004,70(1):89-110.

LAO Y, LIU L,2009. Performance evaluation of bus lines with data development analysis and geographic information systems[J].Computers, Environment and Urban Systems,33(4):247-255.

LEE J K, BHAROSE N, YANG J, et al.,2011. Group value and intention to use:A study of multi-agency disaster management information systems for public safety[J]. Decision Support Systems,50(2):404-414.

LI X, COCHRAN C, LU J, et al.,2015. Understanding the shortage of village doctors in China and solutions under the policy of basic public health service equalization: evidence from Changzhou[J].The International journal of health planning and management,30(1):E43-E55.

LIOU H, HSU C, CHEN S,2014. Improving transportation service quality based on information fusion[J]. Transportation Research Part A: Policy and Practice, 67: 225-239.

LIU F H F, TENG Y H, LAI C H,2011. The disaster response performance of hospitals in Taiwan: evaluation and classification[J].Quality & Quantity,45(3):495-511.

MA H Q, HAN Z L, JIANG H X,2011. The Characteristics and Spatial Difference of Basic Public Services of Cities at Prefecture Level and Above in China [J]. Economic Geography(2):007-013.

MANYAZEWAL T, MEKONNEN A, DEMELEW T, et al.,2018. Improving

immunization capacity in Ethiopia through continuous quality improvement interventions: a prospective quasi-experimental study[J]. Infectious diseases of poverty, 7(01): 119.

MONIER B, ARA. JO V, OLIVEIRA F, et al.,2019. Student Evaluation of Distance Learning for Health Care Professionals[J]. Telemedicine and e-Health,25(06): 485-491.

ORR M, WEST D M,2007. Citizen evaluations of local police: Personal experience or symbolic attitudes?[J].Administration & Society,380(6):649-668.

OSBORNE S P, RADNOR Z, KINDER T, et al.,2015. The SERVICE Framework: A Public - service - dominant Approach to Sustainable Public Services[J]. British Journal of Management,26(3):424-438.

PICARD R G,2003. Assessment of public service broadcasting: economic and managerial performance criteria[J].Javnost-The Public,10(3):29-44.

POLLITT C,2009. Structural change and public service performance: international lessons?[J].Public Money & Management,29(5):285-291.

PRIETO A M, ZOFIO J L,2001. Evaluating effectiveness in public provision of infrastructure and equipment: the case of Spanish municipalities[J].Journal of productivity Analysis,15(1):41-58.

RECHEL B, MCKEE M, HAAS M, et al.,2016. Public reporting on quality, waiting times and patient experience in 11 high-income countries[J]. Health Policy,120(04): 377-383.

REVELLI F,2008. Performance competition in local media markets[J].Journal of Public Economics,92(7):1585-1594.

ROCH C H, POISTER T H,2006. Citizens, accountability, and service satisfaction: The influence of expectations[J].Urban Affairs Review,41(3):292-308.

ROGERS J W, LOUIS G E,2005. A standard efficiency metric for evaluating the performance of community water systems[J].Journal-AWWA,97(10):76-86.

VAN DE WALLE N,2001. African economies and the politics of permanent crisis,1979-1999[M].Cambridge:Cambridge University Press.

WALKER F, LEIGH N, LEE K,2016. Redesign and commissioning of sexual health services in England:a qualitative study[J]. Public health,139: 134-140.

WANG M X,2019. On the Influencing Factors of the Equalization of Basic Public Services Based on the Empirical Study of Provincial Administrative Units in China in 2014[C]// Proceedings of the 2nd International Seminar on Education Research and Social Science (ISERSS 2019).

WANG M, JAYARAMAN P, SOLAIMAN E, et al.,2018. A multi-layered performance analysis for cloud-based topic detection and tracking in Big Data applications[J]. Future Generation Computer Systems, 87: 580-590.

WU J C T, TSAI H T, SHIH M H, et al.2010. Government performance evaluation using a balanced scorecard with a fuzzy linguistic scale[J].The Service Industries Journal,30(3):449-462.

YANG G Q,XUE Y Y,MA Y X,2019. Social Organization Participation, Government Governance and the Equalization of Basic Public Services: Evidence from China[J]. International journal of environmental research and public health,16(16):2966.

YANG Y,2010. Adjusting for Perception Bias in Citizens' Subjective Evaluations: A Production Function Perspective[J].Public Performance & Management Review,34(01):38-55.

ZAFRA-GÓMEZ J L, LÓPEZ-HRENÁNDEZ A M, HERNÁNDEZ-Bastida A,2009. Evaluating financial performance in local government: maximizing the benchmarking value[J].International Review of Administrative Sciences,75(1):151-167.

附录1　单轮德尔菲法指标池专家调查问卷
（指标隶属度筛选）

尊敬的老师：

您好！

我是苏州大学政治与管理学院2017级地方政府与社会管理专业的博士研究生。目前我们正在推进教育部哲学社会科学研究重大课题攻关项目"基本公共服务均等化实施效度与实现程度研究"（编号：18JZD047）的研究工作，该研究的一项关键性工作是构建并筛选一套基本公共服务均等化实施效度与实现程度评价指标体系，在构建指标体系的过程中，想麻烦您帮助完成下列工作。

之所以恳请您协助，是因为我们通过大数据检索，发现您属于本研究领域的领先者。附表1是我们初步构建的基本公共服务均等化实施效度与实现程度评价的指标草集，想麻烦您对该指标体系的隶属度进行判断。如果您认为该指标确实属于评估该对象的指标，也确实属于该评估的维度，您就填"√"，否则就填"×"。

您的意见仅用于学术研究，并无他用，请您放心填答。由衷地感谢您的支持与参与。

"基本公共服务均等化实施效度与实现程度研究"课题组

2019年5月

附表1　基本公共服务均等化实施效度与实现程度评估指标草集 X1

评估目标	评估对象	评估维度	评估指标	隶属度
基本公共服务均等化实现程度 A（投入、产出）	基本公共教育	投入指标	基础教育经费占财政支出比重 X_1	
			普通小学生人均公共财政教育经费 X_2	
			普通初中生人均公共财政教育经费 X_3	
			普通小学师生比 X_4	
			普通初中师生比 X_5	
			普通小学人均校舍面积 X_6	
			普通初中人均校舍面积 X_7	
			普通小学每千人学校数 X_8	
			普通初中每千人学校数 X_9	
			小学人均拥有教学用计算机 X_{10}	
			初中人均拥有教学用计算机 X_{11}	
		产出指标	小学学龄儿童净入学率 X_{12}	
			普通小学毕业率 X_{13}	
			普通初中毕业率 X_{14}	
			文盲或半文盲占15岁以上人口比重 X_{15}	
			小学本科及以上学历教师比例 X_{16}	
			初中本科及以上学历教师比例 X_{17}	
			人均受基础教育年限 X_{18}	
	基本医疗卫生	投入指标	人均医疗卫生经费 X_{19}	
			政府卫生支出占GDP比重 X_{20}	
			医疗卫生支出占公共财政支出比重 X_{21}	
			每千人拥有卫生技术人员数 X_{22}	
			每千人拥有公共医疗卫生机构床位数 X_{23}	
			每万人公共医疗卫生志愿者比例 X_{24}	
			政府卫生支出占卫生总费用比重 X_{25}	
		产出指标	城乡三项基本医疗保险参保率 X_{26}	
			5岁以下儿童死亡率 X_{27}	
			婴儿死亡率 X_{28}	
			孕产妇死亡率 X_{29}	
			公立医院病床使用率 X_{30}	
			孕产妇系统管理率 X_{31}	
			65岁及以上老年人健康管理率 X_{32}	
			0—6岁儿童健康管理率 X_{33}	
			居民健康建档率 X_{34}	
			适龄儿童免疫规划疫苗接种率 X_{35}	
			28种传染病报告发病率 X_{36}	

续表

评估目标	评估对象	评估维度	评估指标	隶属度
基本公共服务均等化实现程度 A（投入、产出）	基本劳动就业创业	投入指标	人均公共就业服务财政经费 X_{37}	
			每万求职人口就业训练中心数 X_{38}	
			社会就业支出占财政支出比重 X_{39}	
			支持创业支出占财政支出比重 X_{40}	
			大学生创业补贴额 X_{41}	
			小微企业税收优惠率 X_{42}	
			每万人拥有职业介绍机构数 X_{43}	
			技工学校培训社会人员生均师生比 X_{44}	
			农民工职业技能培训人数 X_{45}	
		产出指标	城镇新增就业人员增长率 X_{46}	
			劳动人事争议调解成功率 X_{47}	
			乡村就业人员增长率 X_{48}	
			失业人员培训率 X_{48}	
			待业人员培训率 X_{49}	
			城镇登记失业率 X_{50}	
			人力资源和社会保障热线综合接通率 X_{51}	
			培训人员就业率 X_{52}	
			自主创业救助率 X_{53}	
			自主创业孵化率 X_{54}	
			创业领域"最多跑一次"服务普及率 X_{55}	
			劳动就业领域"最多跑一次"服务普及率 X_{56}	
	基本社会保险	投入指标	社会保障补助支出占财政支出比重 X_{57}	
			人均社会保障补助支出额 X_{58}	
			社会保障支出占 GDP 比重 X_{59}	
			基本医疗保险金财政支持增长率 X_{60}	
			基本养老保险财政支持增长率 X_{61}	
			职工基本医疗保险金财政支持增长率 X_{62}	
			职工基本养老保险财政支持增长率 X_{63}	
			职工失业保险财政支持增长率 X_{64}	
			职工工伤保险财政支持增长率 X_{65}	
		产出指标	基本医疗保险参保率 X_{66}	
			基本生育保险参保率 X_{67}	
			基本失业保险参保率 X_{68}	
			基本养老保险参保率 X_{69}	
			基本工伤保险参保率 X_{70}	

续表

评估目标	评估对象	评估维度	评估指标	隶属度
基本公共服务均等化实现程度 A（投入、产出）	基本公共文化体育	投入指标	文化事业经费占财政支出比重 X_{71}	
			人均文化财政拨款 X_{72}	
			每万人拥有文化机构服务从业人员数 X_{73}	
			每万人拥有图书馆数 X_{74}	
			每万人拥有博物馆数 X_{75}	
			公共图书馆人均计算机数量 X_{76}	
			每万人拥有的公共体育场馆数 X_{77}	
		产出指标	图书馆年流通人次 X_{78}	
			文化馆（站）年服务人次 X_{79}	
			图书馆人均书藏量 X_{80}	
			图书出借率 X_{81}	
			图书馆服务覆盖率 X_{82}	
			博物馆服务覆盖率 X_{83}	
			每万人经常参加体育锻炼人数比例 X_{84}	
			广播、电视人口综合覆盖率 X_{85}	
			国民综合阅读率 X_{86}	
	基本住房保障	投入指标	人均住房建筑面积 X_{87}	
			住房保障经费占财政支出比重 X_{88}	
			政府租赁补贴额 X_{89}	
			每户平均房贷占上年家庭总支出比率 X_{90}	
			城镇棚户区住房改造率 X_{91}	
			公共租赁住房比例 X_{92}	
		产出指标	住房公积金覆盖率 X_{93}	
			建档立卡低保户农村危房改造比例 X_{94}	
			建档立卡贫困户农村危房改造比例 X_{95}	
			公共租赁住房目标任务完成比例 X_{96}	
			各类棚户区改造目标完成比例 X_{97}	
	基本社会服务	投入指标	医疗救助占社会服务财政支出比例 X_{98}	
			社会保障经费占财政支出比重 X_{99}	
			基本殡葬服务支出占社会服务支出比重 X_{100}	
			人均社会保障经费 X_{101}	
			退休老年人福利补贴经费 X_{102}	
			城市最低生活保障额 X_{103}	
			农村最低生活保障额 X_{104}	
		产出指标	受灾人员救助比率 X_{105}	
			公办养老服务机构占养老机构比例 X_{106}	
			社区活动参与率 X_{107}	
			每千人社会福利企业登记数 X_{108}	
			生活不能自理特困人员集中供养率 X_{109}	

续表

评估目标	评估对象	评估维度	评估指标	隶属度
基本公共服务均等化实现程度 A（投入、产出）	残疾人基本公共服务	投入指标	残疾人基本服务支出占财政支出比重 X_{110}	
			残疾人生活补贴额 X_{111}	
			残疾人康复医院数 X_{112}	
			残疾人法律援助工作站个数 X_{113}	
			残疾人康复服务补贴额 X_{114}	
		产出指标	残疾人托养服务比率 X_{115}	
			困难残疾和重度残疾人护理补贴覆盖率 X_{116}	
			社会服务机构收养残疾人数 X_{117}	
			公立医院年诊疗残疾人次数 X_{118}	
			托养残疾人比例增长率 X_{119}	
基本公共服务均等化实施效度 B（获得感、满意度）	基本公共教育	效度指标	流生人数占适学儿童比例 X_{120}	
			基础教育失学人数 X_{121}	
			中考参考率 X_{122}	
			小学毕业考试优秀率 X_{123}	
			中学毕业考试优秀率 X_{124}	
			小学升学率 X_{125}	
			中学升学率 X_{126}	
			教室硬件设施满意度 X_{127}	
			教师教学水平满意度 X_{128}	
			学校文化满意度 X_{129}	
	基本医疗卫生	效度指标	大病住院实际报销比 X_{130}	
			常见病实际报销比 X_{131}	
			门诊实际报销比 X_{132}	
			人口死亡率 X_{133}	
			常见病接诊率 X_{134}	
			大病治愈率 X_{135}	
			医院治疗好转率 X_{136}	
			医生服务态度的满意度 X_{137}	
			看病方便程度的满意度 X_{138}	
			导诊服务的满意度 X_{139}	
			就诊时长的满意度 X_{140}	
			医疗费用收费合理性的满意度 X_{141}	

续表

评估目标	评估对象	评估维度	评估指标	隶属度
基本公共服务均等化实施效度 B（获得感、满意度）	基本劳动就业创业	效度指标	每年失业人数减少比 X_{142}	
			国家权威机构职业技能鉴定通过率 X_{143}	
			城镇登记失业率 X_{144}	
			就业服务覆盖率 X_{145}	
			劳动合同签订率 X_{146}	
			职业培训后就业率 X_{147}	
			就业培训服务满意度 X_{148}	
			对居住地就业服务的满意度 X_{149}	
			自主创业服务满意度 X_{150}	
			劳动人事争议调解服务满意度 X_{151}	
	基本社会保险	效度指标	医疗保险支付率 X_{152}	
			失业保险替代率 X_{153}	
			基本养老保险支付率 X_{154}	
			基本养老保险服务满意度 X_{155}	
			基本医疗保险服务报销满意度 X_{156}	
			基本失业保险服务覆盖范围满意度 X_{157}	
	基本社会服务	效度指标	受灾人群社会救助率 X_{158}	
			法律援助12348受理率（接通率）X_{159}	
			安置服务覆盖率 X_{160}	
			救助服务覆盖率 X_{161}	
			人均社会保障经费满意度 X_{162}	
			最低生活保障额满意度 X_{163}	
			老年人福利补贴经费满意度 X_{164}	
	基本住房保障	效度指标	公共租赁住房保障占需求公租房比例 X_{165}	
			农村贫困户人均住房建筑面积 X_{167}	
			农村基本住房保障覆盖率 X_{167}	
			城市基本住房保障覆盖率 X_{168}	
			住房公积金覆盖率满意度 X_{169}	
			城市人均住房建筑面积满意度 X_{170}	
			农村人均住房建筑面积满意度 X_{171}	
			城镇棚户区住房改造满意度 X_{172}	
	基本公共文化体育	效度指标	国民体质测定达标率 X_{173}	
			每年公共体育设施置换率 X_{174}	
			数字图书馆日均访问量 X_{175}	
			图书馆总流通人次与人口总数之比 X_{176}	
			图书馆基本公共文化服务的满意度 X_{177}	
			体育场基本公共文化服务的满意度 X_{178}	
			基本公共文化基础设施的满意度 X_{179}	

续表

评估目标	评估对象	评估维度	评估指标	隶属度
基本公共服务均等化实施效度B（获得感、满意度）	残疾人基本公共服务	效度指标	辅助性就业提升就业率 X_{180}	
			盲道普及率 X_{181}	
			残疾人卫生间普及率 X_{182}	
			残疾人社会救助占社会总救助金比例 X_{183}	
			残疾人康复服务补贴满意度 X_{184}	
			残疾人生活补贴满意度 X_{185}	
			无障碍环境支持满意度 X_{186}	
			残疾人托养服务满意度 X_{187}	

注释：

（1）公共图书馆服务覆盖率＝公共图书馆总流通人次占地区人口比重；

（2）博物馆服务覆盖率＝博物馆举办展览参观人次占地区人口比重；

（3）人均受基础教育年限＝（文盲人口数量×1＋接受小学教育的人口数量×6＋接受初中教育的人口数量×9）/（文盲人口数量＋接受小学教育的人口数量＋接受初中教育的人口数量）；

（4）就业服务覆盖率＝每万人口接受就业培训服务人次占比；

（5）社区服务机构覆盖率＝社区服务机构数/（村委会数＋居委会数）×100%。

附录2　单轮德尔菲法指标池专家调查问卷
（指标相关性判断）

尊敬的老师：

您好！

我是苏州大学政治与管理学院2017级地方政府与社会管理专业的博士研究生。目前我们正在推进教育部哲学社会科学研究重大课题攻关项目"基本公共服务均等化实施效度与实现程度研究"（编号：18JZD047）的研究工作，该研究的一项关键性工作是构建并筛选一套基本公共服务均等化实施效度与实现程度评价指标体系，在构建指标体系的过程中，想麻烦您帮助完成下列工作。

之所以恳请您协助，是因为我们通过大数据检索，发现您属于本研究领域的领先者。附表2是我们初步构建的基本公共服务均等化实施效度与实现程度评价的指标草集，想麻烦您对该指标体系的相关性进行判断。请参考指标的重要程度及其与维度内其他指标相关程度，在专家打分栏中按照"1""2""3""4""5"五个梯度给与打分，分别对应"非常不重要、重复性强""比较不重要、重复性较强""一般""比较重要、重复性较低""非常重要、重复性很低"。如果您认为该指标的重要程度非常不重要，并与维度内的其他指标的重复性强，您就在专家打分栏中填"1"。以此类推。

您的意见仅用于学术研究，并无他用，请您放心填答。由衷地感谢您的支持与参与。

"基本公共服务均等化实施效度与实现程度研究"课题组

2019年5月

附表2 基本公共服务均等化实施效度与实现程度评估指标草集 X2

评估目标	类别	维度	指标	代码	专家打分
基本公共服务均等化实现程度 A（投入、产出）	实现程度	基本公共教育	基础教育经费占财政支出比重	X_1	
			普通小学生人均公共财政教育经费	X_2	
			普通初中生人均公共财政教育经费	X_3	
			普通小学师生比	X_4	
			普通初中师生比	X_5	
			普通小学每千人学校数	X_6	
			普通初中每千人学校数	X_7	
			普通小学毕业率	X_8	
			普通初中毕业率	X_9	
			人均受基础教育年限	X_{10}	
		基本医疗卫生	人均医疗卫生经费	X_{11}	
			医疗卫生支出占公共财政支出比重	X_{12}	
			每千人拥有卫生技术人员数	X_{13}	
			每千人拥有公共医疗卫生机床位数	X_{14}	
			5岁以下儿童死亡率	X_{15}	
			公立医院病床使用率	X_{16}	
			孕产妇系统管理率	X_{17}	
			65岁及以上老年人健康管理率	X_{18}	
			居民健康建档率	X_{19}	
			适龄儿童免疫规划疫苗接种率	X_{20}	
			28种传染病报告发病率	X_{21}	
		基本劳动就业创业	人均公共就业服务财政经费	X_{22}	
			每万求职人口就业训练中心数	X_{23}	
			社会就业支出占财政支出比重	X_{24}	
			支持创业支出占财政支出比重	X_{25}	
			每万人拥有职业介绍机构数	X_{26}	
			城镇新增就业人员增长率	X_{27}	
			劳动人事争议调解成功率	X_{28}	
			失业人员培训率	X_{29}	
			创业领域"最多跑一次"服务普及率	X_{30}	
			劳动就业领域"最多跑一次"服务普及率	X_{31}	

续表

评估目标	类别	维度	指标	代码	专家打分
基本公共服务均等化实现程度 A（投入、产出）	实现程度	基本社会保险	基本生育保险财政支持增长率	X_{32}	
			基本医疗保险金财政支持增长率	X_{33}	
			基本养老保险财政支持增长率	X_{34}	
			基本失业保险财政支持增长率	X_{35}	
			基本工伤保险财政支持增长率	X_{36}	
			基本医疗保险参保率	X_{37}	
			基本生育保险参保率	X_{38}	
			基本失业保险参保率	X_{39}	
			基本养老保险参保率	X_{40}	
			基本工伤保险参保率	X_{41}	
		基本公共文化体育	文化事业经费占财政支出比重	X_{42}	
			每万人拥有文化机构服务从业人员数	X_{43}	
			每万人拥有图书馆数	X_{44}	
			每万人拥有博物馆数	X_{45}	
			公共图书馆人均计算机数量	X_{46}	
			每万人拥有的公共体育场馆数	X_{47}	
			图书馆年流通人次	X_{48}	
			文化馆（站）年服务人次	X_{49}	
			图书馆服务覆盖率	X_{50}	
			广播、电视人口综合覆盖率	X_{51}	
			国民综合阅读率	X_{52}	
		基本住房保障	住房保障经费占财政支出比重	X_{53}	
			政府租赁补贴额	X_{54}	
			每户平均房贷占上年家庭总支出比率	X_{55}	
			公共租赁住房比例	X_{56}	
			住房公积金覆盖率	X_{57}	
			建档立卡低保户农村危房改造比例	X_{58}	
			建档立卡贫困户农村危房改造比例	X_{59}	
			各类棚户区改造目标完成比例	X_{60}	
		基本社会服务	社会保障经费占财政支出比重	X_{61}	
			基本殡葬服务支出占社会服务支出比重	X_{62}	
			退休老年人福利补贴经费	X_{63}	
			城市最低生活保障额	X_{64}	
			农村最低生活保障额	X_{65}	
			受灾人员救助比率	X_{66}	
			公办养老服务机构占养老机构比例	X_{67}	
			每千人社会福利企业登记数	X_{68}	

续表

评估目标	类别	维度	指标	代码	专家打分
基本公共服务均等化实现程度 A（投入、产出）	实现程度	残疾人基本公共服务	残疾人基本服务支出占财政支出比重	X_{69}	
			残疾人生活补贴额	X_{70}	
			残疾人康复医院数	X_{71}	
			残疾人法律援助工作站个数	X_{72}	
			残疾人康复服务补贴额	X_{73}	
			残疾人托养服务比率	X_{74}	
			困难残疾和重度残疾人护理补贴覆盖率	X_{75}	
			社会服务机构收养残疾人数	X_{76}	
			公立医院年诊残疾人次数	X_{77}	
基本公共服务均等化实施效度 B（获得感、满意度）	实施效度	基本公共教育	基础教育失学人数	X_{78}	
			中考参考率	X_{79}	
			小学毕业考试优秀率	X_{80}	
			中学毕业考试优秀率	X_{81}	
			小学升学率	X_{82}	
			中学升学率	X_{83}	
			教室硬件设施满意度	X_{84}	
			教师教学水平满意度	X_{85}	
			学校文化满意度	X_{86}	
		基本医疗卫生	门诊实际报销比	X_{87}	
			人口死亡率	X_{88}	
			常见病接诊率	X_{89}	
			大病治愈率	X_{90}	
			医院治疗好转率	X_{91}	
			医生服务态度的满意度	X_{92}	
			看病方便程度的满意度	X_{93}	
			导诊服务的满意度	X_{94}	
			就诊时长的满意度	X_{95}	
			医疗收费合理性的满意度	X_{96}	
		基本劳动就业创业	每年失业人数减少比	X_{97}	
			国家权威机构职业技能鉴定通过率	X_{98}	
			城镇登记失业率	X_{99}	
			劳动合同签订率	X_{100}	
			职业培训后就业率	X_{101}	
			就业培训服务满意度	X_{102}	
			对居住地就业服务的满意度	X_{103}	
			自主创业服务满意度	X_{104}	
			劳动人事争议调解服务满意度	X_{105}	

续表

评估目标	类别	维度	指标	代码	专家打分
基本公共服务均等化实施效度 B（获得感、满意度）	实施效度	基本社会保险	医疗保险支付率	X_{106}	
			失业保险替代率	X_{107}	
			基本养老保险支付率	X_{108}	
			基本养老保险服务满意度	X_{109}	
			基本医疗保险服务报销满意度	X_{110}	
			基本失业保险服务覆盖范围满意度	X_{111}	
		基本社会服务	法律援助12348受理率（接通率）	X_{112}	
			安置服务覆盖率	X_{113}	
			救助服务覆盖率	X_{114}	
			人均社会保障经费满意度	X_{115}	
			最低生活保障额满意度	X_{116}	
			老年人福利补贴经费满意度	X_{117}	
		基本住房保障	农村基本住房保障覆盖率	X_{118}	
			城市基本住房保障覆盖率	X_{119}	
			住房公积金覆盖率满意度	X_{120}	
			城市人均住房保障满意度	X_{121}	
			农村人均住房保障满意度	X_{122}	
			城镇棚户区住房改造满意度	X_{123}	
		基本公共文化体育	国民体质测定达标率	X_{124}	
			每年公共体育设施置换率	X_{125}	
			图书馆总流通人次与人口总数之比	X_{126}	
			图书馆基本公共文化服务的满意度	X_{127}	
			体育场基本公共文化服务的满意度	X_{128}	
			博物馆基本公共文化服务的满意度	X_{129}	
		残疾人基本公共服务	辅助性就业提升就业率	X_{130}	
			盲道普及率	X_{131}	
			残疾人卫生间普及率	X_{132}	
			残疾人康复服务补贴满意度	X_{133}	
			残疾人生活补贴满意度	X_{134}	
			无障碍环境支持满意度	X_{135}	
			残疾人托养服务满意度	X_{136}	

附录3　基本公共服务均等化实施效度评估调查问卷

问卷编号

尊敬的居民：

您好！

我是苏州大学政治与管理学院2017级地方政府与社会管理专业的博士研究生。目前我们正在推进教育部哲学社会科学研究重大课题攻关项目"基本公共服务均等化实施效度与实现程度研究"（编号：18JZD047）的研究工作，该研究的一项关键性工作是对基本公共服务均等化实施效度进行评估，在实证评估的过程中，想麻烦您帮助完成下列问卷问题。

您的意见对我们进行研究具有重要价值，希望您填写真实的想法，以便我们获得较为精准的结果。本次调查采取匿名形式，并对您所填写的信息绝对保密，不会对您的工作、生活产生任何不良影响。

希望能够得到您的支持与帮助，感谢！

"基本公共服务均等化实施效度与实现程度研究"课题组

2019年5月

您的基本情况

（1）您的性别是（　）

A. 女　　B. 男　　C. 不愿透露

（2）您的年龄处于哪个阶段（　）

A. 25岁及以下　B. 26—35岁　C. 36—45岁　D. 46—55岁　E. 56—65岁　F. 66岁及以上

（3）您的文化程度（ ）

A. 小学及以下　B. 中学或中专　C. 大专　D. 本科　E. 研究生及以上

（4）您的户口类型是（ ）

A. 农业户口　B. 非农业户口　C. 其他

（5）您的政治面貌是（ ）

A. 群众　B. 民主党派　C. 共青团员　D. 中共党员（含预备）

（6）您的职业为（ ）

A. 国有企业 B. 私营企业 C. 外企 D. 事业单位 E. 政府部门 F. 其他

（7）您所在的区域是（ ）

A. 东部　B. 中部　C. 西部

注：东部指北京、天津、河北、辽宁、上海、江苏、浙江、福建、山东、广东、广西、海南；中部指山西、内蒙古、吉林、黑龙江、安徽、江西、河南、湖北、湖南；西部指重庆、四川、贵州、云南、西藏、陕西、甘肃、青海、新疆、新疆生产建设兵团。

请回答您对所在地政府提供基本公共服务的满意程度。

（1）您对所居住地附近的小学、初中教室座椅设施的满意程度？（ ）

A. 很不满意　B. 不满意　C. 一般　D. 比较满意　E. 很满意

（2）您对所居住地附近的小学、初中教室教学电子设备的满意程度？（ ）

A. 很不满意　B. 不满意　C. 一般　D. 比较满意　E. 很满意

（3）您对所居住地附近的小学、初中学校的各类教室、功能教室数量的满意程度？（ ）

A. 很不满意　B. 不满意　C. 一般　D. 比较满意　E. 很满意

（4）您对所居住地附近小学、初中教师教学方法的满意程度？（ ）

A. 很不满意　B. 不满意　C. 一般　D. 比较满意　E. 很满意

（5）您对所居住地附近小学、初中教师教学业务能力的满意程度？（ ）

A. 很不满意　B. 不满意　C. 一般　D. 比较满意　E. 很满意

（6）您对所居住地附近小学、初中教师教学质量的满意程度？（ ）

　　A. 很不满意　B. 不满意　C. 一般　D. 比较满意　E. 很满意

（7）您对居住地附近小学、初中的考纪考风的满意程度？（ ）

　　A. 很不满意　B. 不满意　C. 一般　D. 比较满意　E. 很满意

（8）您对居住地附近小学、初中的各项规章制度的满意程度？（ ）

　　A. 很不满意　B. 不满意　C. 一般　D. 比较满意　E. 很满意

（9）您对居住地附近的小学、初中的文化活动设施满意吗？（ ）

　　A. 很不满意　B. 不满意　C. 一般　D. 比较满意　E. 很满意

（10）您对居住地附近小学、初中校园学习风气和氛围的满意程度？（ ）

　　A. 很不满意　B. 不满意　C. 一般　D. 比较满意　E. 很满意

（11）您对居住地附近的公立医院挂号态度的满意程度？（ ）

　　A. 很不满意　B. 不满意　C. 一般　D. 比较满意　E. 很满意

（12）您对居住地附近医院医生问诊态度的满意程度？（ ）

　　A. 很不满意　B. 不满意　C. 一般　D. 比较满意　E. 很满意

（13）您对居住地附近医院医生诊疗态度的满意程度？（ ）

　　A. 很不满意　B. 不满意　C. 一般　D. 比较满意　E. 很满意

（14）您对居住地附近公立医院医生治疗结果（如诊断技术、业务能力）的满意程度？（ ）

　　A. 很不满意　B. 不满意　C. 一般　D. 比较满意　E. 很满意

（15）您对居住地附近公立医院用药收费价位的满意程度？（ ）

　　A. 很不满意　B. 不满意　C. 一般　D. 比较满意　E. 很满意

（16）您对居住地至附近公立医院的距离及交通状况的满意程度？（ ）

　　A. 很不满意　B. 不满意　C. 一般　D. 比较满意　E. 很满意

（17）您对就诊医院挂号各项流程的满意程度？（ ）

　　A. 很不满意　B. 不满意　C. 一般　D. 比较满意　E. 很满意

（18）您对就诊医院用药的满意程度？（ ）

　　A. 很不满意　B. 不满意　C. 一般　D. 比较满意　E. 很满意

（19）您对就诊医院就诊各项流程的满意程度？（ ）

A. 很不满意　B. 不满意　C. 一般　D. 比较满意　E. 很满意

（20）您对居住地附近医院导诊方式的满意程度？（ ）

A. 很不满意　B. 不满意　C. 一般　D. 比较满意　E. 很满意

（21）您对居住地附近医院导诊内容的满意程度？（ ）

A. 很不满意　B. 不满意　C. 一般　D. 比较满意　E. 很满意

（22）您对居住地附近医院导诊结果的满意程度？（ ）

A. 很不满意　B. 不满意　C. 一般　D. 比较满意　E. 很满意

（23）您对居住地附近医院各项医疗服务收费透明度的满意程度？（ ）

A. 很不满意　.B 不满意　C. 一般　D. 比较满意　E. 很满意

（24）您对居住地附近医院各项医疗服务收费标准的满意程度？（ ）

A. 很不满意　B. 不满意　C. 一般　D. 比较满意　E. 很满意

（25）您对目前享受的就业培训方式的满意程度？（ ）

A. 很不满意　B. 不满意　C. 一般　D. 比较满意　E. 很满意

（26）您对目前享受的就业培训内容的满意程度？（ ）

A. 很不满意　B. 不满意　C. 一般　D. 比较满意　E. 很满意

（27）您对目前享受的就业培训效果的满意程度？（ ）

A. 很不满意　B. 不满意　C. 一般　D. 比较满意　E. 很满意

（28）您对目前享受的自主创业服务方式（如创业补贴、小额担保贷款贴息、税收优惠、工商优惠等）的满意程度？（ ）

A. 很不满意　B. 不满意　C. 一般　D. 比较满意　E. 很满意

（29）您对目前享受的自主创业服务内容（如政策咨询、信息服务、项目开发、风险评估、融资服务、跟踪扶持等）的满意程度？（ ）

A. 很不满意　B. 不满意　C. 一般　D. 比较满意　E. 很满意

（30）您对创业中政府提供的创业服务结果的满意程度？（ ）

A. 很不满意　B. 不满意　C. 一般　D. 比较满意　E. 很满意

（31）您对当地政府的劳动关系协调或劳动权益保护等提供服务方式的满意程度？（　）

A. 很不满意　B. 不满意　C. 一般　D. 比较满意　E. 很满意

（32）您对当地政府提供的劳动关系协调或劳动权益保护等服务内容的满意程度？（　）

A. 很不满意　B. 不满意　C. 一般　D. 比较满意　E. 很满意

（33）您对所在地政府提供的劳动关系协调或劳动权益保护等服务结果的满意程度？（　）

A. 很不满意　B. 不满意　C. 一般　D. 比较满意　E. 很满意

（34）您对目前享有的基本养老保险服务提供方式的满意程度？（　）

A. 很不满意　B. 不满意　C. 一般　D. 比较满意　E. 很满意

（35）您对目前享有的基本养老保险服务的类型（内容）的满意程度？（　）

A. 很不满意　B. 不满意　C. 一般　D. 比较满意　E. 很满意

（36）您对目前享有的基本养老保险服务效果的满意程度？（　）

A. 很不满意　B. 不满意　C. 一般　D. 比较满意　E. 很满意

（37）您对目前享有的基本医疗保险服务提供方式的满意程度？（　）

A. 很不满意　B. 不满意　C. 一般　D. 比较满意　E. 很满意

（38）您对目前享有的基本医疗保险服务类型（内容）的满意程度？（　）

A. 很不满意　B. 不满意　C. 一般　D. 比较满意　E. 很满意

（39）您对自身享有的基本医疗保险服务报销比例的满意程度？（　）

A. 很不满意　B. 不满意　C. 一般　D. 比较满意　E. 很满意

（40）您对目前当地政府基本医疗保险报销服务态度的满意程度？（　）

A. 很不满意　B. 不满意　C. 一般　D. 比较满意　E. 很满意

（41）您对目前享有的基本失业保险服务提供方式的满意程度？（　）

A. 很不满意　B. 不满意　C. 一般　D. 比较满意　E. 很满意

（42）您对目前享有的基本失业保险服务类型（内容）的满意程度？（　）

A. 很不满意　B. 不满意　C. 一般　D. 比较满意　E. 很满意

（43）您对目前享有的基本失业保险服务效果的满意程度？（　）

A. 很不满意　B. 不满意　C. 一般　D. 比较满意　E. 很满意

（44）您对自身享有的基本失业保险服务覆盖范围的满意程度？（　）

A. 很不满意　B. 不满意　C. 一般　D. 比较满意　E. 很满意

（45）您对目前所享受的社会保障形式的满意程度？（　）

A. 很不满意　B. 不满意　C. 一般　D. 比较满意　E. 很满意

（46）您对目前所享受的人均社会保障额度的满意程度？（　）

A. 很不满意　B. 不满意　C. 一般　D. 比较满意　E. 很满意

（47）您对目前所享受的社会保障服务内容的满意程度？（　）

A. 很不满意　B. 不满意　C. 一般　D. 比较满意　E. 很满意

（48）您对目前所享受的社会保障服务效果的满意程度？（　）

A. 很不满意　B. 不满意　C. 一般　D. 比较满意　E. 很满意

（49）您对目前所享受的最低生活保障形式是否满意？（　）

A. 很不满意　B. 不满意　C. 一般　D. 比较满意　E. 很满意

（50）您对目前所享受的最低生活保障内容是否满意？（　）

A. 很不满意　B. 不满意　C. 一般　D. 比较满意　E. 很满意

（51）您对目前所享受的最低生活保障额度是否满意？（　）

A. 很不满意　B. 不满意　C. 一般　D. 比较满意　E. 很满意

（52）您对目前所享受的最低社会保障效果是否满意？（　）

A. 很不满意　B. 不满意　C. 一般　D. 比较满意　E. 很满意

（53）您对目前所享受的最低生活保障形式的满意程度？（　）

A. 很不满意　B. 不满意　C. 一般　D. 比较满意　E. 很满意

（54）您对目前所享受的最低生活保障内容的满意程度？（　）

A. 很不满意　B. 不满意　C. 一般　D. 比较满意　E. 很满意

（55）您对目前所享有的老年人福利补贴额度的满意程度？（　）

A. 很不满意　B. 不满意　C. 一般　D. 比较满意　E. 很满意

（56）您对目前所享有的老年人福利补贴服务效果的满意程度？（ ）

A. 很不满意　B. 不满意　C. 一般　D. 比较满意　E. 很满意

（57）您对所在地住房公积金服务收取形式的满意程度？（ ）

A. 很不满意　B. 不满意　C. 一般　D. 比较满意　E. 很满意

（58）您对所在地住房公积金服务收取额度的满意程度？（ ）

A. 很不满意　B. 不满意　C. 一般　D. 比较满意　E. 很满意

（59）您对所在地住房公积金服务支取形式的满意程度？（ ）

A. 很不满意　B. 不满意　C. 一般　D. 比较满意　E. 很满意

（60）您对所在地住房公积金服务支取额度的满意程度？（ ）

A. 很不满意　B. 不满意　C. 一般　D. 比较满意　E. 很满意

（61）您对目前所享有的住房公积金配套比例的满意程度？（ ）

A. 很不满意　B. 不满意　C. 一般　D. 比较满意　E. 很满意

（62）您对所在地住房公积金服务效率（如提取、查询、审批等流程）的满意程度？（ ）

A. 很不满意　B. 不满意　C. 一般　D. 比较满意　E. 很满意

（63）您对目前的城市人均住房保障服务形式的满意程度？（ ）

A. 很不满意　B. 不满意　C. 一般　D. 比较满意　E. 很满意

（64）您对目前城市人均住房保障服务内容的（如公共租赁住房、廉租房、经济适用房、限价房和棚户区改造）满意程度？（ ）

A. 很不满意　B. 不满意　C. 一般　D. 比较满意　E. 很满意

（65）您对目前城市人均住房保障面积的满意程度？（ ）

A. 很不满意　B. 不满意　C. 一般　D. 比较满意　E. 很满意

（66）您对目前城市人均住房保障服务效果（住房保障政策措施、"人人有房住"政策执行效果）的满意程度？（ ）

A. 很不满意　B. 不满意　C. 一般　D. 比较满意　E. 很满意

（67）您对目前的农村人均住房保障服务形式（宅基地、福利分房等）的满意程度？（ ）

　　A. 很不满意　B. 不满意　C. 一般　D. 比较满意　E. 很满意

（68）您对目前农村人均住房保障服务内容（新建住房、改造对象、危房改造、补助标准、集中安置、分散安置等）的满意程度？（ ）

　　A. 很不满意　B. 不满意　C. 一般　D. 比较满意　E. 很满意

（69）您对目前农村人均住房保障面积的满意程度？（ ）

　　A. 很不满意　B. 不满意　C. 一般　D. 比较满意　E. 很满意

（70）您对目前农村人均住房保障服务效果（住房保障政策措施、"人人有房住"政策执行效果）的满意程度？（ ）

　　A. 很不满意　B. 不满意　C. 一般　D. 比较满意　E. 很满意

（71）您对城镇棚户区住房改造的对象选择精准化的满意程度？（ ）

　　A. 很不满意　B. 不满意　C. 一般　D. 比较满意　E. 很满意

（72）您对所享受城镇棚户区住房改造安置方式的满意程度？（ ）

　　A. 很不满意　B. 不满意　C. 一般　D. 比较满意　E. 很满意

（73）您对棚户改造置换的房屋周围环境的满意程度？（ ）

　　A. 很不满意　B. 不满意　C. 一般　D. 比较满意　E. 很满意

（74）您对棚户改造置换的房屋配套设施的满意程度？（ ）

　　A. 很不满意　B. 不满意　C. 一般　D. 比较满意　E. 很满意

（75）您对棚户改造置换的房屋效果（居住舒适）的满意程度？（ ）

　　A. 很不满意　B. 不满意　C. 一般　D. 比较满意　E. 很满意

（76）您对居住地至附近图书馆的距离及交通状况的满意程度？（ ）

　　A. 很不满意　B. 不满意　C. 一般　D. 比较满意　E. 很满意

（77）您对居住地附近图书馆工作人员服务态度的满意程度？（ ）

　　A. 很不满意　B. 不满意　C. 一般　D. 比较满意　E. 很满意

（78）您对居住地附近图书馆服务基础设施的满意程度？（ ）

　　A. 很不满意　B. 不满意　C. 一般　D. 比较满意　E. 很满意

（79）您对居住地附近图书馆服务内容（如闭馆时间、书量、查阅便利性、获取便利程度等）的满意程度？（　）

　　A.很不满意　B.不满意　C.一般　D.比较满意　E.很满意

（80）您对居住地附近图书馆服务效果的满意程度？（　）

　　A.很不满意　B.不满意　C.一般　D.比较满意　E.很满意

（81）您对居住地至附近体育场的距离及交通状况的满意程度？（　）

　　A.很不满意　B.不满意　C.一般　D.比较满意　E.很满意

（82）您对居住地附近体育场工作人员的服务态度的满意程度？（　）

　　A.很不满意　B.不满意　C.一般　D.比较满意　E.很满意

（83）您对居住地附近体育场服务设施的满意程度？（　）

　　A.很不满意　B.不满意　C.一般　D.比较满意　E.很满意

（84）您对居住地附近体育场服务内容（如场馆开放时间、场地卫生状况等）满意吗？（　）

　　A.很不满意　B.不满意　C.一般　D.比较满意　E.很满意

（85）您对居住地附近体育场服务效果的满意程度？（　）

　　A.很不满意　B.不满意　C.一般　D.比较满意　E.很满意

（86）您对居住地至附近博物馆的距离及交通状况的满意程度？（　）

　　A.很不满意　B.不满意　C.一般　D.比较满意　E.很满意

（87）您对居住地附近博物馆工作人员的服务态度的满意程度？（　）

　　A.很不满意　B.不满意　C.一般　D.比较满意　E.很满意

（88）您对居住地附近博物馆服务形式的满意程度？（　）

　　A.很不满意　B.不满意　C.一般　D.比较满意　E.很满意

（89）您对居住地附近博物馆服务设施的满意程度？（　）

　　A.很不满意　B.不满意　C.一般　D.比较满意　E.很满意

（90）您对居住地附近博物馆服务内容（如开放时间、管内秩序维护等）的满意程度？（　）

　　A.很不满意　B.不满意　C.一般　D.比较满意　E.很满意

（91）您对居住地附近博物馆服务效果满意吗？（ ）

A. 很不满意　B. 不满意　C. 一般　D. 比较满意　E. 很满意

（92）您对目前的康复训练方式（心理治疗、物理治疗、作业疗法、文体治疗、中医治疗等）的满意程度？（ ）

A. 很不满意　B. 不满意　C. 一般　D. 比较满意　E. 很满意

（93）您对目前的康复训练内容（感知能力、认知能力、语言与交往能力、生活自理能力、社会适应能力等）的满意程度？（ ）

A. 很不满意　B. 不满意　C. 一般　D. 比较满意　E. 很满意

（94）您对目前康复技术人员业务水平的满意程度？（ ）

A. 很不满意　B. 不满意　C. 一般　D. 比较满意　E. 很满意

（95）您对目前康复服务人员态度的满意程度？（ ）

A. 很不满意　B. 不满意　C. 一般　D. 比较满意　E. 很满意

（96）您对目前的康复训练效果的满意程度？（ ）

A. 很不满意　B. 不满意　C. 一般　D. 比较满意　E. 很满意

（97）您对目前所享有的生活补贴形式的满意程度？（ ）

A. 很不满意　B. 不满意　C. 一般　D. 比较满意　E. 很满意

（98）您对残疾人联合会工作人员服务态度的满意程度？（ ）

A. 很不满意　B. 不满意　C. 一般　D. 比较满意　E. 很满意

（99）您对目前所享有的生活补贴额度的满意程度？（ ）

A. 很不满意　B. 不满意　C. 一般　D. 比较满意　E. 很满意

（100）您对目前所享有的生活补贴效果的满意程度？（ ）

A. 很不满意　B. 不满意　C. 一般　D. 比较满意　E. 很满意

（101）您对目前无障碍设施提供内容（盲道、专用卫生间等）的满意程度？（ ）

A. 很不满意　B. 不满意　C. 一般　D. 比较满意　E. 很满意

（102）您对目前无障碍设施的覆盖范围的满意程度（有没有）？（ ）

A. 很不满意　B. 不满意　C. 一般　D. 比较满意　E. 很满意

（103）您对目前无障碍设施的服务数量的满意程度（够不够）？（ ）

A. 很不满意　B. 不满意　C. 一般　D. 比较满意　E. 很满意

（104）您对目前无障碍设施服务效果的满意程度？（ ）

A. 很不满意　B. 不满意　C. 一般　D. 比较满意　E. 很满意

（105）您对目前托养服务形式的满意程度？（ ）

A. 很不满意　B. 不满意　C. 一般　D. 比较满意　E. 很满意

（106）您对目前所享有的托养服务类型（如机构托养、居家托养、生活照料和护理、生活自理能力训练等）的满意程度？（ ）

A. 很不满意　B. 不满意　C. 一般　D. 比较满意　E. 很满意

（107）您对目前所享有的托养服务人员态度的满意程度？（ ）

A. 很不满意　B. 不满意　C. 一般　D. 比较满意　E. 很满意

（108）您对目前所享有的托养服务人员业务水平的满意程度？（ ）

A. 很不满意　B. 不满意　C. 一般　D. 比较满意　E. 很满意

（109）您对目前所享有的托养服务效果的满意程度？（ ）

A. 很不满意　B. 不满意　C. 一般　D. 比较满意　E. 很满意

调查到此结束，谢谢您的配合！

本问卷调查打分规则如附表 3 所示。

附表 3　问卷调查打分规则

标度	0	1	2	3	4	5
指标满意程度	不了解	很不满意	较不满意	一般满意	较为满意	很满意

附录4 基本公共服务均等化实施效度评价指标权重确定调查表

尊敬的专家：

您好！

我是苏州大学2017级地方政府与社会管理专业的博士研究生，目前我们正在推进教育部哲学社会科学研究重大课题攻关项目"基本公共服务均等化实施效度与实现程度研究"（编号：18JZD047）的研究工作，该研究的一项关键性工作是确定基本公共服务均等化实施效度评估指标体系的权重，在综合测评体系的过程中，想麻烦您帮助完成下列工作。

之所以恳请您协助，是因为我们通过大数据检索，发现您是本研究领域的知名学者。下面是我们初步构建的基本公共服务均等化实施效度评价的指标体系，想麻烦您根据您对下列三级指标因素、二级指标因素的了解，给予其相应的权重值。本研究将根据您的赋值，采用 D-S 证据理论来处理所调研数据以形成指标体系的最终权重。

您的意见仅用于学术研究，并无他用，请您放心填答。

由衷地感谢您的支持与参与！

"基本公共服务均等化实施效度与实现程度研究"课题组

2019年5月

附表4 基本公共服务均等化实施效度评价指标权重调查表

一级指标	二级指标		三级指标	专家赋权
基本公共服务均等化实施效度 B（获得感、满意度）	基本公共教育 B_1	专家赋权	小学毕业考试优秀率 C_{11}	
			中学毕业考试优秀率 C_{12}	
			教室硬件设施满意度 C_{13}	
			教师教学水平满意度 C_{14}	
			学校文化满意度 C_{15}	
	基本医疗卫生 B_2		人口死亡率 C_{21}	
			医生服务态度满意度 C_{22}	
			看病方便程度满意度 C_{23}	
			导诊服务满意度 C_{24}	
			医疗收费合理性满意度 C_{25}	
	基本劳动就业创业 B_3		城镇登记失业率 C_{31}	
			劳动合同签订率 C_{32}	
			就业培训服务满意度 C_{33}	
			自主创业服务满意度 C_{34}	
			劳动人事争议调解服务满意度 C_{35}	
	基本社会保险 B_4		基本养老保险支付率 C_{41}	
			医疗保险支付率 C_{42}	
			失业保险替代率 C_{43}	
			基本养老保险服务满意度 C_{44}	
			基本医疗保险服务报销满意度 C_{45}	
			基本失业保险服务覆盖范围满意度 C_{46}	
	基本社会服务 B_5		社区服务机构覆盖率 C_{51}	
			社会殡葬服务单位数 C_{52}	
			基本社会保障满意度 C_{53}	
			最低生活保障满意度 C_{54}	
			老年人福利补贴满意度 C_{55}	
	基本住房保障 B_6		农村基本住房保障覆盖率 C_{61}	
			城市基本住房保障覆盖率 C_{62}	
			住房公积金覆盖率满意度 C_{63}	
			城市人均住房保障满意度 C_{64}	
			农村人均住房保障满意度 C_{65}	
			城镇棚户区住房改造满意度 C_{66}	
	基本公共文化体育 B_7		图书馆基本公共文化服务的满意度 C_{71}	
			体育场基本公共文化服务的满意度 C_{72}	
			博物馆基本公共文化服务的满意度 C_{73}	
	残疾人基本公共服务 B_8		辅助性就业提升就业率 C_{81}	
			残疾人康复服务满意度 C_{82}	
			残疾人生活补贴满意度 C_{83}	
			无障碍环境支持满意度 C_{84}	
			残疾人托养服务满意度 C_{85}	

附录5　基本公共服务均等化评估指标草集X0

附表5　基本公共服务均等化实现程度评估指标草集X0
（以基本公共教育、医疗为例）

评估目标	评估对象	对象来源	评估指标	指标直接来源	指标理论依据
基本公共服务均等化实现程度A（投入、产出）	基本公共教育	中国特色社会主义思想中的当前各类政策的理论概化，如《国家基本公共服务体系"十二五"规划》《"十三五"推进基本公共服务均等化规划》等确定的八大领域的基本公共服务清单	基础教育经费占财政支出比重 X_1	安体富（2008）、陈昌盛（2007）、丁元竹（2009）、张贤明（2017）、张强（2009）、郭小聪（2013）、吕炜（2008）、吉富星（2019）、曾红颖（2012）、谢星全（2018）、徐迅（2018）、尚虎平（2017）、魏福成等（2015）、王敬尧等（2014）、张贤明等（2012）、吴建南等（2007）、蓝志勇等（2008）、王新民等（2011）、曾红颖（2012）、张立荣等（2013）、吕丹等（2014）、马亮等（2017）、许光建（2019）、尹福禄（2018）以及国家十二五推进基本公共服务均等化规划、国家十三五推进基本公共服务均等化规划	马克思主义经典学说中倡导的"人的自由全面发展"保障公民受教育权、健康权；西方社会科学中关于基本公共服务均等化的合理内核；"以人为本""促进社会公正""一切为了人民的满意度和获得感"、中国传统文化中的"民本"思想
			普通小学生人均公共财政教育经费 X_2		
			普通初中生人均公共财政教育经费 X_3		
			普通小学师生比 X_4		
			普通初中师生比 X_5		
			普通小学人均校舍面积 X_6		
			普通初中人均校舍面积 X_7		
			普通小学每千人学校数 X_8		
			普通初中每千人学校数 X_9		
			小学人均拥有教学用计算机 X_{10}		
			初中人均拥有教学用计算机 X_{11}		
			小学学龄儿童净入学率 X_{12}		
			普通小学毕业率 X_{13}		
			普通初中毕业率 X_{14}		
			文盲或半文盲占15岁以上人口比重 X_{15}		
			小学本科及以上学历教师比例 X_{16}		
			初中本科及以上学历教师比例 X_{17}		
			人均受基础教育年限 X_{18}		
	基本医疗卫生		人均医疗卫生经费 X_{19}		
			政府卫生支出占GDP比重 X_{20}		
			医疗卫生支出占公共财政支出比重 X_{21}		
			每千人拥有卫生技术人员数 X_{22}		
			每千人拥有公共医疗卫生机构床位数 X_{23}		
			每万人公共医疗卫生志愿者比例 X_{24}		
			政府卫生支出占卫生总费用比重 X_{25}		
			城乡三项基本医疗保险参保率 X_{26}		
			5岁以下儿童死亡率 X_{27}		
			婴儿死亡率 X_{28}		
			孕产妇死亡率 X_{29}		
			公立医院病床使用率 X_{30}		
			孕产妇系统管理率 X_{31}		
			65岁及以上老年人健康管理率 X_{32}		
			0—6岁儿童健康管理率 X_{33}		
			居民健康建档率 X_{34}		
			适龄儿童免疫规划疫苗接种率 X_{35}		
			28种传染病报告发病率 X_{36}		

附录6 基本公共服务均等化实现程度与实施效度实证结果排名对比分析图

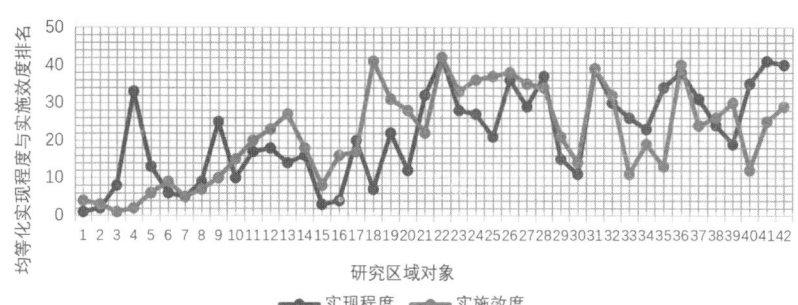

图 5-8　基本劳动就业创业均等化实现程度与实施效度对比分析图

（注：横轴 1—42 分别代表东部江苏省、天津市、苏州市、徐州市、津南区、南开区、睢宁县、沛县、相城区、昆山市、咸水沽镇、八里台镇、鼓楼街道、八里台街道，中部河南省、安徽省、商丘市、开封市、宿州市、安庆市、睢县、民权、鼓楼区、兰考县、萧县、砀山县、潜山市、怀宁县，西部甘肃省、重庆市、陇南市、天水市、渝中区、奉节县、礼县、宕昌县、麦积区、甘谷县、解放碑街道、大溪沟街道、兴隆镇、安坪乡）

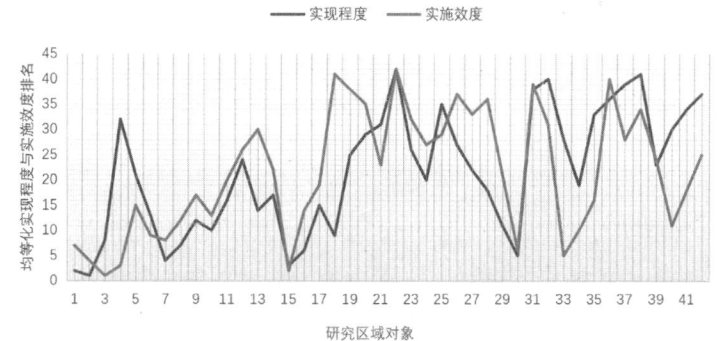

图 5-9　基本社会保险均等化实现程度与实施效度对比分析图

（注：横轴 1—42 分别代表东部江苏省、天津市、苏州市、徐州市、津南区、南开区、睢宁县、沛县、相城区、昆山市、咸水沽镇、八里台镇、鼓楼街道、八里

台街道，中部河南省、安徽省、商丘市、开封市、宿州市、安庆市、睢县、民权、鼓楼区、兰考县、萧县、砀山县、潜山市、怀宁县，西部甘肃省、重庆市、陇南市、天水市、渝中区、奉节县、礼县、宕昌县、麦积区、甘谷县、解放碑街道、大溪沟街道、兴隆镇、安坪乡）

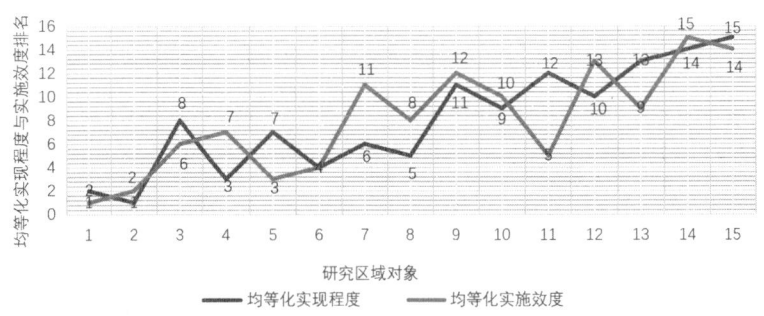

图 5-10　基本公共文化体育均等化实现程度与实施效度部分研究对象对比分析图

（注：横轴 1—15 分别代表江苏省、苏州市、徐州市、睢宁县、相城区、河南省、商丘市、开封市、睢县、民权、甘肃省、陇南市、天水市、礼县、宕昌县）

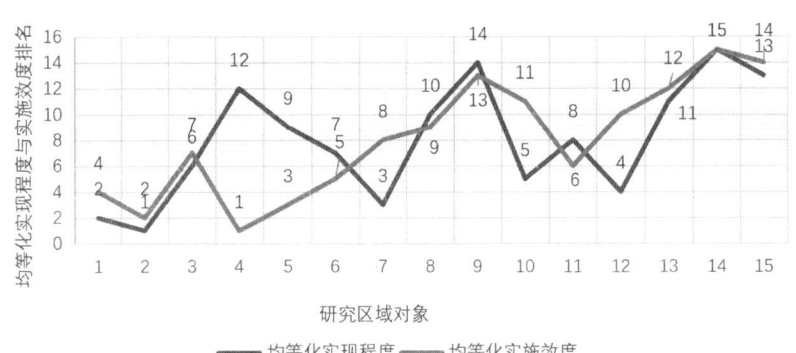

图 5-11　基本住房保障均等化实现程度与实施效度部分区域对比分析图

（注：横轴 1—15 分别代表江苏省、苏州市、徐州市、睢宁县、相城区、河南省、商丘市、开封市、睢县、民权、甘肃省、陇南市、天水市、礼县、宕昌县）

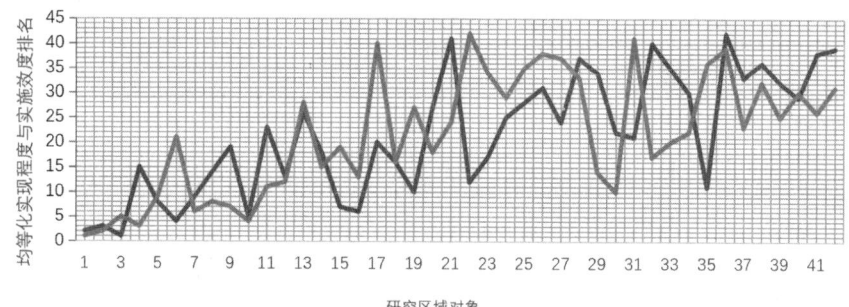

图 5-12　基本社会服务均等化实现程度与实施效度对比分析图

（注：横轴 1—42 分别代表东部江苏省、天津市、苏州市、徐州市、津南区、南开区、睢宁县、沛县、相城区、昆山市、咸水沽镇、八里台镇、鼓楼街道、八里台街道，中部河南省、安徽省、商丘市、开封市、宿州市、安庆市、睢县、民权、鼓楼区、兰考县、萧县、砀山县、潜山市、怀宁县，西部甘肃省、重庆市、陇南市、天水市、渝中区、奉节县、礼县、宕昌县、麦积区、甘谷县、解放碑街道、大溪沟街道、兴隆镇、安坪乡）

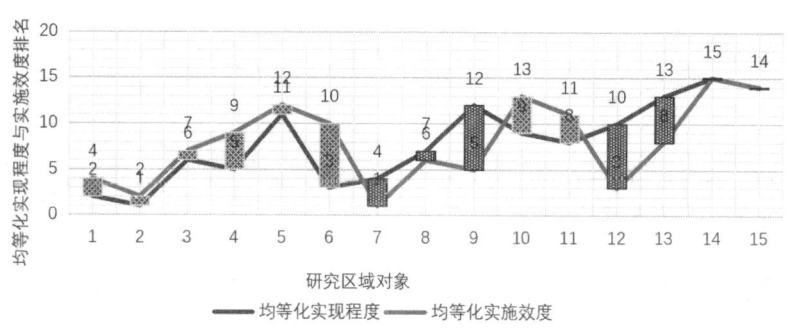

图 5-13　残疾人基本公共服务均等化实现程度与实施效度部分区域对比分析图

（注：横轴 1—15 分别代表：江苏省、苏州市、徐州市、睢宁县、相城区、河南省、商丘市、开封市、睢县、民权、甘肃省、陇南市、天水市、礼县、宕昌县）

附录7 本研究"足迹"与花絮(部分)

附图1-40为本研究的部分"足迹"与花絮。

附图1 调研区域为甘肃省宕昌县的一所小学

附图2 甘肃省礼县时代广场发放问卷和访谈现场

附图3 赶往河南商丘、开封的火车途中

附图4 前往江苏省徐州市调研的火车途中

附图5 赶往河南省商丘市的火车途中发放问卷

附图6 天津市蓟县发放问卷及深度访谈

附图7 甘肃省陇南市火车站发放问卷

附图8 甘肃省兰州市火车站发放问卷

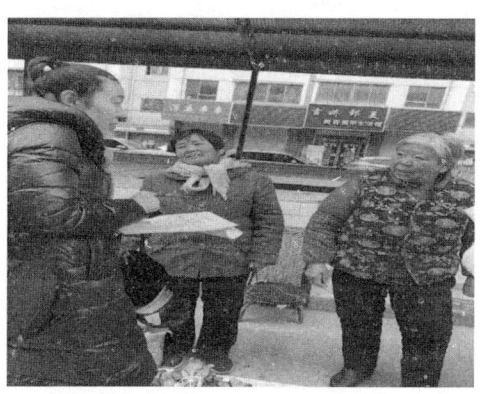
附图9 甘肃省宕昌县菜市场（1）

附图10 甘肃省宕昌县菜市场（2）

附图11 赶往重庆市火车途中

附图12 在河南省商丘市民权县所使用的宣传工具

附图 13 甘肃省礼县时代广场处发放问卷及深度访谈（1）

附图 14 甘肃省礼县时代广场处发放问卷及深度访谈（2）

附图 15 前往天津市蓟县居民住户发放问卷及深度访谈

附图 16 重庆市某中学教师填写问卷

附图 17 前往重庆市火车途中发放问卷

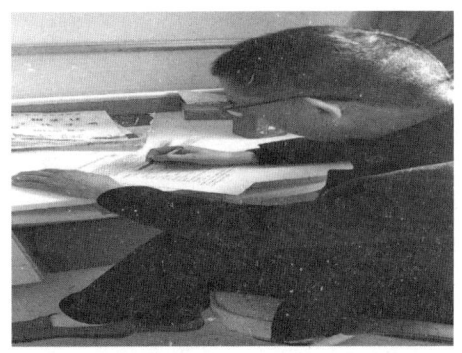
附图18 重庆市某中学教师填写问卷

附图 19 前往重庆的火车途中

附图20 甘肃省兰州市火车站广场附近发放问卷

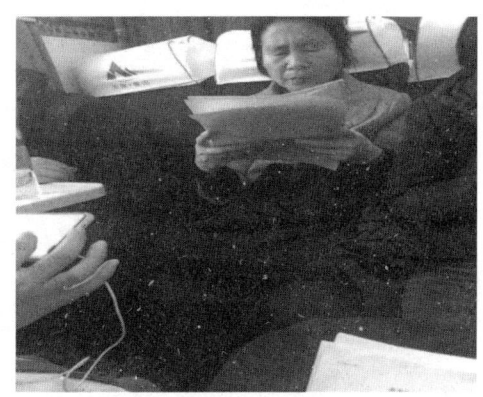
附图21 前往河南省火车途中

附图22 在兰州市某一临街商铺

附图23 重庆市某部门深度访谈

附图24　河南省郑州火车站附近

附图25　某部门领导接受深度访谈中

附图26　在西部省份某广场发放问卷

附图27　在西部火车站广场发放问卷

附图28　前往江苏省苏州市火车途中

附图29　在江苏省某区域广场发放问卷

附图30　甘肃省宕昌县广场发放问卷

附图31　前往甘肃省礼县菜市场、小吃街发放问卷

附图32　前往江苏省火车途中

附图33　河南省某县某村干部填写问卷

附图34　前往西部火车途中发放问卷

附图35　河南省某县某村干部深度访谈

附图36 前往河南省火车途中讲解问卷及发放问卷

附图37 西部某火车站广场发放问卷

附图38 前往江苏省火车途中

附图39 西部某火车站广场深度访谈

附图40 西部某区域广场深度访谈

后 记

作为教育部哲学社会科学研究重大课题攻关项目"基本公共服务均等化实施效度与实现程度研究"（18JZD047）的部分研究内容，本研究从2019年1月起开始实施，依照课题的申报书描画的研究线路展开。2019年1月底至12月初，课题组成员分别在江苏省、河南省、重庆市、甘肃省等6个省市，及其辖区内的12个市、24个县展开了实地调研工作。本书是对这些调研工作进行的统计总结，进一步的研究深挖。可以说，这是课题组集体劳动的结晶。这种"集体劳动"主要体现在调研工作中，它不仅调动了课题申报书上所列的各个项目成员，还通过"外包""聘用临时工"的模式调动了全国各地的一批硕、博士研究生和高校年轻教师的参与。本研究的具体策划、研究路径、研究方法、成书提纲等由课题负责人尚虎平拟定，具体执笔工作由张婵娟博士完成。

总体来说，本研究可谓宏大且复杂的探索，无论在研究问卷的设计中，还是在问卷的发放和收集中，我们都遇到了各式各样的困难。比如在联络访谈对象而言，因为我们第一次承担全国性大项目的调研工作，我们既担心找不到足够数量有代表性的访谈对象，又担心各地文化、方言差异影响有效沟通，但最终我们通过寻找当地"向导"的方式有效克服这些困难。在调研问卷的发放、收集过程中，我们经历了无数次被拒绝的痛苦，换来了更多次的不被拒绝，最终获得了我们想要的科研数据，这才使得本研究能够最终形成结果，使得本书能够最终完成。

正是因为研究展开的艰难，我们才特别感谢那些配合我们调研的同志。首先，我们要感谢所乘坐过的所有列车的乘务员同志，您能够理解中国高校社会科学研究开展的苦衷，协助我们在火车上发放问卷、联系访谈对象；其次，我们要感谢数千甚至上万名的访谈对象，您的认真填答是我们研究能够完成的基础，哪怕您拒绝回答问题、填答问卷，也都能够帮助我们审视研究的不足，使我们进步；再次，我们要感谢那些不在我们课题申请书所列名单中的课题组成员，您的协助使我们大大降低了研究成本，使我们能够获得天南海北的数据；然后，我们要感谢课题组的其他成员，如贾冰、刘洋、石梦琪、孙静、朱琳、陈星宇、陈婧、刘禹岑、朱昭娜、耿莹、李雯雯、吕志杰、何家媛等，正是您的认真参与，才能够使本研究圆满结项；最后，我们要感谢所有本研究中参考、引用其成果的前辈与同行，您的研究给了我们科学的研究方向。

我们还要特别感谢南开大学周恩来政府管理学院的朱光磊教授、孙涛教授、王慧教授、沈亚平教授、常健教授、杨龙教授、张志红教授、宋林霖教授等前辈与好友对本课题的支持，没有您的支持，本书是完不成的。另外，本课题在全国的顺利展开，还得益于中国行政管理学会高小平教授、南京审计大学金太军教授的无私帮助，在此我们也再次表达谢意。

当然，由于笔者水平有限，本书难免存在疏漏与不足，恳请读者批评指正。未来我们会继续学习、研究，以提升我们的专业技能，做出更多更有质量的成果。

权且算作后记。

尚虎平

2020.6.30